工业和信息化部"十四五"规划教材

1+X"工业互联网预测性维护"职业技能等级证书书证融通教材

工业数据采集技术

吴卓坪　杜雪飞　党娇　洪丹 ◎ 主编

电子工业出版社

Publishing House of Electronics Industry

北京·BEIJING

内 容 简 介

本书是一本基于远程 I/O 模块、PLC、标识载体、工业采集板卡和工业网关实现工业数据采集的项目任务化教程。项目 1 分析了装配生产线环境监测系统功能需求，介绍了环境监测传感器和远程 I/O 模块选型，实现基于远程 I/O 模块的装配生产线环境数据采集；项目 2 介绍了电机运行状态传感器选型，实现基于 PLC 的电机振动数据采集和电机运行状态上传（OPC 通信）；项目 3 介绍了条码和 RFID，实现基于条码和 RFID 的立体仓库管理数据采集；项目 4 介绍了电力变压器传感器、工业采集板卡选型，实现基于工业采集板卡的电力变压器数据采集；项目 5 介绍了工业网关选型及软硬件安装，实现基于以太网和串口的工业网关数据采集；项目 6 介绍了工业互联网技术应用平台数据采集，以及基于工业数据采集技术的创新创业。

本书不仅可以作为高职院校、应用型本科院校工业互联网相关专业的教材，还可以作为对工业数据采集技术感兴趣的读者的参考用书。

图书在版编目（CIP）数据

工业数据采集技术 / 吴卓坪等主编. —北京：电子工业出版社，2023.11

ISBN 978-7-121-46614-4

Ⅰ. ①工… Ⅱ. ①吴… Ⅲ. ①制造工业－数据采集 Ⅳ. ①F407.4

中国国家版本馆 CIP 数据核字（2023）第 214119 号

责任编辑：李　静　　　特约编辑：田学清
印　　刷：天津画中画印刷有限公司
装　　订：天津画中画印刷有限公司
出版发行：电子工业出版社
　　　　　北京市海淀区万寿路 173 信箱　　　　邮编：100036
开　　本：787×1092　　1/16　　印张：16.25　　字数：416 千字
版　　次：2023 年 11 月第 1 版
印　　次：2025 年 1 月第 2 次印刷
定　　价：49.80 元

凡所购买电子工业出版社图书有缺损问题，请向购买书店调换。若书店售缺，请与本社发行部联系，联系及邮购电话：（010）88254888，88258888。

质量投诉请发邮件至 zlts@phei.com.cn，盗版侵权举报请发邮件至 dbqq@phei.com.cn。

本书咨询联系方式：（010）88254604，lijing@phei.com.cn。

《工业数据采集技术》编委会

许必友（重庆市开州区职业教育中心）

李立耀（福建技术师范学院）

林常航（福建技术师范学院）

陈小娥（福建船政交通职业学院）

徐金鹏（集美工业学校）

曾　春（重庆工商职业学院）

向应军（重庆五一职业技术学院）

前　　言

一、缘起

工业互联网是新一代信息通信技术与工业经济深度融合的新型基础设施、应用模式和工业生态，是 IT（信息技术）和 OT（操作技术）的全面融合与升级。工业互联网实现了工业生产过程中所有要素的泛在连接和整合，最终实现了工业的数字化、网络化、智能化，帮助工业企业降低成本、节省能源、提高生产效率，因此被认为是第四次工业革命的重要基石。

从 2018 年到 2023 年，我国已经连续 6 年将"工业互联网"写入政府工作报告中。2020年，中华人民共和国人力资源和社会保障部、国家市场监督管理总局、国家统计局三部门联合发布工业互联网工程技术人员新职业。2021 年，中华人民共和国教育部在职业教育本科和专科增设工业互联网相关专业，对增加产业人才的有效供给、推动国家战略性新兴产业发展具有重要意义。

工业互联网是一门综合性学科，其专业知识涉及计算机、通信、物联网、自动化等，注重多学科交叉、融合创新。目前，市面上工业互联网的相关教材相对较少。鉴于此，重庆电子工程职业学院联合中国工业互联网研究院、重庆市树德科技有限公司，按照"能力本位、学生主体、项目载体"的先进理念，总结近几年国家"双高计划"专业群建设、国家级高技能人才培训基地建设、工业互联网技术专业（由"工业网络技术专业"调整而来）建设的项目成果，联合编写了本书，以使初学者能够尽快熟悉和掌握工业数据采集技术，并能独立完成中小型项目的工业数据采集工作。

二、内容

本书基于工业互联网产业的工业数据采集技术应用，选择工业互联网预测性维护（中级）实训设备——智能装配生产线作为载体，并根据学生职业能力发展需要，融入了自主学习、信息处理、与人交流、团队合作、职业通用核心能力等内容。按照初学者的认知规律和职业成长规律，确定本书的结构和内容，由易到难、由浅入深地安排技术和工程项目，并将全书内容划分为 6 个项目，分别是"采集生产线环境参数（远程 I/O 模块）""采集生产线电机运行数据（PLC）""采集生产线立体仓库管理数据（标识载体）""采集电力变压器运行数据（工业采集板卡）""采集生产线设备运行数据（工业网关）""工业数据采集达人挑战"。其中，项目 6 训练学生的综合职业能力和创新应用能力。

本书为每个项目安排了 2~4 个具体任务。项目以职业活动为导向，注重能力培养和课程思政内容渗透，项目内容包括"职业能力""引导案例""任务描述""任务单""任务资讯""拓展阅读""任务计划""任务实施""任务检查与评价""任务练习"，有利于充分发挥学生的主体作用，实现项目教学。

三、特点

（1）本书是 1+X "工业互联网预测性维护"职业技能等级证书（中级）的书证融通教材之一，为校企合作开发教材，遵循工业互联网专业教学标准，把 1+X 职业技能等级证书培训内容与工业互联网专业人才培养方案中的课程内容相结合，将专业目标（课程考试考核）和证书目标（证书能力评价）相结合，确保证书培训与专业教学同步实施。本书和《工业控制技术》《工业互联网预测性维护》共同支撑起了 1+X "工业互联网预测性维护"职业技能等级证书（中级）要求的全部内容，实现了课程目标与证书要求的融合。

（2）本书描述的工业数据采集涉及远程 I/O 模块、PLC、标识载体、工业采集板卡、工业网关等多种方式，适用于国内和国外主流设备。

（3）本书为新型活页式教材，可针对不同学习需求，选择部分内容重点突破，以培养学生的个性化应用能力；同时在项目和任务中配有二维码，师生可由此获得新技术、新知识、新案例，弥补了传统活页式教材成本较高的不足。本书同步一体化开发了数字资源，可供师生使用。

（4）本书采用理论和实践一体化的教学模式，注重技术的实际应用和项目实施。本书把工业传感器选型、通信协议、工业数据采集的相关知识点融入一个个项目或任务中，通过案例引入、传感器选型、数据采集设备选型、工业数据采集，确保读者能够完全掌握整个项目或任务，并有效解决实训设备不足的问题，突出实践应用能力的培养。在理论学习方面，本书强调应用知识，并将其全部解构到每个项目的"任务资讯"中，易学易用。

四、对象

本书不仅可以作为高职院校、应用型本科院校工业互联网相关专业的教材，还可以作为对工业数据采集技术感兴趣的读者的参考用书。针对不同院校或专业的培养目标不同而导致的课程定位差异，编者建议工业互联网相关专业学生掌握本书全部内容，安排 64 学时；装备制造大类和电子信息大类等其余相关专业学生可根据需要选取相关项目或任务，适当调整学时数。

五、致谢

在本书的编写过程中，编写团队参考了研华科技（中国）有限公司和西门子公司等的产品资料、网络资源和技术资料，以及工业数据采集相关的论文和教材，在此一并致谢。同时，要感谢陈庆、陈小平等工业物联网工坊学员，他们参与了资料收集、程序调试工作。

工业互联网相关专业是一类新兴的专业，由于编者水平有限，书中难免有疏漏和不足之处，恳请广大读者批评指正。

编　者

2023 年 7 月

工业数据采集技术课程宣传片

表 1　本书与职业技能等级标准对照

工业互联网预测性维护职业技能等级标准(中级)			工业数据采集技术
工作领域	工作任务	职业技能要求	项　目
1. 通用生产装备标识解析与核心部件综合数据采集	1.1 变频器解析	1.1.1 能根据变频器说明书准确地确定所需采集的数据列表	
		1.1.2 能安装调试变频器和智能网关硬件	
	1.2 变频器通信接口设置	1.2.1 能准确地确认变频器硬件接口	
		1.2.2 能准确地确认变频器软件通信协议	
	1.3 PLC 与总线解析	1.3.1 能根据 PLC 说明书准确地确定 PLC 与总线所需采集的数据列表	项目 2
		1.3.2 能准确地安装、调试 PLC 与总线和智能网关硬件	项目 2
	1.4 PLC 与总线通信接口设置	1.4.1 能准确地确认 PLC 与总线硬件接口	项目 2
		1.4.2 能根据硬件接口准确地确认 PLC 与总线软件通信协议	项目 2
	1.5 气动控制系统解析	1.5.1 能根据气动控制系统要求准确地确定所需采集的数据列表	
		1.5.2 能准确地安装、调试气动控制系统和智能网关硬件	
	1.6 气动控制系统通信接口设置	1.6.1 能准确地确认气动控制系统硬件接口	
		1.6.2 能根据气动控制系统硬件接口准确地确认气动控制系统软件通信协议	
	1.7 伺服控制解析	1.7.1 能根据伺服控制系统准确地确定所需采集的数据列表	
		1.7.2 能准确地安装、调试伺服控制和智能网关硬件	
	1.8 伺服控制通信接口设置	1.8.1 能准确地确认伺服控制硬件接口	
		1.8.2 能根据伺服控制硬件接口准确地确认伺服控制软件通信协议	
	1.9 工业互联数据平台搭建和配置	1.9.1 能准确地将各个核心零部件与 PLC 进行连接及通信	项目 5
		1.9.2 能准确地将 PLC 与 IoT 网关进行连接及通信	项目 5
		1.9.3 能正确配置 PLC 的采集数据与上传数据	项目 5
		1.9.4 能正确配置网关 IP 地址及采集数据	项目 5
	1.10 工业互联平台数据采集与录入	1.10.1 能准确地配置分析软件数据接口	
		1.10.2 能准确地配置分析软件自动采集数据	
		1.10.3 能准确地配置分析软件,实现历史数据存储	
2. 通用生产装备故障数据模型分析	2.1 分析软件自动建模配置	2.1.1 能准确地设定分析软件的输入和输出	
		2.1.2 能准确地设置多种预警	
	2.2 数据分析	2.2.1 能准确生成所需的分析结果	
3. 通用生产装备故障智能工单与智能预警	3.1 智能工单配置	3.1.1 能根据工单和人员准确地配置工单对象	
		3.1.2 能根据工单和人员准确地配置不同对象的发送时间	
	3.2 智能预警定义与设置	3.2.1 能根据预警目标设置与调整分析结果	
		3.2.2 能根据多个分析结果定义与调整预警范围	

目　　录

项目 1

采集生产线环境参数
（远程 I/O 模块）

职业能力

- 能够根据项目需要完成环境监测传感器选型；
- 能够根据实际应用场景完成远程 I/O 模块选型；
- 能够编制装配生产线环境监测系统功能需求分析报告；
- 能够看懂装配生产线中传感器的接线图；
- 能够正确安装装配生产线中的环境监测传感器；
- 能够正确安装远程 I/O 模块工具软件；
- 能够根据采集系统完成装配生产线环境参数采集；
- 具有良好的发现问题、分析问题与解决问题的能力；
- 具有较强的整合知识和归纳总结的能力。

引导案例

2021 年 6 月，三一重机重庆"灯塔工厂"正式投产：工厂不似工厂似花园，走进工厂一幅"绿色画面"映入眼帘：偌大的水池中，成群的鱼儿悠然自在；水池周边绿植环绕，中间设置的茶座休闲区方便工人休息、娱乐，水池两侧则是挥舞的机械臂。工厂配备涂装废气沸石转轮+RTO 处理装置，采用湿式除尘设备高效处理涂装粉尘，打造绿色智能涂装生产线，发动机尾气处理装置、焊接烟尘整体+局部治理、工厂整体污水处理循环系统等环保设备高效运行，使生产过程达到零排放。

随着社会不断进步，工业体制不断完善，人们开始越来越重视工作环境，良好洁净的工作环境不仅可以提升员工的工作效率还能保障员工的身体健康。互联网与生态文明生产应深度融合，借助互联网完善工厂环境监测及信息发布系统，形成覆盖主要生态要素的资源环境承载能力动态监测网络，实现工厂生态环境数据的互联互通和开放共享。要实现这一目的，工厂环境参数实时采集显得尤为重要。本项目以装配生产线厂房的环境监测系统为例，带领大家进入环境数据采集的世界，进而掌握工业传感器技术和远程 I/O 模块的应用。

任务 1.1　装配生产线环境监测系统功能需求分析

【任务描述】

工业数据采集类型介绍

重庆某企业要新建一条装配生产线。项目建筑总面积为 500 平方米，需进行装配生产线环境监测系统设计与集成。该企业提出了系统兼顾低成本、低功耗、后期运维方便的要求，作为公司的售前技术支持，请你充分了解客户需求并结合行业现状，完成该系统的功能需求分析。

【任务单】

根据任务描述完成装配生产线环境监测系统的功能需求分析，在本次工作任务中，需要先完成资料查询、收集、分析、对比等工作。具体任务要求请参照下面任务单。

任务单

项　　目	采集生产线环境参数（远程 I/O 模块）	
任　　务	装配生产线环境监测系统功能需求分析	
任务要求		任务准备
1. 明确任务要求，组建小组，3～5 人一组。 2. 完成装配生产线环境监测相关标准、环境监测方案资料收集。 3. 整理分析资料，撰写装配生产线环境监测系统功能需求分析报告		1. 自主学习。 （1）工业环境监测概述。 （2）装配生产线环境监测内容。 （3）装配生产线环境监测系统功能需求。 2. 设备工具。 （1）硬件：计算机。 （2）软件：办公软件
自我总结		拓展提高
		通过提交任务报告，进一步规范编写需求分析报告

【任务资讯】

工业环境监测内容

1.1.1　工业环境监测概述

为了贯彻执行《中华人民共和国职业病防治法》的要求，体现"预防为主"的卫生工作方针，保证生产环境符合卫生要求，控制生产过程中产生的各类职业危害因素，改善劳动条件以保障职工的身体健康，促进生产发展，从而建设环境监测系统，该系统可实现工厂生态环境数据的互联互通和开放共享，同时可将数据实时传送给当地环保部门进行实时查看。

把工业互联网技术应用到环境监测系统上可以让我们更加准确、及时地获取环境监测的有关信息，把这些信息罗列并整理出来，这样就可以方便有关部门对环境进行更加有效、合理的管理，及时发现环境造成的污染等相关问题，并科学有效地做好预防工作。

工业环境监测主要包括以下内容。

1. 水质监测系统

水质监测及评价工作给水资源保护、管理及开发利用提供了很多真实有效的依据。水质监测的内容是十分广泛的，它不仅包含了工业上的排水和已被污染的天然水，也包含了没有被污染的水。对水质进行监测的过程，不仅要对水质进行观察和判断，还要对其中存在的有毒物质进行充分分析。我国对水质的监测主要包含了饮用水的监测和水质污染监测两个方面。而对水污染进行监测就是监测工业废水，从而避免发生重大污染事件，禁止污染物排放等行为。

水质污染在线监测系统由污染因子〔化学需氧量（COD）、氨氮、pH 值、流量、悬浮物、浊度、溶解氧等〕监测子系统、采样及预处理子系统（采水泵、采水管路、过滤装置、水质自动采样器等）、数据采集与处理子系统、监视传感子系统、监测站房子系统、排放口建设子系统等组成。水质污染监测系统示意图如图 1.1.1 所示。

2. 有毒有害气体监测系统

随着经济的快速发展，污染源的种类日益增多，特别是化工区、工业集中区及周边环境，污染方式与生态破坏类型日趋复杂，环境污染负荷逐渐增加，环境污染事故时有发生。同时，随着公众环保意识逐渐增强，各类环境污染投诉纠纷日益增长，因此对环境监测的要求越来越高，并且环境监测的种类越来越全面。

有毒有害气体监测系统的主要功能是实时监测 SO_2、NO_X、CO、O_3、$PM10$ 等有毒有害气体含量。有毒有害气体监测系统示意图如图 1.1.2 所示。

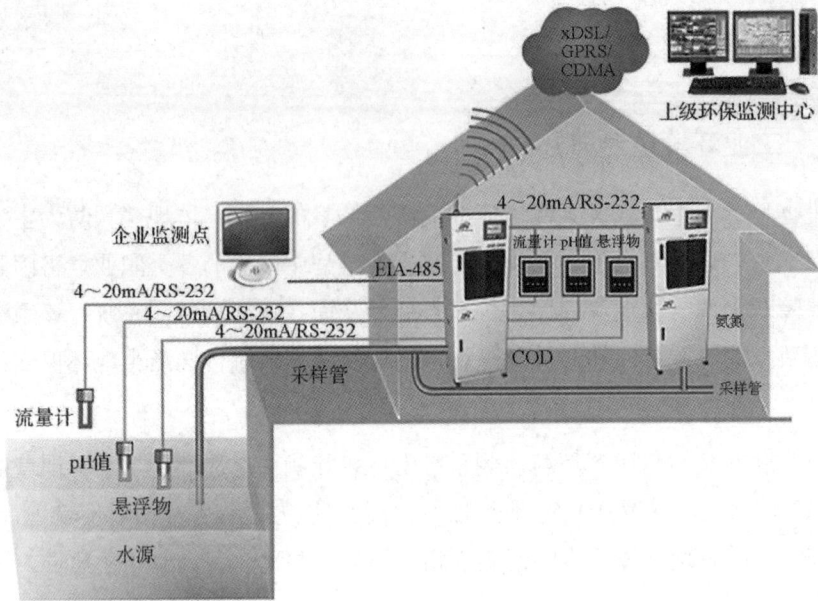

图 1.1.1　水质污染监测系统示意图

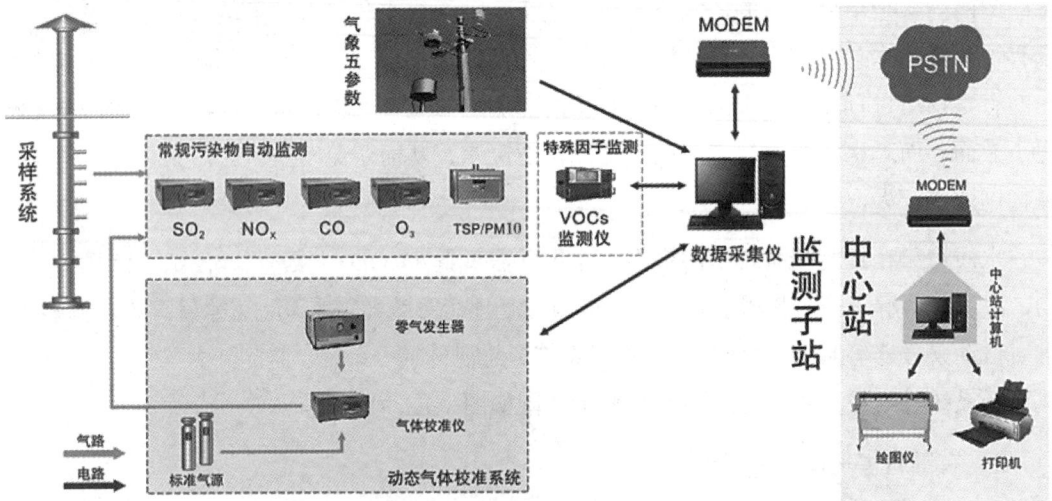

图 1.1.2　有毒有害气体监测系统示意图

3．扬尘噪声监测系统

工厂气象数据主要包括温度、湿度、风速、风向。工厂内部 PM2.5/PM10/总悬浮颗粒物（TSP）等污染物含量应符合国家标准《环境空气质量标准》（GB 3095—2012）的要求，噪声应符合《声环境质量标准》（GB 3096—2008）的要求。

扬尘噪声监测系统的主要功能是实时监测扬尘、噪声数据。扬尘噪声监测系统示意图如图 1.1.3 所示。

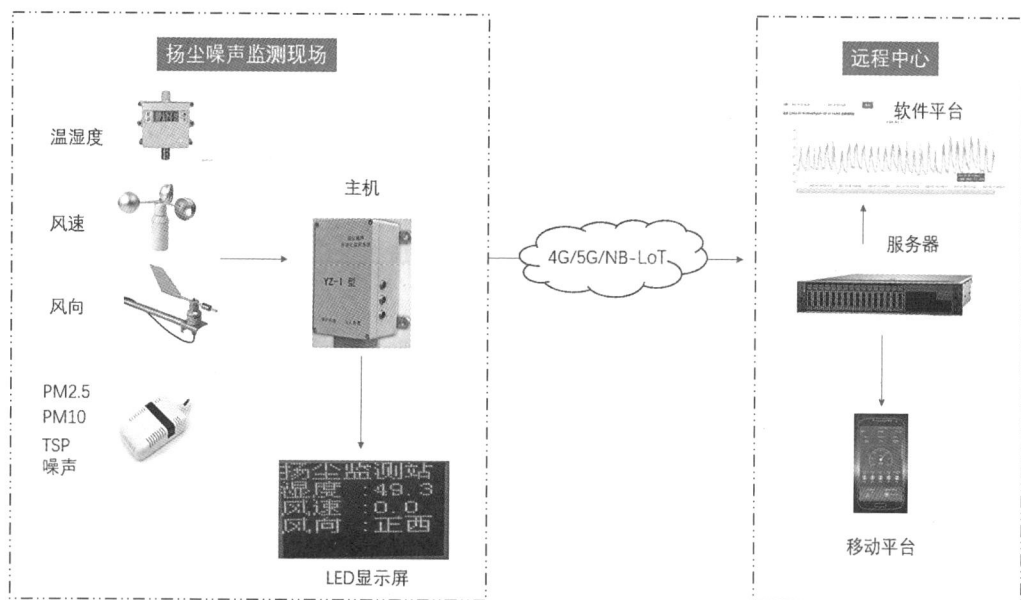

图 1.1.3　扬尘噪声监测系统示意图

【小思考】

工业车间为何需要环境监测？

1.1.2　装配生产线环境监测内容

装配生产线主要完成各个零部件的组装，所有的塑料件、金属件均外购，然后组装成形，不涉及原辅料的生产。装配生产线的主要环境保护目标如下。

1. 环境空气

确保项目所在区域大气质量满足《环境空气质量标准》二级标准要求。各项污染物的浓度限值如表 1.1.1 所示。

表 1.1.1　各项污染物的浓度限值

评价标准	污染物名称	浓度限值/（mg/m³）	
		24h 平均值	1h 平均值
《环境空气质量标准》（GB 3095—2012）	SO_2	0.15	0.50
	NO_2	0.08	0.12
	PM10	0.15	—
	CO	4.00	10.00

2．地表水环境

项目区域地表水体不因本项目建设而改变，水质满足《地表水环境质量标准》（GB 3838—2002）中的三类水域标准要求。地表水环境质量标准值如表 1.1.2 所示。

表 1.1.2 地表水环境质量标准值

评价标准	pH 值/ (mg/L)	溶解氧/ (mg/L)	高锰酸盐指数/ (mg/L)	NH₃-N/ (mg/L)	CODcr/ (mg/L)	TP/ (mg/L)	BOD₅/ (mg/L)	石油类/ (mg/L)
《地表水环境质量标准》GB 3838—2002	6～9	≥5	≤6	≤1.0	≤20	≤0.2	≤4	≤0.05

3．噪声

噪声满足执行《声环境质量标准》中的 3 类标准要求。环境噪声标准值如表 1.1.3 所示。

表 1.1.3 环境噪声标准值

环境噪声	3 类	昼间/dB（A）	65
		夜间/dB（A）	55

4．废气

废气满足执行《大气污染物综合排放标准》（GB 16297—1996）中 2 级标准限值要求。大气污染物综合排放标准如表 1.1.4 所示。

表 1.1.4 大气污染物综合排放标准

污染物	可吸入颗粒物/（mg/m³）	SO₂/（mg/m³）	NOₓ/（mg/m³）
无组织排放监控浓度限值	1.0	0.4	0.12

5．废水

本项目排水《污水综合排放标准》（GB 8978—1996）中的三级排放标准，氨氮执行《污水排入城镇下水道水质标准》（GB/T 31962—2015）中的 1B 级标准，相关标准限值如表 1.1.5 所示。

表 1.1.5 废水排放执行标准限值

污染物	CODᴄᵣ/（mg/L）	BOD₅/（mg/L）	SS/（mg/L）	氨氮/（mg/L）	石油类/（mg/L）
执行标准	500	300	400	45	15

6．气象数据

气象数据主要包括温度、湿度。

1.1.3 装配生产线环境监测系统功能需求

（1）实时监控需求。该系统需要实时对环境空气、地表水环境、噪声、废气、废水、气象等数据进行监控。

（2）实时数据分析需求。实时数据分析主要包括环境监测数据分析、污染源监测数据分析和监测设备的运转情况分析。监测数据是否超标、监测设备运转是否正常直接关系到环境质量的维护与保障。

（3）实时数据管理需求。实时数据管理主要是对监测数据及设备运转情况数据的统计、分析，主要包括实时数据查看、实时曲线查看、监测设备运转情况实时数据查看等功能。

（4）历史数据管理需求。历史数据管理是对监测历史数据及设备运转情况历史数据的统计、分析，主要包括历史数据查询、历史报表查询、历史曲线查询、历史专题图查询等。

（5）数据安全需求。

【小提示】

数据是系统运行的基础和血液，数据安全是系统稳定运行的关键。数据安全包括数据存储的安全性及数据系统不受外部入侵。

装配生产线环境监测系统功能需求可以参考软件需求规格说明书标准（IEEE Std 830—1998）。

拓展阅读

新污染物治理行动方案

新污染物是指由人类活动造成的，目前已在环境中明确存在，危害人体健康和生态环境的，但因其生产使用历史相对较短或发现危害较晚尚无法律法规和标准予以规定或规定不完善的，所有在生产建设或其他活动中产生的污染物。

2022 年 5 月，国务院办公厅发布《国务院办公厅关于印发新污染物治理行动方案的通知》（国办发〔2022〕15 号）。其中指出：有毒有害化学物质的生产和使用是新污染物的主要来源。其中提出了新污染物治理的主要目标：到 2025 年，完成高关注、高产（用）量的化学物质环境风险筛查，完成一批化学物质环境风险评估；动态发布重点管控新污染物清单；对重点管控新污染物实施禁止、限制、限排等环境风险管控措施。目前，有毒有害化学物质环境风险管理法规制度体系和管理机制逐步建立健全，各相关部门和企业的新污染物治理能力明显增强。

【任务计划】

根据任务咨询及收集整理的资料填写任务计划单。

任务计划单

项 目	采集生产线环境参数（远程 I/O 模块）			
任 务	装配生产线环境监测系统功能需求分析		学 时	2
计划方式	分组讨论、资料收集、技能学习等			
序 号	任 务		时 间	负责人
1				
2				
3				
4				
5	撰写装配生产线环境监测系统功能需求分析报告			
6	任务成果汇报展示			
小组分工	讨论功能需求所涉及的环节及其主要任务，充分细化，并落实到具体的同学，在规定的时间点进行检查			
计划评价				

【任务实施】

根据任务计划编制任务实施方案，并完成任务实施，填写任务实施工单。

任务实施工单

项 目	采集生产线环境参数（远程 I/O 模块）		
任 务	装配生产线环境监测系统功能需求分析	学 时	
计划方式	项目实施		
序 号	实施情况		
1			
2			
3			
4			
5	编制装配生产线环境监测系统功能需求分析方案		
6	制作汇报 PPT 并讲解		

【任务检查与评价】

完成任务实施后，进行任务检查与评价，可采用小组互评等方式，任务评价单如下。

任务评价单

项 目	采集生产线环境参数（远程 I/O 模块）			
任 务	装配生产线环境监测系统功能需求分析			
考核方式	过程考核			
说 明	主要评价学生在项目学习过程中的操作方式、理论知识、学习态度、课堂表现、学习能力、动手能力等			
评价内容与评价标准				
序 号	内 容	评价标准		成绩比例
		优	良	合 格	

序 号	内 容	优	良	合 格	成绩比例
1	基本理论掌握	掌握工业环境监测主要内容，以及装配生产线环境监测系统功能需求	熟悉工业环境监测主要内容，以及装配生产线环境监测系统功能需求	了解工业环境监测主要内容，以及装配生产线环境监测系统功能需求	30%
2	实践操作技能	熟练使用各种查询工具收集和查阅系统相关资料，快速、准确地分析系统功能、业务流程，并完成装配生产线环境监测系统功能需求分析报告的编写，且报告编写规范。掌握工业环境监测相关标准的强制要求和最低要求	能够较熟练使用各种查询工具收集和查阅系统相关资料，快速、准确地分析系统功能、业务流程，并完成装配生产线环境监测系统功能需求分析报告的编写，且报告编写规范。清楚工业环境监测相关标准的强制要求和最低要求	会使用各种查询工具收集和查阅系统相关资料，并完成装配生产线环境监测系统功能需求分析报告的编写，且报告编写规范。会查询工业环境监测相关标准的强制要求和最低要求	30%
3	职业核心能力	具有良好的自主学习能力、分析和解决问题的能力	具有较好的自主学习能力、分析和解决问题的能力	能够主动学习并收集信息，具备一定分析和解决问题的能力	10%
4	工作作风与职业道德	具有严谨的科学态度和工匠精神，能够严格遵守"6S"管理制度	具有良好的科学态度和工匠精神，能够自觉遵守"6S"管理制度	具有较好的科学态度和工匠精神，能够遵守"6S"管理制度	10%
5	小组评价	具有良好的团队合作精神和沟通交流能力，热心帮助小组其他成员	具有较好的团队合作精神和沟通交流能力，能帮助小组其他成员	具有一定的团队合作能力，能配合小组其他成员完成项目任务	10%
6	教师评价	包括以上所有内容	包括以上所有内容	包括以上所有内容	10%
合 计					100%

【任务练习】

1. 水污染在线监测系统由哪些子系统组成？

2. 有毒有害气体监测系统的主要功能是实时监测哪些物质的含量？

任务 1.2　环境监测传感器选型

【任务描述】

根据装配生产线环境监测系统检测内容和功能需求，经过技术团队讨论决定，本次选用的传感器输出信号采用 4～20mA 模拟量输出，你需要向公司采购部提供针对本项目的传感器清单表，采购人员会根据清单表上的要求进行采购。

【任务单】

根据任务描述，需要完成装配生产线环境监测系统的传感器选型，在本次工作任务中，需要先完成传感器资料查询及收集、分析对比等工作。具体任务要求请参照下面的任务单。

任务单

项　目	采集生产线环境参数（远程 I/O 模块）	
任　务	环境监测传感器选型	
任务要求	任务准备	
1. 明确任务要求，组建小组，3～5 人一组； 2. 分析整理出环境监测传感器需求表； 3. 每组根据需求表自行分工，进行选型询价； 4. 提交环境监测传感器清单表	1. 自主学习。 　熟悉装配生产线环境监测系统的主要监测内容、功能需求，列出传感器的关键参数和安装方式，以及数据传输的方式。 2. 设备工具。 （1）硬件：计算机。 （2）软件：无	
自我总结	拓展提高	
	请查阅资料掌握两线制、三线制、四线制传感器接线方式	

【任务资讯】

工业环境监测
传感器选型

1.2.1　传感器认知

传感器是能感受被测量，并按照一定的规律转换成可用输出信号的器件或装置。通常由敏感元件和转换元件组成。敏感元件指传感器中能直接感受或响应被测量的部分。转换元件指传感器中能将敏感元件感受或响应的被测量转换成适于传输或测量的电信号部分。当输出为规定的标准信号时，称为变送器。传感器按一定规律变换成为电信号或其他所需形式的信息输出，以满足信息的传输、处理、存储、显示、记录和控制等要求。这些模拟和数字输出信号用于检测开环、闭环控制系统的实际过程状态，它是实现自动检测和自动控制的首要环节。

1.2.2   传感器分类

1. 按照工作（检测）原理分类

工作（检测）原理指传感器工作所依据的物理效应、化学效应和生物效应等原理。按照工作（检测）原理分类，传感器可分为电学式传感器（电阻式、电容式、电感式、磁电式、电涡流式）、磁学式传感器（磁电感应式、霍尔式、磁栅式）、光电式传感器（光电式、光栅式、激光式）、电势型传感器、电荷型传感器、半导体式传感器、谐振式传感器等。这个分类方法的优点是，便于传感器专业工作者从原理与设计上做归纳性的分析研究，避免了传感器的种类过于繁多，最常用；缺点是，用户选择传感器时不够方便。

2. 按照用途（被测物理量）分类

按照用途（被测物理量）分类，传感器分为温度传感器、光电传感器、加速度传感器、转速传感器、湿度传感器、振动传感器、压力传感器、称重传感器、气体传感器、位移传感器等。这种分类方法明确地说明了传感器的用途，给使用者提供了方便；缺点是这种分类方法是将原理互不相同的传感器归为一类，很难找出每种传感器在转换机理上有何共性和差异。

3. 按照结构参数在信号变化过程中是否发生变化分类

（1）物性型传感器，即利用材料的物料特性及其各种物理、化学效应监测被测量的传感器。在实现信号的变化过程中，结构参数基本不变，而是利用某些物质材料（敏感元件）本身的物理或化学特性的变化而实现信号变化的。这种传感器被称作固态传感器，它是以半导体、电解质、铁电体等作为敏感材料的固态器件，如热电偶、压电石英晶体、热电阻、力敏元件、热敏元件、湿敏元件、气敏元件、光敏元件等。

（2）结构型传感器，即利用机械构件的变形监测被测量的传感器。结构型传感器依靠传感器机械结构的几何形状或尺寸的变化而将外界被测参数转换成相应的电阻、电感、电容等物理量的变化，实现信号变化，从而检测出被测信号，如电容式、电感式、应变片式、电位差计式等。

4. 按照输出信号的性质分类

（1）模拟式传感器，即输出信号为连续变化的模拟信号的传感器。

（2）数字式传感器，即输出信号为数字量（"0"或"1"）或数字编码的传感器。数字式传感器能直接将非电量转化为数字量，可以直接用于数字显示和计算，可直接配合计算机，具有抗干扰能力强、适宜远距离传输等优点，如光栅传感器。

5．按照敏感元件与被测对象之间的能量关系分类

（1）能量转换型（有源式、自源式、发电式）传感器，即在进行信号转换时不需要另外提供能量，直接由被测对象输入能量，把输入信号能量变换为另一种形式的能量输出使其工作的传感器，如压电式传感器、压磁式传感器、电偶式传感器、光电池式传感器等。

（2）能量控制型（无源式、他源式、参量式）传感器，此类传感器在进行信号转换时需要先供给能量，即从外部供给辅助能源使传感器工作，并且由被测量来控制外部供给能量的变换等，如电阻式传感器、电容式传感器、电感式传感器、差动变压式传感器等。

6．按照构成分类

（1）基本型传感器，是一种最基本的单个变换装置。

（2）组合型传感器，是由不同单个变换装置组合而构成的传感器。

（3）应用型传感器，是基本型或组合型传感器与其他机构组合而成的传感器。

7．按照作用分类

（1）主动型传感器，此类传感器对被测对象发出一定的探测信号，能检测信号在被测对象中所产生的变化，或者由探测信号在被测对象中产生某种效应而形成信号。

（2）被动型传感器，此类传感器只是接收被测对象本身产生的信号，如红外辐射温度计、红外摄像装置等。

8．按照与被测对象的关联方式分类

（1）接触式传感器，此类传感器必须接触才能有信号，如扭矩传感器、压力传感器等。

（2）非接触式传感器，此类传感器不必接触就能产生信号，如激光传感器、电感式接近传感器等。

1.2.3　常用工业环境监测传感器

1．湿度传感器

湿度传感器是能感受空气中所含水分的量并转换成可用输出信号的传感器。湿度常用绝对湿度、相对湿度和露点等来表示。日常中所提到的空气湿度，实际上就是指相对湿度。

绝对湿度是指在一定温度和压力条件下，单位体积内待测气体中含水蒸气的质量。相对湿度为待测气体中水蒸气压与同温度下水的饱和蒸气压的比值的百分数。

湿敏元件是最简单的湿度传感器。湿敏元件主要有湿敏电阻、湿敏电容两大类。

（1）湿敏电阻的特点是，在基片上覆盖了一层用感湿材料制成的膜，当空气中的水蒸气吸附在感湿膜上时，元件的电阻率和电阻值都发生变化，利用这一特性即可测量湿度。

（2）湿敏电容一般是用高分子薄膜电容制成的，当环境湿度发生改变时，湿敏电容的介电常数发生变化，使其电容量也发生变化，其电容变化量与相对湿度成正比。

常用湿度传感器分为电阻式湿度传感器、电容式湿度传感器、氯化锂湿度传感器、碳湿敏元件、氧化铝湿度计、陶瓷湿度传感器等。

电容式湿度传感器外形及尺寸如图 1.2.1 所示。

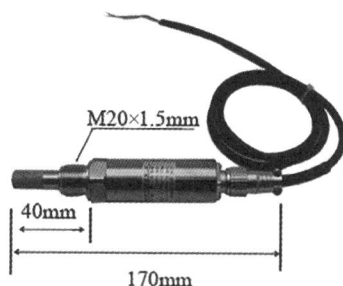

图 1.2.1　电容式湿度传感器外形及尺寸

2．温度传感器

温度传感器是能感受温度并将其转换成可用输出信号的传感器。温度传感器是温度测量仪表的核心部分。按照产品类型，温度传感器可分为双金属温度传感器、温度传感器热敏电阻［负温度系数（NTC）、正温度系数（PTC）］、电阻温度检测器（RTD）、热电偶温度传感器、红外温度传感器、光纤温度传感器等，工业中应用十分广泛的是热电偶温度传感器和热电阻温度检测器。

（1）热电偶测温基本原理。

当由两种不同的导体（半导体）A 和 B 组成一个回路，其两端相互连接时，只要两结点处的温度不同，一端温度为 T（称为工作端或热端），另一端温度为 $T0$［称为自由端（也称参考端）或冷端］，回路中将产生一个电动势，该电动势的方向和大小与导体的材料及两节点的温度有关，这种现象称为"热电效应"。温度传感器热电偶就是利用这一效应来工作的。半导体具有的特性有伏安特性和温度特性，其优点是灵敏度高，体积和热惯性小，化学稳定性好，机械性能强；缺点就是复现性和互换性差且非线性严重。在使用热电偶过程中注意补偿导线的配套使用，标准化热电偶有 K 型、S 型、E 型等，并且热电偶一般在 600℃及以上工作。

（2）热电阻测温基本原理。

热电阻测温是利用金属导体的电阻值随温度的增加而增加这一特性来进行温度测量的。温度传感器热电阻大都由纯金属材料制成，目前应用最多的是铂热电阻（PT10、PT100、PT1000）和铜热电阻（Cu50），一般情况下热电阻采用的都是三线制，而且热电阻的工作温度为-200～600℃。除此之外，现在已开始采用镍、锰和铑等材料制造温度传感器热电阻。温度传感器实例图如图 1.2.2 所示。

图 1.2.2　温度传感器实例图

3．噪声传感器

噪声传感器又可称为声敏传感器，它是一种将在气体、液体或固体中传播的机械振动转换成电信号的器件或装置，它采用接触或非接触的方式检测信号。

噪声传感器实例图如图 1.2.3 所示。

图 1.2.3　噪声传感器实例图

该传感器内置一个对声音敏感的电容式驻极体话筒。电容式驻极体话筒主要由两部分（声电转换部分和阻抗部分）组成。声电转换的关键元件是驻极体振动膜，它是一片极薄的塑料膜片，先在其中一面蒸发上一层纯金薄膜，然后在经过高压电场驻极后，两面分别驻有异性电荷。塑料膜片的蒸金面向外，与金属外壳相连通。塑料膜片的另一面与金属极板之间用薄的绝缘衬圈隔离开。这样，塑料膜片与金属极板之间就形成一个电容。当驻极体振动膜遇到声波振动时，引起电容两端的电场发生变化，从而产生了随声波变化而变化的交变电压。驻极体振动膜与金属极板之间的电容量比较小，因而它的输出阻抗值很高，一般为几十兆欧。这样高的阻抗是不能直接与音频放大器相匹配的，因此在话筒内接入一只结型场效应晶体三极管来进行阻抗变换，其特点是输入阻抗极高、噪声系数低。普通的场效应管有源极（S）、栅极（G）和漏极（D）三个极。这里使用的结型场效应晶体三极管是在内部源极和栅极间再复合一只二极管的专用场效应管。接二极管的目的是在场效应管受强信号冲击时起保护作用。场效应管的栅极接金属极板，这样驻极体话筒的输出线便有两根，即源极 S，一般用蓝色塑料线；漏极 D，一般用红色塑料线和连接金属外壳的编织屏蔽线。

声波使话筒内的驻极体薄膜振动，导致电容变化，而产生与之对应变化的微小电压。这一电压随后被转化成 0～5V 的电压，经过模数（A/D）转换被数据采集器接收，并传送给处理器。

噪声传感器广泛应用于交通干道噪声检测、工业企业厂界噪声检测、建筑施工场界噪声检测、城市区域环境噪声检测、社会生活环境噪声检测和评估。

4．CO 传感器

CO 传感器采用的是电化学传感器检测原理。电化学一氧化碳气体传感器采用密闭结构设计，其是由工作电极、过滤器、透气膜、电解液、电极引出线（引脚）、壳体等部分组成的。CO 传感器结构示意图如图 1.2.4 所示。

图 1.2.4　CO 传感器结构示意图

CO 传感器与报警器配套使用，是报警器中的核心检测元件，它以定电位电解法为基本原理。当一氧化碳扩散到 CO 传感器时，其输出端产生电流输出，提供给报警器中的采样电路起着将化学能转化为电能的作用。当气体浓度发生变化时，CO 传感器的输出电流也随之成正比变化，经报警器的中间电路转换放大输出，以驱动不同的执行装置，完成声、光和电等检测与报警功能，与相应的控制装置一同构成了环境检测或监测报警系统。CO 传感器实例图如图 1.2.5 所示。

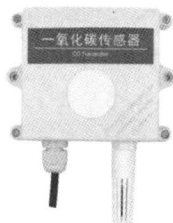

图 1.2.5　CO 传感器实例图

5. pH 值传感器

pH 值传感器的测量原理一般为原电池原理。原电池的作用是使化学能量转成电能。此电池的电压被称为电动势（EMF）。此电动势（EMF）由两个半电池构成。其中一个半电池称作测量电池，它的电位与特定的离子活度有关；另一个半电池为参比半电池，通常称作参比电极，它一般是与测量溶液相通，并且与测量仪表相连。通过电极内部原电池反应产生的电势差传递到 pH 值控制器，再由对应算法计算得到 pH 值。pH 值传感器示意图如图 1.2.6 所示。

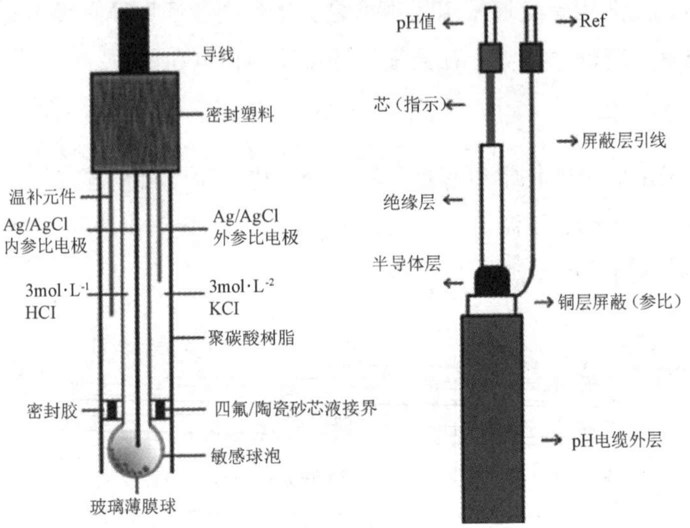

图 1.2.6　pH 值传感器示意图

电极的标定如下。

（1）建议采用三点法校准电极，通常先用 pH4.00 缓冲液定位，再按顺序使用 pH6.86 和 pH9.18 的缓冲液确定斜率。

（2）电极接上仪表后，执行校正工作之前请将仪器接上电源预热 30 分钟。

（3）执行校正工作电极标定时，应注意电极不能平放，要垂直放置（请将电极玻璃球泡朝下）防止电极毫伏数据偏离。

（4）带温补的电极，请将控制器切换到自动温度补偿使用。

1.2.4　传感器的选型依据

传感器的选型要从传感器性能指标、硬件接口和信号输出形式、安装方式、成本分析、使用环境五个方面考虑。

1. 传感器性能指标

传感器性能指标主要包括传感器的测量范围、量程、灵敏感、精度。

（1）传感器的测量范围是在误差允许的范围内，传感器能够测量的下限值到上限值之间的范围。

（2）传感器的量程，又称满量程输入，为传感器测量量（X）上限与下限的代数差。

$$X_{FS} = X_{max} - X_{min} \tag{1.2.1}$$

（3）传感器的灵敏度（S_i），即输出（Y）变化量与相应的输入（X）变化量之比，其计算公式如式（1.2.2）所示。线性传感器的灵敏度为一常数，计算公式如式（1.2.3）所示。

$$S_i = \lim_{\Delta X_i \to 0} \left(\frac{\Delta Y_i}{\Delta X_i} \right) = \frac{dY_i}{dX_i} \tag{1.2.2}$$

$$S = \frac{Y_{max} - Y_{min}}{X_{max} - X_{min}} \tag{1.2.3}$$

传感器的灵敏度描述的是单位输入量的变化所引起传感器输出量的变化。灵敏度越高，说明传感器越灵敏，反应能力越强，反之亦然。

（4）精度，即传感器检测的引起输出量变化的最小输入量变化，其反映了传感器检测最小被测量的能力。

2. 硬件接口和信号输出形式

传感器将被测量经过一定的规律转换成电信号或其他形式的信号后，还需要接入对应的设备并上传到数据中心。因为不同传感器的信号输出形式不尽相同，这将决定后续处理电路及后续设备的选择，因此在选择传感器时，还需要考虑传感器的信号输出形式，根据应用需求分析不同信号输出形式的优缺点。不同传感器的信号输出形式（USB、串口、网口、ZigBee、Wi-Fi、433、GPRS、模拟信号、数字信号）不同，单个传感器也可能有多种信号输出形式供用户选择。因此，在选择传感器时，需要结合系统整体情况，考虑传感器的硬件接口及信号输出形式。

3. 安装方式

不同传感器的安装方式不一样，需要考虑的问题包括该传感器是否需要特制的安装板，本身的安装是否灵活，安装需要花费多长时间等。

传感器常用的安装方式有螺纹安装、法兰盘安装等。

螺纹安装以热电阻安装为例，其安装示意图如图 1.2.7 所示。

图 1.2.7　传感器安装示意图

在图 1.2.7 中 A、B 为热电阻竖直安装在小管径管道中，传感器末端应处于或稍微超出管道中心位置；C、D 为斜插式安装。

热电阻的插入深度直接影响测量精度。插入深度过小时，过程连接和容器壁的热传导效应会导致测量误差。因此，在管道中安装时，理想插入深度至少为管径的一半。在小标称口径管道中安装时，必须确保热保护套管末端处于或越过管道中心线（如图 1.2.7 中的 A 和 B），也可以考虑斜插式安装（如图 1.2.7 中的 C 和 D）。确定插入深度时，需要综合考虑各项热电阻参数和过程条件（如介质流速、过程压力等）。

传感器安装位置包括管道、罐体或其他工厂装置。最小插入深度范围为 80~100mm，插入深度应至少为热保护套管管径的 8 倍。例如，热保护套管管径为 12mm 时，插入深度为 12×8=96mm，因此建议选用标准插入深度 120mm。

传感器法兰盘安装示意图如图 1.2.8 所示。

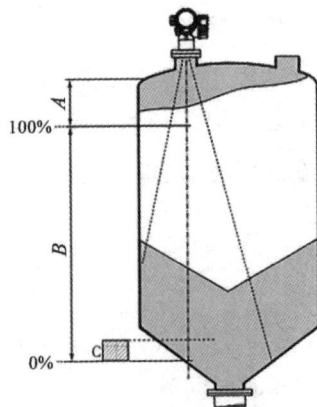

图 1.2.8　传感器法兰盘安装示意图

4. 成本分析（购买价格、维护）

在选择一款传感器时，成本是非常重要的一个因素。成本通常要结合工程的经费预算，一般工程中会明确指定或指导性给出传感器的价格、数量和性能参数等。那么，选择传感器时需要对传感器的哪些成本进行考虑？

（1）购买成本。

通常传感器分为芯片级传感器及成品级传感器（也称为变送器，是在芯片级传感器的基础上增加信号处理及传感器校准等）。市场上这两种传感器的价格差异较大。芯片级传感器还需要后续的电路处理，要进行二次开发，二次开发需要花费时间和人力成本，计算成本时也应计入；而一般情况下，成品级传感器进行了完整封装，可直接使用。

（2）安装、维护与维修的成本。

首先是传感器的安装。不同传感器的安装方式不一样，需要考虑的问题包括该传感器是否需要特制的安装板、本身的安装是否灵活、安装需要花费多长时间等，这会涉及人力成本、配件费用。

其次是传感器的日常维护。传感器在使用过程中需要定期进行校准和标定，不同传感器的标定寿命不一样，有的半年，也有的不需要标定，标定的费用需要考虑。同时，对于传感器的核心部分敏感元件，有可能只有1～2年的寿命周期，超过寿命周期后，测量的数据会出现较大的误差，需要更换敏感元件。所以在计算成本时需要考虑耗材的费用。

最后是传感器的维修。传感器在使用过程中会因不同原因出现损坏，这就涉及维修的问题，比如产品可不可以维修，是现场维修还是必须返厂维修。不能维修的传感器需要购买新传感器代替，能够维修的传感器也需要考虑配件和维修费用，如果是返厂维修还会涉及运费及耗费时间等问题。

（3）其他方面。

不同的传感器生产厂家的综合实力各不相同（特别是生产能力），这将导致供货周期、运输成本、可靠性等不同，在选择传感器时也需要充分考虑。

5. 使用环境（温度、湿度、粉尘、腐蚀性、防爆、电磁场）

在选择传感器之前，应对其使用环境进行调查，并根据具体的使用环境选择合适的传感器，或采取适当的措施，减小环境的影响。通常，工作环境给传感器造成的影响主要有以下几个方面。

（1）环境温度。

高温环境会使传感器产生涂覆材料熔化、焊点开化、弹性体内应力发生结构变化等问题。温度过低时，传感器将产生严重的漂移现象，导致测量误差变大。农业类传感器对工作环境温度的要求相对没有那么苛刻，而工作在一些特殊环境中的传感器，如工作在炼钢炉里的传感器，由于环境温度超过 1 000℃，因此要求传感器能够耐高温。

（2）粉尘浓度和湿度。

粉尘、潮湿环境会使传感器产生短路，在此环境条件下应选用密闭性很高的传感器。常见的密封类型有：密封胶充填或涂覆；橡胶垫机械紧固密封；焊接（氩弧焊、等离子束焊）和抽真空充氮密封。对于在干净、干燥的环境下工作的传感器，可选择密封胶充填的传感器；而对于在煤矿等潮湿、粉尘浓度较高的环境下工作的传感器，应选择焊接密封或抽真空充氮密封的传感器。

（3）腐蚀性。

潮湿、酸性等环境会使传感器产生弹性体受损或短路等影响，并损坏元器件及设备。因此，在腐蚀性较高的环境下，应选择外表面进行过喷塑处理，或者有不锈钢外罩、抗腐蚀性能好且密闭性好的传感器。由于土壤较为潮湿且具有一定的腐蚀性，因此多数农业类传感器都有抗腐蚀性的要求。

（4）电磁场。

电磁场过大容易造成传感器输出信号紊乱。在此情况下，应对传感器的屏蔽性进行严格检查，看其是否具有良好的抗电磁能力。例如，在工业控制中用到大功率的继电器时，就会产生较强的电磁场环境。

（5）防爆。

易燃、易爆隐患不仅会对传感器造成彻底损害，而且还会给其他设备和操作人员人身安全造成很大的威胁。因此，在易燃、易爆环境下，必须选用防爆传感器。例如，国家矿山安全监察局要求矿井下使用的设备，包括传感器，需要达到规定的防爆等级才能够使用。

【小思考】

传感器选型是否精度越高越好？

拓展阅读

"芯力量"最具投资价值奖

MEMS（Microelectro Mechanical Systems，微机电系统）传感器是采用微电子和微机械加工技术制造出来的新型传感器。与传统的传感器相比，它具有体积小、重量轻、成本低、功耗低、可靠性高、适于批量化生产、易于集成和实现智能化的特点。同时，在微米量级的特征尺寸使得它可以完成某些传统机械传感器所不能实现的功能。

　　2022 年 7 月，南京元感微电子有限公司荣获第四届"芯力量"最具投资价值奖。在 MEMS 传感器领域，南京元感微电子有限公司与中国电子科技集团联合研发的六轴 MEMS IMU 成为十分重要的研究方向，其成果可以应用在车规级场景、工业级场景及更高性能需求的场景之中。其中，MEMS 压力传感芯片最佳精度达到万分之一，最佳线性度达到十万分之三，压力传感芯片在智能工程机械领域已经在进行系统级应用。MEMS 气体传感器通过同时感知电化学储能电池失效而尚未热失控时提前释放的指征性气体，如总挥发性有机化合物（TVOC）、一氧化碳和氢气，可将预警时间提前到电池包失效前约 15 分钟。

【任务计划】

　　根据任务咨询及收集整理的资料填写任务计划单。

任务计划单

项　目	采集生产线环境参数（远程 I/O 模块）			
任　务	环境监测传感器选型		学　时	4
计划方式	分组讨论、资料收集、技能学习等			
序　号	任　务		时　间	负责人
1				
2				
3				
4				
5	根据装配生产线环境监测系统功能需求，拟定采购的传感器的类型、功能参数和数量			
6	选择至少 3 家品牌进行比较分析			
小组分工				
计划评价				

【任务实施】

　　根据任务计划编制任务实施方案，并完成任务实施，填写任务实施工单。

任务实施工单

项　目	采集生产线环境参数（远程 I/O 模块）		
任　务	环境监测传感器选型	学　时	
计划方式	项目实施		
序　号	实施情况		
1			

2	
3	
4	
5	
6	制作环境监测传感器选型对比分析表

【任务检查与评价】

完成任务实施后，进行任务检查与评价，可采用小组互评等方式，任务评价单如下。

任务评价单

项　目	采集生产线环境参数（远程I/O模块）			
任　务	环境监测传感器选型			
考核方式	过程评价+结果考核			
说　明	主要评价学生在项目学习过程中的操作方式、理论知识、学习态度、课堂表现、学习能力、动手能力等			
评价内容与评价标准				
序号	内容	评价标准		成绩比例
		优	良	合格	
1	基本理论掌握	掌握常用环境检测传感器原理及应用、传感器信号、传感器接口、传感器安装方式及传感器选型	熟悉常用环境检测传感器原理及应用、传感器信号、传感器接口、传感器安装方式及传感器选型	了解常用环境检测传感器原理及应用、传感器信号、传感器接口、传感器安装方式及传感器选型	30%
2	实践操作技能	熟练使用各种查询工具收集和查阅系统相关资料，快速、准确地分析，快速完成环境监测传感器选型	较熟练使用各种查询工具收集和查阅系统相关资料，快速、准确地分析，快速完成环境监测传感器选型	会使用各种查询工具收集和查阅系统相关资料，快速、准确地分析，快速完成环境监测传感器选型	30%
3	职业核心能力	具有良好的自主学习能力、分析和解决问题的能力	具有较好的自主学习能力、分析和解决问题的能力	能够主动学习并收集信息，具备一定的分析和解决问题的能力	10%
4	工作作风与职业道德	具有严谨的科学态度和工匠精神，能够严格遵守"6S"管理制度	具有良好的科学态度和工匠精神，能够自觉遵守"6S"管理制度	具有较好的科学态度和工匠精神，能够遵守"6S"管理制度	10
5	小组评价	具有良好的团队合作精神和沟通交流能力，热心帮助小组其他成员	具有较好的团队合作精神和沟通交流能力，能帮助小组其他成员	具有一定团队合作能力，能配合小组其他成员完成项目任务	10%
6	教师评价	包括以上所有内容	包括以上所有内容	包括以上所有内容	10%
合　计				100%

【任务练习】

1．传感器的分类方式有哪些？

2．传感器的选型依据是什么？

任务 1.3　远程 I/O 模块选型

【任务描述】

工业数据采集的
内涵与范围

根据装配生产线环境监测系统确定的传感器，经过技术团队讨论决定，
本次选用远程 I/O 模块方式采集传感器数据，你需要向公司采购部提供针对本项目的远程
I/O 模块清单表，采购人员会根据清单表上的要求进行采购。

【任务单】

根据任务描述完成装配生产线环境监测系统的远程 I/O 模块选型，在本次工作任务中，
需要先完成传感器资料查询、收集、分析、对比等工作。具体任务要求请参照下面的任务
单。

任务单

项　目	采集生产线环境参数（远程 I/O 模块）	
任　务	远程 I/O 模块选型	
任务要求		任务准备
1．任务开展要求： （1）明确任务要求，组建小组，3～5 人一组； （2）根据环境传感器信号输出接口类型确定远程 I/O 模块输入信号类型； （3）根据拟定的环境传感器数量，确定远程 I/O 模块输入通道数； （4）所需资料自行收集。 2．完成资料收集与整理。 3．提交环境监测传感器清单表		1．知识准备。 熟悉远程 I/O 模块类型、关键参数和安装方式，数据传输的方式。 2．设备工具。 （1）硬件：计算机。 （2）软件：办公软件
自我总结		拓展提高
		通过分析比较国内外远程 I/O 厂家产品的性能、价格、安装方式等差异，提高远程 I/O 模块的选型能力

📖 【任务资讯】

1.3.1 初识远程 I/O 模块

远程 I/O 模块是具有通信功能的数据采集传送模块，在有限的范围内可以根据现场环境和用户需求进行灵活扩展，以满足多种多样的控制要求。整个控制网络中有一个主控制器，总线上的所有 I/O 模块都由这个主控制器进行管理，从而对现场的传感器、变送器和执行器等设备进行控制。其具有以下优点。

（1）远程 I/O 模块一般采用通信网络与主控单元进行数据交换，由于采用通信方式传输信号，大大减少了现场的布线面积，不仅节约了成本，而且增加了系统的可靠性，使原来复杂冗余的 I/O 连线变成单一可靠的通信线；同时减少了干扰，提高了系统的稳定性和检测精度。

（2）可在现场设备附近实现模数、数模的转换，使信号在各自的 I/O 站得到处理，真正实现物理分散。

（3）远程 I/O 模块可拆卸，可根据现场的不同情况灵活配置。

远程 I/O 模块示例图如图 1.3.1 所示。

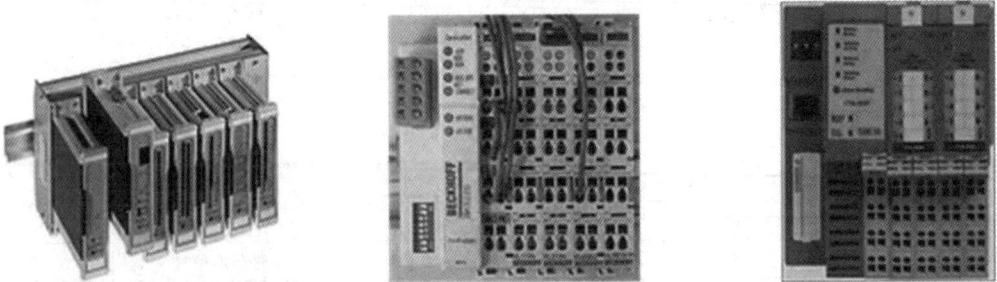

图 1.3.1　远程 I/O 模块示例图

1.3.2 远程 I/O 模块发展现状

最早的 I/O 模块产品出现于 20 世纪 80 年代，当时的 I/O 模块只是作为 PLC 的附属模块来扩展 PLC 的 I/O 点数。I/O 模块与 PLC 主控模块之间采用并行总线接口进行通信，使用了专用的通信规约，导致这样的 I/O 模块兼容性差，不能得到很好的发展。20 世纪 90 年代左右，随着现场总线技术的不断成熟与应用，通过开放式总线连接的远程 I/O 模块才成为独立使用的产品。但是，当时的 I/O 模块产品总线单一，I/O 点数固定，很多场合下不利于节省成本。随着生产规模逐渐扩大，需要控制的信息量大、信号分散，此时可根据现场环境配置的远程 I/O 模块逐渐发展起来。

1．国外公司的远程 I/O 模块

目前国外著名的自动化公司如 SIEMENS、STAHL、MTL、TURCK 等都推出了远程 I/O 模块系列，并且占据了大量的市场份额。它们的相关产品型号如下。

（1）SIEMENS：SIMATIC ET 200（总线通信支持 Profibus-DP、HART 等）。

（2）STAHL：THE I.S. 1 SYSTEM（总线通信支持 Profibus-DP、Modbus RTU、HART 等）。

（3）MTL：FISCO network（总线通信支持 FFH1）。

（4）TURCK：excom Intrinsically Safe Remote I/O System（总线通信支持 Profibus-DP、HART）。

（5）P+F：IS-RPI System（总线通信支持 Profibus-DP、 Modbus RTU、HART 等）。

2．国内公司的远程 I/O 模块

目前，国内著名的自动化公司如研华、四川零点、实点科技、德克威尔等也相继推出了远程 I/O 模块。

（1）研华的远程 I/O 模块分为两大系列：以太网络 I/O（ADAM-6000 系列）和 EIA-485 I/O（ADAM-4000 系列），并细分为模拟 I/O 模块及数字 I/O 模块，其中有部分产品支持 Modbus 通信协议。

（2）四川零点的远程 I/O 模块分为三大系列：A 系列，即模块化一体式 I/O；B 系列，即模块化一体式 I/O；C 系列，即分布式 I/O 系统。

（3）实点科技的远程 I/O 模块分为两大系列：一体式 I/O 模块，插片式 I/O 模块。

（4）德克威尔的远程 I/O 模块分为两大系列：FS 系列一体式总线 I/O 模块，EX 系列卡片式总线 I/O 模块。

1.3.3 远程 I/O 模块的分类

远程 I/O 模块的
分类

远程 I/O 模块主要按照模块安装结构和通信协议进行分类，具体分类如表 1.3.1 所示。

表 1.3.1 远程 I/O 模块分类表

一级分类	二级分类	一级分类	二级分类
安装结构	一体式 I/O 模块	通信协议	EtherCAT 远程 I/O 模块
	插片式 I/O 模块		EtherNet/IP 远程 I/O 模块
通信协议	Modbus RTU（EIA-485）远程 I/O 模块		CC-Link 远程 I/O 模块
	Profibus-DP 远程 I/O 模块		CANopen 远程 I/O 模块
	Modbus-TCP 远程 I/O 模块		PowerLink 远程 I/O 模块
	PROFINET 远程 I/O 模块		CC-Link IE Field Basic 远程 I/O 模块

1．一体式 I/O 模块

一体式 I/O 模块将通信协议网络适配功能和输入输出 I/O 功能集成到一个模块中实现现场数据的采集。图 1.3.2 所示为研华一体式 I/O 模块实物图。

图 1.3.2　研华一体式 I/O 模块实物图

2．插片式 I/O 模块

插片式 I/O 模块的网络适配器模块和扩展 I/O 模块功能分开。

网络适配器模块负责现场总线通信，实现和主站控制器或上位机软件的通信连接。扩展 I/O 模块负责和现场的输入输出传感器进行连接，输入 I/O 模块采集现场各种信号并通过内部总线发送到网络适配器，控制器先通过现场总线从适配器中读取数据并加工处理，然后将输出数据写入网络适配器中，网络适配器再通过内部总线将输出数据写入输出 I/O 模块，从而实现对设备的控制。图 1.3.3 所示为研华插片式 I/O 模块实物图。

图 1.3.3　研华插片式 I/O 模块实物图

网络适配器可根据控制器系统的通信接口选择对应总线的模块，主流的工业通信协议包括 Modbus RTU、Profibus-DP、PROFINET、EtherCAT、EtherNet/IP、CC-Link、CANopen、PowerLink 等。扩展 I/O 模块分为 6 大类，即数字量输入模块、数字量输出模块、模拟量输入模块、模拟量输出模块、特殊模块和混合 I/O 模块。

1.3.4　远程 I/O 模块的工业通信协议

常见现场总线介绍　　远程 IO 模块常见工业通讯协议

1．Modbus RTU 通信协议

Modbus RTU 通信协议采用主从方式进行数据传输，只有在主站发出通信请求后，从站才会回应传输数据。Modbus RTU 串口通信总线上只能有 1 个主站，最多允许有 32 个从站。信号的传输距离与波特率有关，以 9.6kbit/s 为例，此时信号的最大传输距离为 1km。

Modbus RTU 信息帧格式如表 1.3.2 所示。具体格式为地址码 + 功能码 + 数据区 + 错误校验，返回的信息包括地址码、功能码、执行后的数据和 CRC 校验码。

表 1.3.2　Modbus RTU 信息帧格式

地址码	功能码	数据区	错误校验
8bit	8bit	Nx8bit	16bit

注意：Modbus RTU 信息帧所允许传送的最大长度为 256 字节，即 N 的范围是大于等于 0 且小于等于 252 的，即所有的数据一共有 256 字节，数据区剩下 253 字节。

信息帧功能码显示了被寻址到的终端执行何种功能。有效码范围为 1～225（十进制）。Modbus 功能码如表 1.3.3 所示。

表 1.3.3　Modbus 功能码

功能码	名　称	作　用
01	读取线圈状态	取得一组逻辑线圈的当前状态（ON/OFF）
02	读取输入状态	取得一组开关输入的当前状态（ON/OFF）
03	读取保持寄存器	在一个或多个保持寄存器中取得当前的二进制值
04	读取输入寄存器	在一个或多个输入寄存器中取得当前的二进制值
05	强制单线圈	强制一个逻辑线圈的通断状态
06	预制单寄存器	把具体二进制值装入一个保持寄存器
07	读取异常状态	取得 8 个内部线圈的通断状态，这 8 个线圈的地址由控制器决定，用户逻辑可以将这些线圈定义，以说明从机状态，短报文适宜于迅速读取状态
08	回送诊断校验	把诊断校验报文送从机，以对通信处理进行评鉴
09	编程（只用于 484）	使主机模拟编程器作用，修改 PC 从机逻辑
10	控询（只用于 484）	可使主机与一台正在执行长程序任务的从机通信，探询该从机是否已完成其操作任务，仅在含有功能码 9 的报文发送后，本功能码才发送

功能码	名　称	作　用
11	读取事件计数	可使主机发出单询问，并随即判定操作是否成功，尤其是该命令或其他应答产生通信错误时
12	读取通信事件记录	可使主机检索每台从机的 Modbus 事务处理通信事件记录。如果某项事务处理完成，记录会给出有关错误
13	编程（184/384 484 584）	可使主机模拟编程器功能修改 PC 从机逻辑
14	探询（184/384 484 584）	可使主机与正在执行任务的从机通信，定期探询该从机是否已完成其程序操作，仅在含有功能 13 的报文发送后，本功能码才能发送
15	强制多线圈	强制一串连续逻辑线圈的通断
16	预制多寄存器	把具体的二进制值装入一串连续的保持寄存器
17	报告从机标识	可使主机判断编址从机的类型及该从机运行指示灯的状态
18	884 和 MICRO 84	可使主机模拟编程功能，修改 PC 状态逻辑
19	重置通信链路	发生非可修改错误后，使从机复位于已知状态，可重置顺序字节
20	读取通用参数（584L）	显示扩展存储器文件中的数据信息
21	写入通用参数（584L）	把通用参数写入扩展存储文件，或修改之
22～64	保留作扩展功能备用	—
65～72	保留以备用户功能所用	留作用户功能的扩展编码
73～119	非法功能	—
120～127	保留	留作内部作用
128～255	保留	用于异常应答

2．Profibus-DP 通信协议

Profibus 在 OSI 开放系统互联参考模型的基础上建立了相应通信模型。OSI 参考模型与 Profibus 通信模型如表 1.3.4 所示，从此表可以看到，Profibus-DP 采用了通信参考模型的第 1 层、第 2 层和用户接口，而对第 3～7 层未加以定义。使用简化的通信模型有利于协议的设计并可以有效提高数据传输效率。通过用户的应用接口，第三方的应用程序可以被直接调用。数据链路层采用了利用 Token_Passing 的主从轮询协议。物理层使用了异步传送模式的 EIA-485 技术或光纤。

表 1.3.4　OSI 参考模型与 Profibus 通信模型

OSI	Profibus-FMS	Profibus-DP	Profibus-PA
规约	FMS-Profile 规约	DP 规约	PA 规约
应用层	现场总线报文规范	未定义	
表达层			
会话层	未定义		
传输层			
网络层			

续表

OSI	Profibus-FMS	Profibus-DP	Profibus-PA
数据链路层	现场总线数据链路层 FDL		IEC 接口
	MAC 介质存取控制子层——Token_Passing		
物理层	EIA-485/光纤		IEC61158-2 标准

Profibus-DP 是目前使用十分广泛的一种 Profibus 现场总线，Profibus-DP 以 OSI 模型作为基础，并进行了简化。Profibus-DP 采用了其中的第 1、2 层，并自定义了应用层，这种设计结构确保了高速数据传输及较小的系统开销。

（1）Profibus-DP 的物理层。

Profibus-DP 的物理层可以使用屏蔽双绞线和光缆两种传输介质。对于屏蔽双绞线通常采用的是 EIA-485 技术，它是一种简单、低成本的传输技术，具有良好的抗干扰能力，主要用于需要高传输速率的场合。EIA-485 采用线性总线网络拓扑结构，传输速率为9.6kbit/s～12Mbit/s，不带中继器每分段可连接 32 个站，带中继器可扩展到 127 个站。EIA-485 的这些特性可以很好地满足 Profibus-DP 对底层传输的需要。

在电磁干扰较大的环境下或需要覆盖特别大的网络距离时，采用光纤作为传输介质是一种很好的解决方案。通过光电转换器可以方便地将 EIA-485 信号转换成光信号或反向转换，这样很容易将 Profibus 设备集成到光网络中，EIA-485 和光纤传输也可以在同一系统上使用。

（2）Profibus-DP 的数据链路层。

Profibus-DP 的第 2 层称为 FDL，同时还包括了第 1 层和第 2 层的管理服务 FMA1/2。该层规定了介质访问控制、数据安全、传输协议和报文处理。

Profibus-DP 通常使用 EIA-485 技术，EIA-485 一般使用 UART 字符作为传输单元，因此 Profibus-DP 的每个帧都由若干个 UART 字符组成。一个 UART 字符由 11 位编码组成：其中第一个位是值为二进制"0"的开始位，紧接着是作为主体的 8 个数据位，之后是一个奇偶校验位 P，最后是一个值为二进制"1"的停止位。UART 数据格式如图 1.3.4 所示。

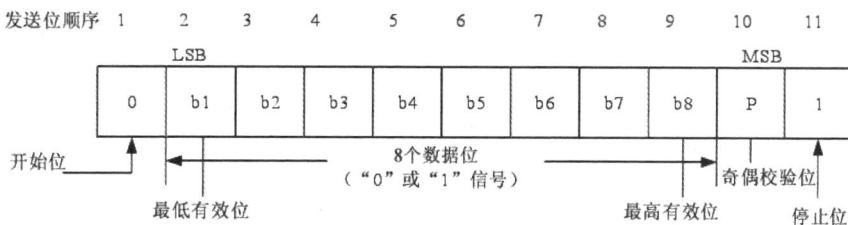

图 1.3.4　UART 数据格式

Profibus-DP 数据链路层的报文帧结构主要有 5 类，具体如图 1.3.5 所示。

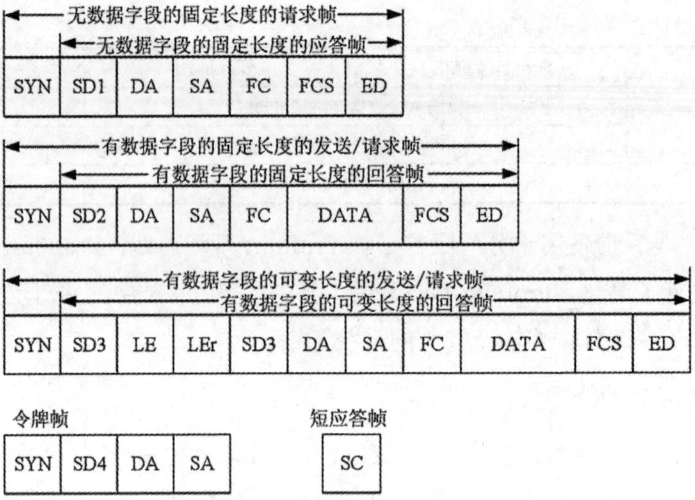

图 1.3.5　Profibus-DP 的报文帧结构

由图 1.3.5 可以知道，除令牌帧和短应答帧，报文帧可分为有数据字段帧和无数据字段帧，而有数据字段帧根据其数据字段是否固定又可分为数据字段固定帧和数据字段可变帧。其中，无数据字段帧只用作查询总线上的激活站点。数据字段可变帧因为其参数域具有强大的配置功能，成了 Profibus-DP 中应用较多的一种帧结构，常用于 SRD 服务。

FDL 可以为上层提供 4 种传输服务，即发送数据应答（SDA）、发送数据无须应答（SDN）、发送并请求数据需回答（SRD）、循环发送并请求数据需回答（CSRD）。通常 Profibus-DP 总线的数据依靠 SDN 和 SRD 两种服务，而 FMS 则使用了全部的 4 种服务。报文帧结构中的符号定义如表 1.3.5 所示。

表 1.3.5　报文帧结构中的符号定义

符　号	定　义
SD	Start Delimiter，标识报文帧的开始
LE	Length，包括 DA、SA、FC、DSAP、SSAP 在内所有用户数据的长度
LER	Length Repeat，LE 的重复
DA	Destination Address，传输的目的地地址
SA	Source Address，传输帧的源地址
FC	Function Code，用于识别本帧的类型
DATA	用户数据域，用于放置要"携带"的用户数据
FCS	Frame Checking Sequence，对帧中各个域数据的代数和
ED	End Delimiter，标识本报文帧结束，固定为 0x16

3．PROFINET 通信协议

2000 年 Profibus 国际组织提出了 PROFINET 通信协议的概念，PROFINET 全称是 Process

Field NET，即过程领域网络，它是新一代自动化控制领域的总线标准。传统以太网的数据传输延时一般都在 100 毫秒以上，而自动化行业要求的传输延时一般都在 10 毫秒以下，传统以太网无法满足自动化领域对实时性的需求。

PROFINET 解决了传统以太网在工业控制领域中实时性不足的问题。PROFINET 是一种开放的工业以太网标准，它能满足自动化领域的各种需求。

PROFINET 不仅是一种性能优异的以工业以太网为基础的自动化通信系统，实际上，它拥有一套完整的标准，能够解决自动化领域中应用以太网遇到的各种问题。由于 PROFINET 工业以太网技术以传统以太网为基础，PROFINET 与 ISO/OSI 参考模型的对应关系如表 1.3.6 所示。目前，PROFINET 标准还在不断更新与发展之中，以适应不同领域应用。

表 1.3.6　PROFINET ISO/OSI 参考模型

层	ISO/OSI 参考模型
7b	PROFINET I/O 服务（IEC61784）
	PROFINET I/O 协议（IEC61158）
7a	无连接 RPC
5/6	未使用
4	UDP（RFC 768）
3	IP（RFC 791）
2	实时增强功能，根据 IEC61784-2
	全双工（IEEE802.3）
	优先级标签（IEE802.Q）
1	100Base-TX，100Base-FX（IEEE802.3）

IEEE802.1 中定义的标准以太网通信为 TCP（UDP）/IP 通信并且适用于大多数的数据传输，而在工业通信当中有很多实时性和等时同步方面的要求，但 TCP（UDP）/IP 通道无法全部满足这些条件。测试结果表明 UDP/IP 帧的传输时间不符合确定性行为，这对于自动化任务是不可容忍的，因此需要在 PROFINET 协议中增加既支持 UDP/IP 通信，还能优化通信路径的功能。首先应定义实时通信的要求，更新时间或响应时间必须在 5～10ms 或更低的范围，更新时间是指在设备 A 应用内产生一个变量，通过电缆将其传输给设备 B 并提供给设备 B 内应用所需的时间。通过标准以太网部件，如交换机和标准以太网控制器，以及使用已有的以太网基础设施实现实时通信，对于通信设备来说，处理器只能在比较小的负载条件下完成实时通信，处理器的首要任务是处理用户数据而不是与设备进行通信。图 1.3.6 所示为 TCP/IP 通信数据处理时间。

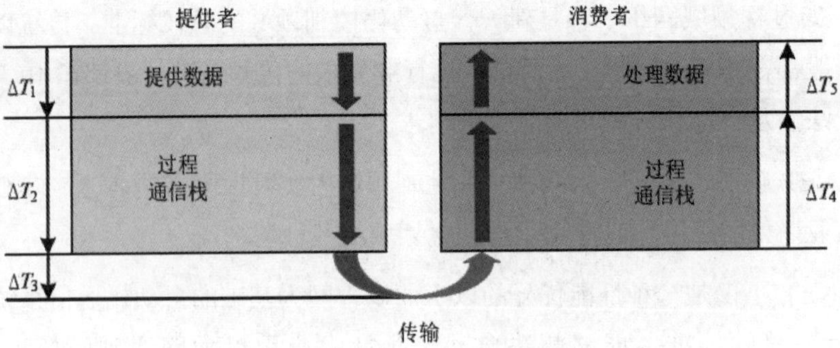

图 1.3.6　TCP/IP 通信数据处理时间

表 1.3.7 所示的设备间更新速率的影响因素决定了两个 PROFINET 设备间的更新速率。

表 1.3.7　设备间更新速率的影响因素

名　称	时间类型
ΔT_1	在应用中提供变量的时间（生产者）
ΔT_2	设备运行通信栈并发送数据的时间
ΔT_3	在电缆上传输数据的时间（包括网络部件上的延时）
ΔT_4	设备接收及运行通信栈的时间
ΔT_5	在应用中处理变量的时间（消费者）

PROFINET 有三种通信方式：TCP/IP 标准通信、PROFINET 实时通信和 PROFINET 等时同步通信。

（1）TCP/IP 标准通信。

TCP/IP 是完整的协议簇，它包括两部分：TCP 协议（传输层控制协议）和 IP 协议（网络层协议）。TCP 控制实际的数据传输，用来保证数据传输的准确性与可靠性；IP 协议主要用来寻址，它负责给网络中的设备分配 IP 地址，并且其提供的服务是无连接的，其传输是不可靠的，不会检测数据到达的次序及数据的准确性和完整性。TCP/IP 通信的网络类型有三种，网络类型总结如表 1.3.8 所示。

表 1.3.8　网络类型总结

网络类型	IP 地址范围	网络 ID	主机 ID	子网掩码
A	0.0.0.0～127.255.255.255	1B	1B	255.0.0.0
B	128.0.0.0～191.255.255.255	2B	2B	255.255.0.0
C	192.0.0.0～223.255.255.255	3B	3B	255.255.255.0

（2）PROFINET 实时通信。

PROFINET 实时通信的功能是由软件实现的，主要的实现方法是：减少一部分协议层（UDP/IP），缩短报文长度；把通信设备之间传输数据的确定性进一步提高，尽可能缩短数据传输准备时间；使用 IEEE802.1Q 标准，对数据流传输进行优先级处理。PROFINET RT 的帧结构如表 1.3.9 所示。

表 1.3.9　PROFINET RT 的帧结构

前导码	SFD	目的地址	源地址	Eth. type	VLAN_ID	Eth. type	Frame_ID	RT_User Data	Cycle Count	Data Status	Transfer Status	FCS
7 字节	1 字节	6 字节	6 字节	2 字节	2 字节	2 字节	2 字节	36～1 440 字节	2 字节	1 字节	1 字节	4 字节
—	—	—	—	0X8100	—	0X8892	—	—	—	—	—	—
—	—	—	—	VLAN 标志			—	—	APUD 状态			—

　　为了优先传输 RT 数据帧，将 IEEE802.1Q 标准中的 VLAN 标志插入 RT 数据帧中，VLAN 标志包含有 4 字节，其结构中有三位用来表示数据帧的优先级。在 RT 数据帧中包含两个重要的元素：一个是以太网类型（Eth.Type），IEEE 指定以太网类型为 0x8892 的数据帧是 PROFINET 实时数据帧，这是与其他协议相区别的唯一标准；另外一个是帧 ID 码（Frame_ID），它是对两个设备之间的特殊通信通道进行编址的，不需要任何多余的帧头标志，仅使用 Frame_ID 就可以快速选择和识别 RT 帧。一个循环数据包的末端是 APDU 状态，它由三部分组成：①周期计数器，它占 2 字节，它指以 31.25 微秒为增量的有关发送时刻，它是数据包在发送时刻被传输的次数，而不是该数据包被发送的实际时间点，该计数器主要用来检查冗余结构中的旧数据包；②数据状态，占 1 字节，用来显示发送方的状态；③发送状态占 1 字节，它的值总为零。

（3）PROFINET 等时同步通信。

　　在 IEEE802.1Q 标准中利用以太网的实时数据通信能够达到系统所需的实时性，然而一些自动化系统的应用需要通信同时具有最佳性能和确定性行为。因此，为了满足用户对循环过程数据传输的要求，需要一些额外的定义，这就是等时同步实时通信（IRT）。在运动控制系统中，RT 的通信方式不能满足系统通信的要求，运动控制系统要满足循环刷新时间小于 1 毫秒，循环扫描周期的抖动时间不大于 1 微秒的要求。因此，PROFINET 在快速以太网链路层协议的基础上定义了利用时间间隔控制的传输方法 IRT。IRT 技术需要特殊通信 ASIC（专用集成电路）提供硬件方面的支持。发送周期是由 IRT 预留时间段和开放时间段组成，ASIC 会检测时间间隔的起始，在被监测的时间段，IRT 通道开始 IRT 数据的交换，开放通道开始其他数据的交换。在 IRT 的循环通信中，时间由两个部分组成，即时间确定的等时通信部分和开放的标准通信部分。时间确定的通道主要传输对实时性要求严苛的数据，对于实时性要求不是特别严苛的数据（如 RT、UDP/IP 报文）在开放性通道中传输。IRT 通道是给等时同步实时数据预留的专用通道，即使它是空闲的状态，其他数据帧也不能使用此通道。图 1.3.7 所示为 IRT 总线循环时间分配示意图。

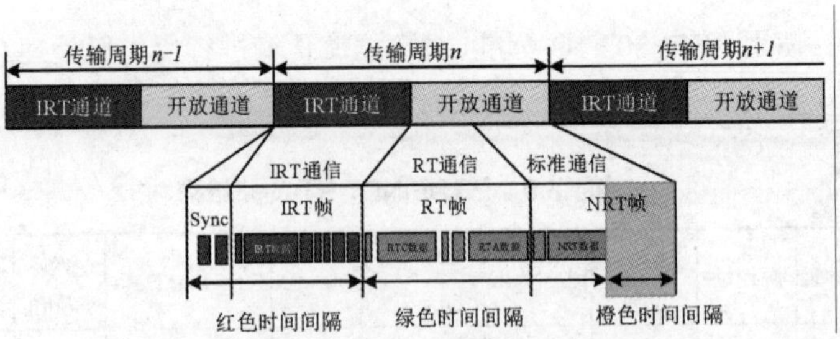

图 1.3.7　IRT 总线循环时间分配示意图

① 红色时间间隔：传输 IRT 帧的时间间隔，时间间隔的大小由站点数和周期数的多少决定，无苛刻时间要求的帧被 ASIC 缓存下来，直到绿色时间间隔开始传输。

② 绿色时间间隔：传输 RT 帧（包括循环实时数据 RTC 和非循环实时数据 RTA）及遵照 IEEE802.1P 标准分配了优先级的非实时帧（NRT 数据帧）。携带优先级的 NRT 数据帧的传输时长不能持续到橙色时间间隔。

③ 橙色时间间隔：该时间间隔内只能发送 NRT 帧，其传输任务在传输周期结束前终止，这个时间段一定要足够长，从而可以完整传输至少一个最大长度的以太网数据帧。

等时同步数据传输需要结合硬件电路实现，当硬件电路要实现等时同步数据传输的功能时，它需要具有实时数据的循环同步和数据间隔控制的功能。使用硬件的方案能够满足极高的顺序精度控制要求，同时也减轻了承担 PROFINET 识别通信任务的 CPU 的负担。

IRT 数据帧是使用 0x8892 进行通信的，等时同步实时通信数据帧是利用时间的通信，各个数据传输的时间点都有明确的定义。IRT 帧由其在传输周期中所处的位置、帧类型标识符（FrameID）和以太网类型 0x8892 共同确定。IRT 帧的结构和 RT 帧的结构基本相同，相比 RT 帧，IRT 帧不用使用 VLAN 标签来确定优先级。IRT 帧的结构如表 1.3.10 所示。

表 1.3.10　IRT 帧的结构

前导码	SFD	目的地址	源地址	类　型	帧类型标识符	IRT 数据	FCS
7 字节	1 字节	6 字节	6 字节	2 字节	2 字节	40～1 440 字节	4 字节

表 1.3.11 所示为等时同步实时帧的协议组成部分。

表 1.3.11　等时同步实时帧的协议组成部分

协议的组成部分	含　义
前导码	数据包的开始部分，7 字节 "1" 和 "0" 交替的序列，用于接收器的同步
SFD	帧开始定界符（10101011）字节尾部的两个 "1" 确定数据包目的地址的开始
目的地址	数据包的目的地址

续表

协议的组成部分	含　义
源地址	数据包的源地址或发送器地址
以太网类型	跟随在数据部分的网络协议类型标识符（Type ID）0x8892，PROFINET
FrameID（帧类型标识符）	IRT 帧类型的标识为 0x0100～0x7FFF，实时类型 3 的帧
IRT 数据	等时同步实时数据
FCS	帧检验序列 32 位校验和。对整个以太网帧进行循环冗余检验（CRC）

4．EtherCAT 通信协议

1）EtherCAT 数据帧结构

EtherCAT 通信系统如图 1.3.8 所示。EtherCAT 通信协议利用了全双工以太网的物理层结构特点，由 1 个主站和若干个从站（1 个以上）构成线性环形拓扑结构。EtherCAT 通信协议采用主从式介质访问控制，主站作为整个通信系统的控制中心和通信的发起者，是唯一可以主动发送 EtherCAT 数据帧的节点，而其他节点只能被动转发数据帧到下游节点。

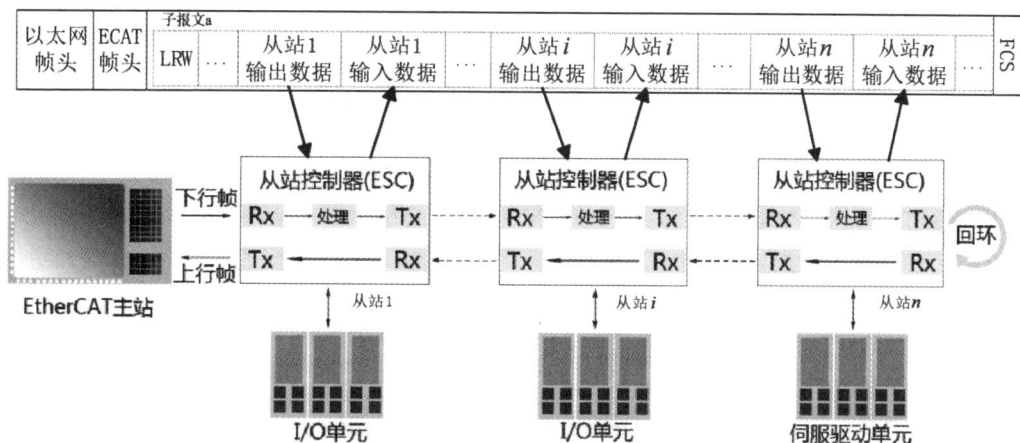

图 1.3.8　EtherCAT 通信系统

数据帧从主站发出并沿着全双工以太网物理层的上半环遍历同一网段中的所有从站，每个从站在数据帧经过时分别寻址到本站数据，并依照相应子报文的指令取走或插入数据，数据帧在经过数十纳秒的延迟后被转发到下一个相邻的从站；遍历完所有从站后的数据帧作为上行帧，沿着全双工以太网物理层的下半环返回主站；主站接收并处理返回的数据帧，一次通信结束。

EtherCAT 通信协议以 ISO/IEC8802.3 以太网数据帧作为数据传输载体，EtherCAT 数据帧嵌入以太网帧的框架内。EtherCAT 数据帧如图 1.3.9 所示，EtherCAT 数据帧直接嵌入以太网帧的数据域，帧类型设为 0x88A4，数据传输过程无须路由，适用于工业制造、精密测量等对实时性要求较高的场合。

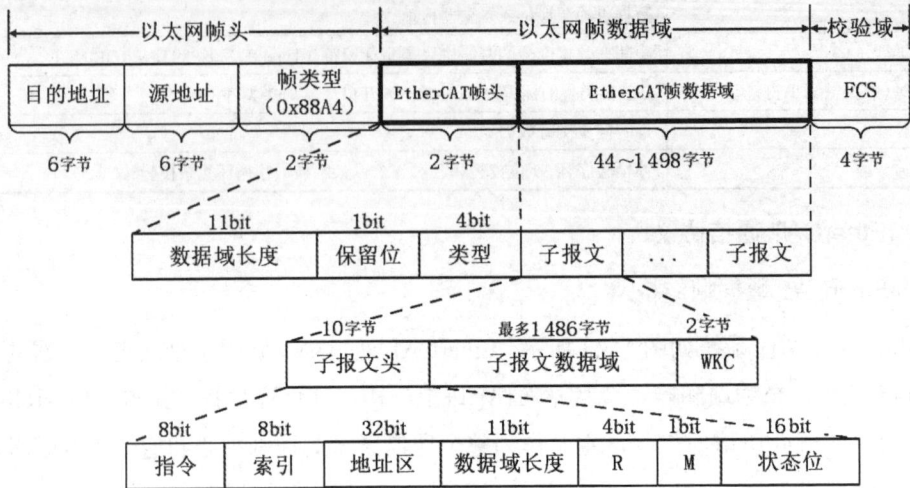

图 1.3.9　EtherCAT 数据帧

EtherCAT 数据帧由 EtherCAT 帧头和 EtherCAT 数据域两个部分组成。EtherCAT 帧头中的数据长度表示该 EtherCAT 帧的数据域长度，类型表示该 EtherCAT 数据帧是否用于从站通信。EtherCAT 帧数据域中包含了若干个子报文，每个子报文由子报文头、数据域和工作计数器（WKC）组成。WKC 用于记录子报文被从站处理的结果，在 EtherCAT 数据帧发送之前，全部子报文的 WKC 被清零。子报文被从站执行相应的操作之后，WKC 增加相应的增量，主站通过检查返回的子报文中的 WKC 值，可以判断子报文是否被正确处理。

EtherCAT 子报文的结构定义如表 1.3.12 所示。

表 1.3.12　EtherCAT 子报文的结构定义

名　称	结构含义
指令	寻址方式和读写类型
索引	EtherCAT 帧的编号
地址区	从站地址
数据域长度	该子报文的数据域长度
R	保留位
M	后续报文标识
状态位	中断到来标识
数据域	用户数据
WKC	工作计数器

2）EtherCAT 报文寻址

EtherCAT 报文寻址有两种方式，即设备寻址和逻辑寻址。设备寻址用于主站与特定的从站设备进行通信，多用于非周期性邮箱通信；逻辑寻址主要用于主站与 FMMU（现场总线内存管理单元）配合，实现以通过 4GB 的逻辑地址空间来访问被映射的从站设备物理地址，多用于周期性过程数据通信。

（1）设备寻址。

当子报文的寻址方式为设备寻址时，子报文头中的 32bit 地址区分为 16bit 的设备地址和 16bit 的设备内物理存储地址，共有三种寻址机制，即顺序寻址、设置寻址和广播寻址。

① 顺序寻址：以从站相对于主站的位置次序作为从站的地址，用一个负数来指示每个从站设备在该网段中的位置。

② 设置寻址：子报文头中的从站地址为某一从站的设置地址。

③ 广播寻址：所有的从站都对该子报文做出响应。

（2）逻辑寻址。

主站将子报文中的 32bit 地址区作为一个整体的逻辑地址空间来实现对从站设备的逻辑寻址，此时子报文中地址区的数值作为逻辑寻址的起始地址。通过 FMMU 进行地址映射如图 1.3.10 所示，从站物理存储地址通过 FMMU 映射到主站的逻辑地址空间中，主站可以直接读写逻辑地址空间，从而实现间接读写对应的从站物理存储地址空间。

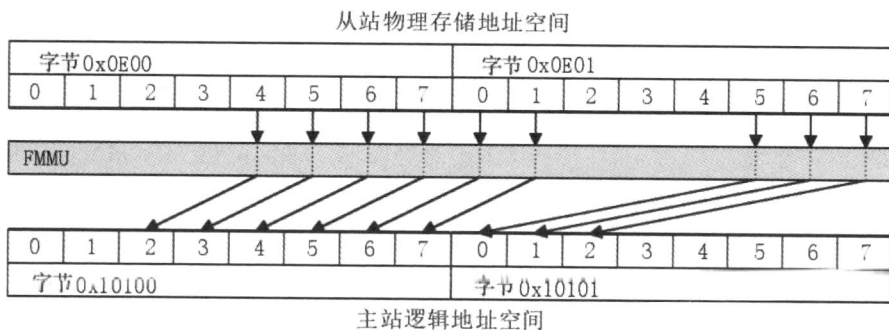

图 1.3.10　通过 FMMU 进行地址映射

（3）EtherCAT 通信服务。

EtherCAT 协议在数据链路层规定了 ESC 内部物理存储的读写、交换等通信服务，通信服务的类型由读写类型和寻址方式共同决定。子报文头中的指令字节表明了所采用的通信服务类型，通信服务指令如表 1.3.13 所示。

表 1.3.13　通信服务指令

寻址方式	读写类型	指令和编号	WKC
顺序寻址/设置寻址	读	APRD（1）/ FPRD（4）	1
	写	APRD（2）/ FPRD（5）	1
	读写	APRD（3）/ FPRD（6）	3
广播寻址	读	BRD（7）	
	写	BRD（8）	
	读写	BRD（9）	与寻址到的从站数量有关
逻辑寻址	读	LRD（10）	
	写	LRD（11）	
	读写	LRD（12）	
顺序寻址	读写	ARMW（13）	
设置寻址	读写	ARMW（14）	

（4）EtherCAT 分布时钟。

EtherCAT 协议采用分布时钟机制，网段内所有支持分布时钟的 EtherCAT 设备可以使用同一个系统时间，从站设备可以根据该系统时间来产生同步信号。要运行和维护精确的分布时钟系统，主站首先需要测量参考时钟到其他所有从站的传输延迟，然后进一步计算得到各个从站本地时钟时间与参考时钟的初始偏移量，并将其写入相应的从站中。

在测量传输延迟和时钟初始偏移量后，主站连续发送多次 ARMW/FRMW 报文，实现从时钟与参考时钟的快速同步：读取参考时钟从站的本地时钟时间作为系统时间写入下游所有从站的寄存器值中。在周期性数据通信阶段，可以在过程数据子报文后面附加 ARMW/FRMW 报文，实现周期补偿从站本地时钟漂移。ARMW/FRMW 报文的发送周期越短，能实现的时钟同步越精确。

（5）EtherCAT 通信模式。

在工业自动化控制领域，任务进程之间一般有时间关键和非时间关键两种数据通信。时间关键的数据通信通常周期性执行，且必须在规定的时间窗口内完成；而非时间关键的数据通信可以根据具体的需求来执行，没有实时性要求。

① 非周期性邮箱数据通信。

EtherCAT 协议使用邮箱数据通信来实现非周期性数据通信。邮箱数据通信支持全双工，具有两个独立通道分别用于读写。邮箱数据通信通常是针对特定的从站，因此子报文采用设备寻址方式，主站通过邮箱数据通信反复轮询从站，从而实现数据的完整交互。邮箱数据通信是实现主从参数交换的标准方式，一般在 EtherCAT 通信系统初始化阶段用于配置周期性数据通信的相关参数或在某些特定的场合实现访问从站的物理存储空间。

② 周期性过程数据通信。

EtherCAT 主站在初始化阶段通过邮箱通信配置各个从站的 FMMU，将从站设备的物理存储地址空间按位映射到主站逻辑地址空间。主站周期性地发起逻辑寻址报文，将主站逻辑地址空间的输出数据下发到各个从站，并从返回的报文中解析输入数据，将其更新到主站逻辑地址空间中，从而使得主站逻辑地址空间与对应的从站物理地址空间保持数据同步。

（6）EtherCAT 状态机。

主站和从站应用程序是通过 EtherCAT 状态机进行协调运行的。EtherCAT 状态机有 5 种状态，其中有 4 种是所有的 EtherCAT 设备必须支持的。EtherCAT 状态机及其转化过程如表 1.3.14 所示。

表 1.3.14　EtherCAT 状态机及其转化过程

状态及其转化	操　作
Init	应用层没有通信，主站可以操作 ESC 寄存器
Init→Pre-Op	主站配置从站地址、邮箱参数、DC，并请求"Pre-Op"状态
Pre-Op	应用层邮箱数据通信
Pre-Op→Safe-Op	主站配置 SM 通道、FMMU，并请求"Safe-Op"状态
Safe-Op	应用层邮箱数据通信有过程数据通信但只能读不能写
Safe-Op→Op	主站发送有效输出数据，并请求"Op"状态
Op	应用层邮箱数据通信有过程数据通信读写全部有效

EtherCAT 状态机的转化都是由主站决定的，主站将状态控制指令发送给从站，当从站响应成功则将结果写入从站状态指示器，否则给出错误标志。状态机请求从 Init 向 Operational（OP）转化时，必须按照"Init→Pre-Operational（Pre-Op）→Safe-Operational（Safe-Op）→Operational（Op）"的顺序执行，而状态机逆向转化时可越级执行。

5．CC-Link 通信协议

CC-Link 的底层通信遵循 EIA-485，一般情况下，CC-Link 主要采用广播以轮询的方式进行通信。具体的方式是：主站将刷新数据（RY/RWw）发送到所有从站，与此同时轮询从站 1；从站 1 先对主站的轮询作出响应（RX/RWr），同时将该响应告知其他从站，然后主站轮询从站 2（此时并不发送刷新数据），从站 2 给出响应，并将该响应告知其他从站，依次类推，循环往复。广播一轮询时的数据传输标准帧格式如图 1.3.11 所示。

F	F	F	A1	A2	ST1	ST2	DATA	CRC	F	F	F

图 1.3.11　广播轮询时的数据传输标准帧格式

F 前置码标志字节如图 1.3.12 所示。

0	1	1	1	1	1	1	0

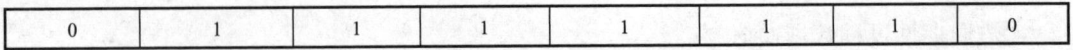

图 1.3.12　F 前置码标志字节

图 1.3.11 中 A1 与 A2 的内容如下。

A1：发送方地址信息。

A2：接收方地址信息。

A1、A2 的状态如表 1.3.15 所示。

表 1.3.15　A1、A2 的状态

A1	A2	描　述
FFh	n	主站轮询和刷新数据
FEh	n	主站轮询数据
FDh	n	主站测试轮询和测试数据
FCh	n	主站测试轮询数据
FAh	n	刷新循环结束帧
n	FFh	从站响应（刷新）数据（对轮询和刷新数据的响应）
n	FEh	
n	FDh	从站测试回送数据（对测试轮询和测试数据的响应）
n	FCh	

图 1.3.11 中的 ST1 与 ST2 中的内容如下。

ST1：状态信息 1。

ST2：状态信息 2。

ST1 和 ST2 指示主站与从站之间的通信状态。ST1 定义如图 1.3.13 和图 1.3.14 所示，ST2 定义如图 1.3.15 和图 1.3.16 所示。

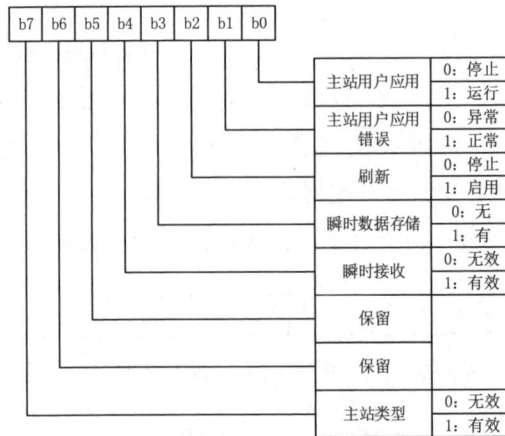

图 1.3.13　主站到从站 ST1 通信状态

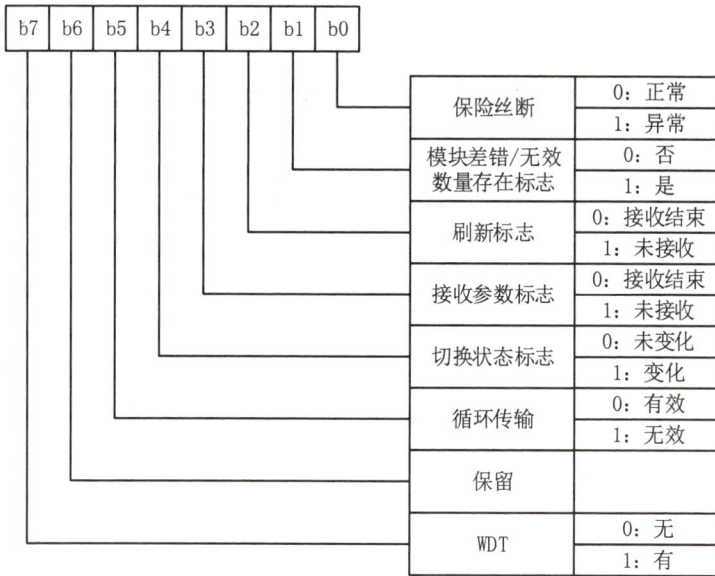

图 1.3.14　从站到主站的 ST1 状态

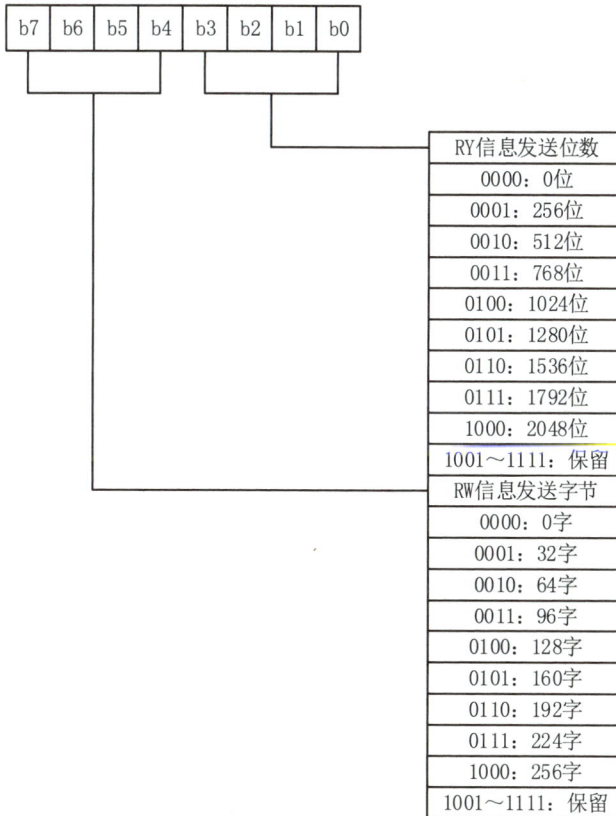

图 1.3.15　主站到从站的 ST2 状态

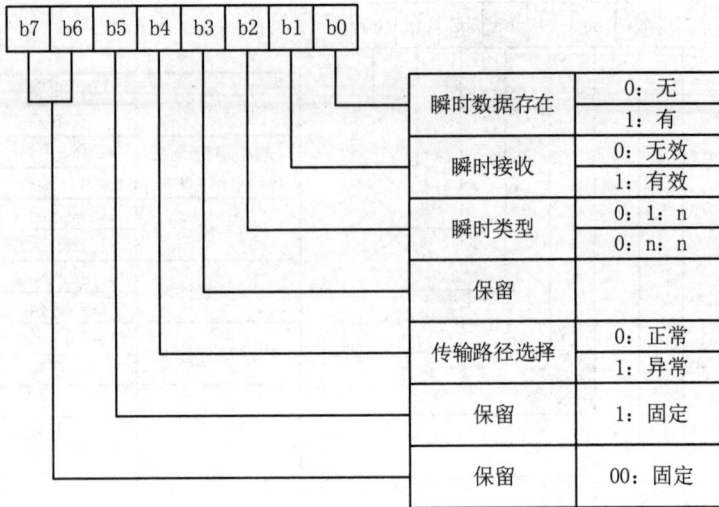

图 1.3.16　从站到主站的 ST2 状态

DATA：RX/RY、RW 和报文数据。

CRC：差错校验（16 位）。

循环冗余校验的校验范围为从帧起始位置 F 标志字段部分的末位起（不含末位）至 CRC 部分的首位（不含首位）之间的范围。

除广播轮询方式外，CC-Link 也支持主站与本地站、智能设备站之间的瞬时通信。由主站向从站的瞬时通信量为每数据包 150 字节，由从站向主站的瞬时通信量为每数据包 34 字节。由此可见瞬时传输不会对广播轮询的循环扫描时间造成影响。

6．CANopen 通信协议

CANopen 通信协议是利用 CAN 通信协议和 CAL 通信协议的一种高层协议，是 CAN-in-Automation 定义的标准之一，该协议在利用 CAN 通信协议的工业系统中占据领导地位。

从开放式系统互联通信参考模型 OSI 的角度来看，CAN 总线一般只实现了物理层和数据链路层，而在实际的应用中，这两层完全由硬件部分来实现，不需要再去研发对应的软件，但是它缺少了应用层，所以 CAN 并不完整。

CANopen 通信协议针对 CAN 通信协议缺少应用层的缺陷，使用了 CAL 通信协议的应用层服务功能，为分布式和嵌入式系统提供了一种解决方案。由于在控制系统中各个设备之间需要相互通信，没有合理的通信协议会严重影响系统的运行效率。CANopen 通信协议会预先设定好标识符和传输数据的优先级，并根据协议使数据高效稳定地在各个设备之间传输。也就是说，CAN 总线相当于传输媒介，CANopen 通信协议相当于用来沟通的语言。

CANopen 通信协议主要由通信子协议和设备子协议组成。在众多的子协议中，最重要的子协议是 DS301 通信子协议，目前大多数的 CANopen 通信协议应用都是围绕 DS301 通信子协议展开的。

一般来说，利用 CANopen 通信协议的设备主要由三大部分组成，分别是通信部分、应用部分及对象字典。通信部分主要由具备设置通信对象和收发数据功能的 CAN 收发器、CAN 控制器等硬件部分组成。对象字典在 CANopen 通信协议中占据最核心的位置，它描述了设备在通信过程中相关的对象数据。

对象字典作为整个 CANopen 通信协议中最重要的部分，是各个设备之间通信的基础，为设备提供了所有的相关参数、通信信息和数据。该协议在 CANopen 网络中作为应用程序及通信对象的连接枢纽，应用程序可以通过查询对象字典来获得通信网络中每个节点的设备信息，进而实现与该节点之间的数据通信。为了能够准确快速地识别和定位对象的访问入口地址，对象包含一个 16 位的索引和一个 8 位的子索引用于寻址。由于对象的数据结构可能是变量或数组，数组中的每个元素均可以通过子索引来寻址。通用的对象字典结构如表 1.3.16 所示。

表 1.3.16　通用的对象字典结构

索　引	对　象
0000h	Reserved Segment
0001h～001Fh	静态数据类型（如 Int32、Boolen）
0020h～003Fh	复杂数据类型（由简单数据类型组成的结构，如 SDOP、PDOC）
0040h～005Fh	制造商自定的数据类型
0060h～007Fh	设备子协议规定的静态数据类型
0080h～009Fh	设备子协议规定的复杂数据类型
00A0h～0FFFh	Reserved Segment
1000h～1FFFh	通信子协议段（如设备型号、寄存器类型）
2000h～5FFFh	制造商规定的协议段
6000h～9FFFh	标准化的设备子协议段
A000h～FFFFh	Reserved Segment

1.3.5　远程 I/O 模块的关键性能参数

远程 I/O 适配器的关键性能参数如表 1.3.17 所示。

远程 IO 模块选型

表 1.3.17　远程 I/O 适配器的关键性能参数

适配器硬件参数	
系统电源	供电：9～36V_{DC}（标称 24V_{DC}）。保护：过流保护，防反接保护
模块功耗	30mA@24V_{DC}

适配器硬件参数	
内部总线供电	不大于 2.5A@5V$_{DC}$
流隔离	系统电源到现场电源：隔离
现场电源	供电：22～28V（标称 24V$_{DC}$）
现场电源电流	最大 DC 8A
支持的 I/O 模块数量	32 个
接线线径	0.5～1.5mm^2
安装方式	35mm 导轨安装
尺寸	115mm×51.5mm×75mm
重量	130g
环境参数	
工作温度	−40～85℃
环境湿度	5%～95%无冷凝
防护等级	IP20
Modbus-RTU 参数	
网络协议	Modbus-RTU/ASCII
过程数据区	输入输出之和最大 8 192 字节
功能码	01/02/03/04/05/06/ 15/16
波特率	2 400～115 200bit/s
站号	1～63（拨码开关设置），64～247（软件设置）
接口	5 针螺钉端子
数据位	7、8
校验位	无校验、奇校验、偶校验
停止位	1、2
最大总线长度	1 200m（EIA-485，2 400bit/s）

远程 I/O 模块的关键性能参数如表 1.3.18 所示。

表 1.3.18 远程 I/O 模块的关键性能参数

通用参数	
功率	不大于 175mA@5.0V$_{DC}$
隔离	I/O 至内部总线：光耦隔离（3KVrms）
现场电源	标称电压：24V$_{DC}$。输入范围：22～28V$_{DC}$
接线	O 接线：不大于 1.5mm（AWG 16）
安装方式	35mm 导轨安装
尺寸	115mm×14mm×75mm
重量	65g
环境参数	
工作温度	−40～85℃

续表

通用参数	
环境湿度	5%～95%无冷凝
防护等级	IP20
输出参数	
通道数	16 通道源型输出
指示灯	16 个通道输出指示灯
额定电流	典型值：500mA
漏电流	最大值：10μA
输出阻抗	<200mΩ
输出延时	从关到开：不大于 100μs。从开到关：不大于 150μs
保护功能	过温度关断：典型值 135℃ 过电流保护：典型值 1.1A 短路保护支持

不同公司开发的 I/O 模块也各不相同。本项目使用的是 ADAM-6024 通信模块（见图 1.3.17），它可以连接 6 个模拟量输入信号、2 个模拟量输出信号、2 个数字量输入信号、2 个数字量输出信号，还可以通过更改跳线连接的方式变更可接入模拟量输入信号的类型（0～10V 电压型、±10V 电压型、4～20mA 电流型、0～20mA 电流型）。它的上传接口是 RJ45 标准网口，可以通过 Modbus TCP、TCP/IP、UDP 等通信协议上传数据。

图 1.3.17 ADAM-6024 通信模块

【小思考】

现场总线的不足，以及工业以太网发展的必然趋势是什么？

🔍 拓展阅读

我国牵头组织制定的全球首个工业互联网系统功能架构国际标准正式发布

2022 年 11 月，国际电工委员会（International Electrotechnical Commission，IEC）正式发布由我国牵头组织制定的《面向工业自动化应用的工业互联网系统功能架构》（编号 IEC PAS 63441—2022），该标准是全球首个工业互联网系统功能架构国际标准。

该标准的摘要中表示，IEC PAS 63441—2022 定义了工业应用的工业互联网系统的功能架构和功能模型。它分别展示了端、边缘和云三层之间的模型、结构、活动和交互内容，这些内容分为基础设施即服务（IaaS）、平台即服务（PaaS）和软件即服务（SaaS）。

该标准是工业互联网领域的核心基础类标准，首次规范了工业互联网系统的端边云架构，有效填补了国际标准空白，对于规范各国跨行业、跨领域工业互联网平台的架构建设，促进我国工业互联网平台产品的全球应用推广具有重要意义。

【任务计划】

根据任务资讯及收集整理的资料填写任务计划单。

任务计划单

项　目	采集生产线环境参数（远程 I/O 模块）		
任　务	远程 I/O 模块选型	学　时	6
计划方式	分组讨论、资料收集、技能学习等		
序　号	任　务	时　间	负责人
1			
2			
3			
4	统计装配生产线环境监测系统需求，以及检测量和远程 I/O 模块数量		
5	分析传感器接口和数据传输方式		
6	收集远程 I/O 模块选型手册		
小组分工			
计划评价			

【任务实施】

根据任务计划编制任务实施方案，并完成任务实施，填写任务实施工单。

任务实施工单

项 目	采集生产线环境参数（远程 I/O 模块）		
任 务	远程 I/O 模块选型	学 时	
计划方式	分组讨论、合作实操		
序 号	实施情况		
1			
2			
3			
4			
5	根据装配生产线环境监测系统需求对应的传感器类型、功能参数和数量，分析出远程 I/O 模块的性能需求		
6	选择至少 3 家品牌的远程 I/O 模块进行比较分析		

【任务检查与评价】

完成任务实施后，进行任务检查与评价，可采用小组互评等方式，任务评价单如下。

任务评价单

项 目	采集生产线环境参数（远程 I/O 模块）			
任 务	远程 I/O 模块选型			
考核方式	过程评价+结果考核			
说 明	主要评价学生在项目学习过程中的操作方式、理论知识、学习态度、课堂表现、学习能力、动手能力等			
评价内容与评价标准				

序 号	内 容	评价标准			成绩比例
		优	良	合 格	
1	基本理论掌握	掌握远程 I/O 模块的分类、关键性能参数及远程 I/O 模块选型	熟悉远程 I/O 模块的分类、关键性能参数及远程 I/O 模块选型	了解远程 I/O 模块的分类、关键性能参数及远程 I/O 模块选型	30%
2	实践操作技能	熟练使用各种查询工具收集和查阅系统相关资料，快速完成远程 I/O 模块选型，并能完成传感器接线	较熟练使用各种查询工具收集和查阅系统相关资料，快速完成远程 I/O 模块选型，并能完成传感器接线	会使用各种查询工具收集和查阅系统相关资料，快速完成远程 I/O 模块选型，并能完成传感器接线	30%
3	职业核心能力	具有良好的自主学习、分析和解决问题的能力	具有较好的自主学习、分析和解决问题的能力	能够主动学习并收集信息，具备一定的分析和解决问题的能力	10%
4	工作作风与职业道德	具有严谨的科学态度和工匠精神，能够严格遵守"6S"管理制度	具有良好的科学态度和工匠精神，能够自觉遵守"6S"管理制度	具有较好的科学态度和工匠精神，能够遵守"6S"管理制度	10%

续表

5	小组评价	具有良好的团队合作精神和沟通交流能力，热心帮助小组其他成员	具有较好的团队合作精神和沟通交流的能力，能帮助小组其他成员	具有一定团队合作能力，能配合小组其他成员完成项目任务	10%
6	教师评价	包括以上所有内容	包括以上所有内容	包括以上所有内容	10%
合计					100%

【任务练习】

1．说明一体式 I/O 模块和插片式 I/O 模块的优缺点，并进行比较。

2．采用远程 I/O 系统的优点是什么？

任务 1.4　装配生产线环境数据采集（远程 I/O 模块）

【任务描述】

工业数据采集体系架构

根据任务 1.2 和任务 1.3 选择出来的传感器和远程 I/O 模块完成传感器的接线，并通过远程 I/O 模块控制软件采集装配生产线环境参数。

【任务单】

根据任务描述，利用远程 I/O 模块完成装配生产线环境参数的采集。具体任务要求请参照下方的任务单。

任务单

项　目	采集生产线环境参数（远程 I/O 模块）
任　务	装配生产线环境数据采集（远程 I/O 模块）
任务要求	任务准备
1．明确任务要求，组建小组，3～5 人一组； 2．完成远程 I/O 模块与传感器接线； 3．完成远程 I/O 控制软件采集环境参数的截图	1．自主学习。 （1）远程 I/O 控制软件安装。 （2）远程 I/O 模块数据采集操作流程。 2．设备工具。 （1）硬件：计算机。 （2）软件：办公软件、AdamApax .NET Utility
自我总结	拓展提高
	通过远程 I/O 模块采集多种传感器参数，多次实际操作练习，提高远程 I/O 模块采集不同传感器参数的能力

【任务资讯】

1.4.1　远程 I/O 模块与传感器接线

本次任务所使用的远程 I/O 模块为国内主流产品——ADAM 模块。ADAM 模块中的接口有：AI，代表模拟量输入；AO，代表模拟量输出；DI，代表数字量输入；DO，代表数字量输出。ADAM 模块 AI/AO 接线方式如图 1.4.1 所示。ADAM 模块 DI 接线方式如图 1.4.2 所示。ADAM 模块 D/A 接线方式如图 1.4.3 所示。

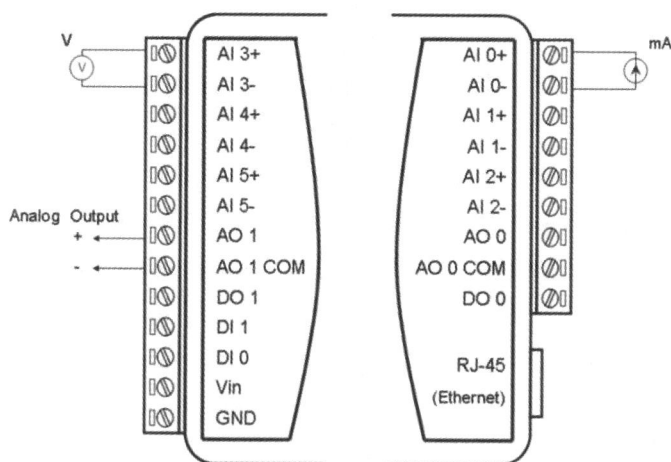

图 1.4.1　ADAM 模块 AI/AO 接线方式

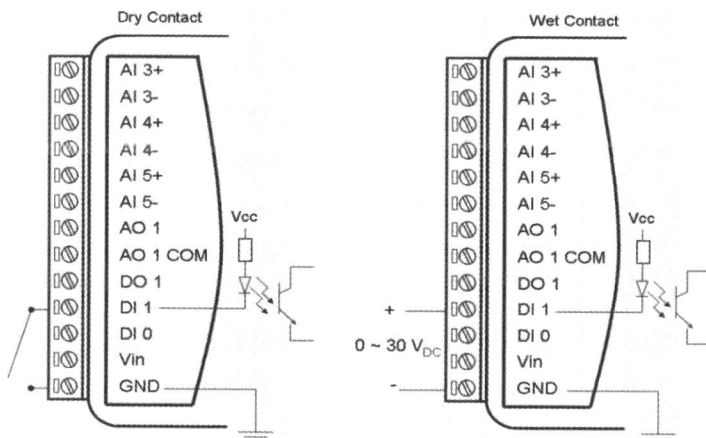

图 1.4.2　ADAM 模块 DI 接线方式

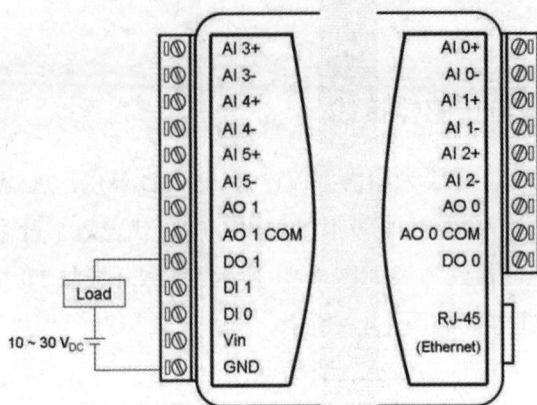

图 1.4.3　ADAM 模块 D/A 接线方式

远程 I/O 模块在接入 DI 的过程中有干接点接入和湿接点接入两种方式。

（1）干接点（Dry Contact），也被称为干触点，是一种无源开关，具有闭合和断开的两种状态，两个接触点之间没有极性的区别，可以互换。

（2）湿接点（Wet Contact），也被称为湿触点，是一种有源开关，具有有电和无电的两种状态，两个接点之间有极性的区别，不能反接。

1.4.2　远程 I/O 模块工具软件安装

本任务选用的是研华的远程 I/O 模块，远程 I/O 模块工具软件为研华公司提供的 AdamApax .NET Utility V2.06.00 B04。软件安装应注意以下几点要求。

1．硬件要求

安装 AdamApax .NET Utility V2.06.00 B04 的计算机至少应满足以下硬件要求。

（1）处理器：英特尔酷睿 i5，2.4 GHz 或相当。

（2）内存：安装 32 位操作系统时为 3GB；安装 64 位操作系统时为 8GB。

（3）硬盘：250 GB SATA HDD。

2．软件要求

AdamApax .NET Utility V2.06.00 B04 可以安装于以下操作系统：

（1）Windows 10 操作系统（64 位）；

（2）Windows 7 操作系统（64 位）；

（3）Windows 7 操作系统（32 位）。

3. 管理员权限

安装 AdamApax .NET Utility V2.06.00 B04 需要管理员权限。

4. 安装步骤

步骤 1：双击安装包内的"AdamApax .NET Utility V2.06.00 B04.msi"图标进行安装，如图 1.4.4 所示。

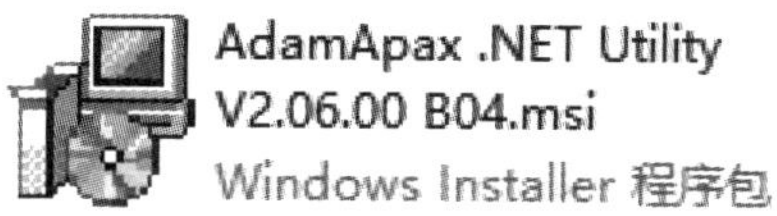

图 1.4.4　步骤 1

步骤 2：单击"Next"按钮进入下一步。

步骤 3：选择安装路径（使用对象选择"Everyone"），软件默认安装在 C 盘下的 Program Files（x86）文件夹内，单击"Next"按钮，如图 1.4.5 所示。

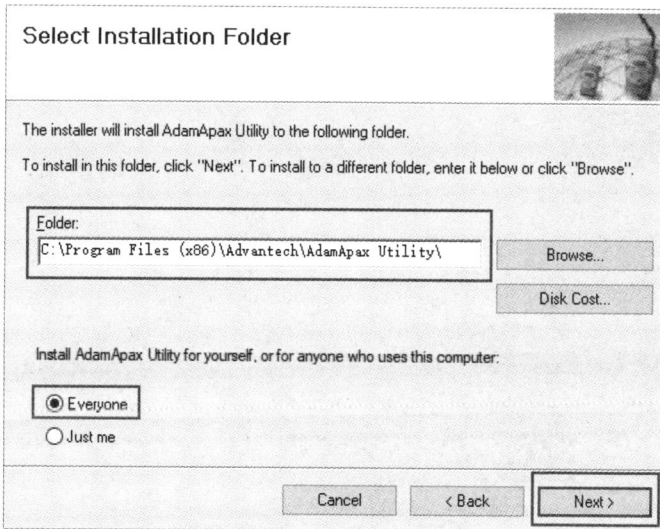

图 1.4.5　步骤 3

步骤 4：准备安装，单击"Next"按钮开始安装。

步骤 5：安装完毕，单击"Close"按钮关闭窗口，如图 1.4.6 所示。

找到桌面上的"AdamApax .NET Utility"图标，双击该图标即可看到程序主界面，如图 1.4.7 所示。

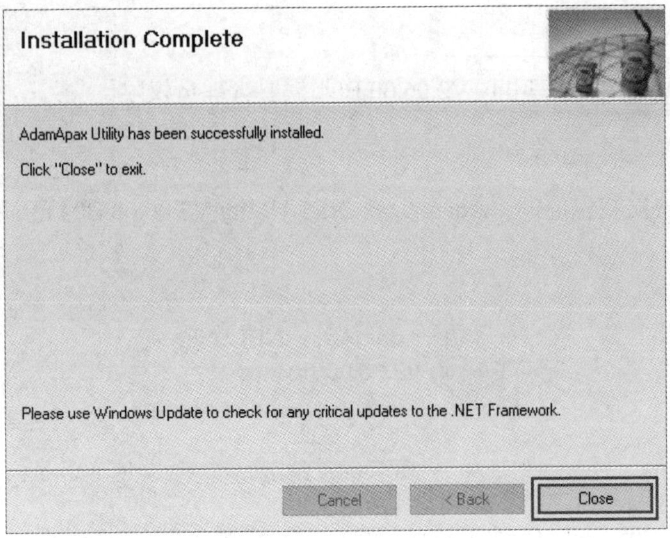

图 1.4.6　步骤 5

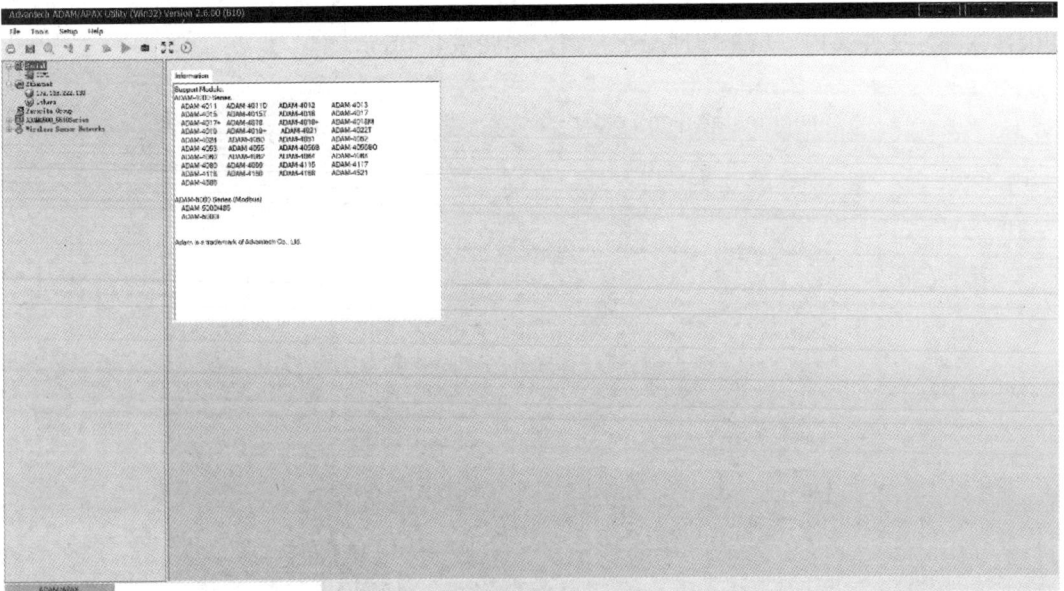

图 1.4.7　程序主界面

1.4.3　远程 I/O 模块数据采集操作

步骤 1：用网线连接计算机与远程 I/O 模块。

步骤 2：搜索远程 I/O 模块（双击打开"AdamApax .NET Utility"软件）。

步骤 3：在"Ethernet"上右击，在弹出的快捷菜单中选择"Search Device"选项，如图 1.4.8 所示。

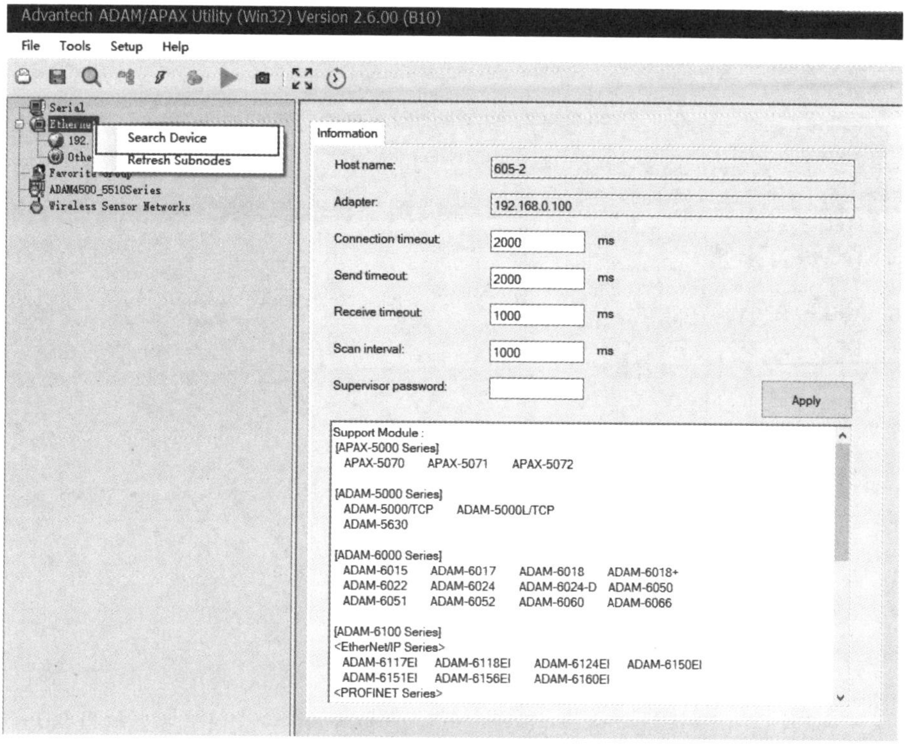

图 1.4.8　步骤 3

步骤 4：自动搜索网口连接的模块，如图 1.4.9 所示。

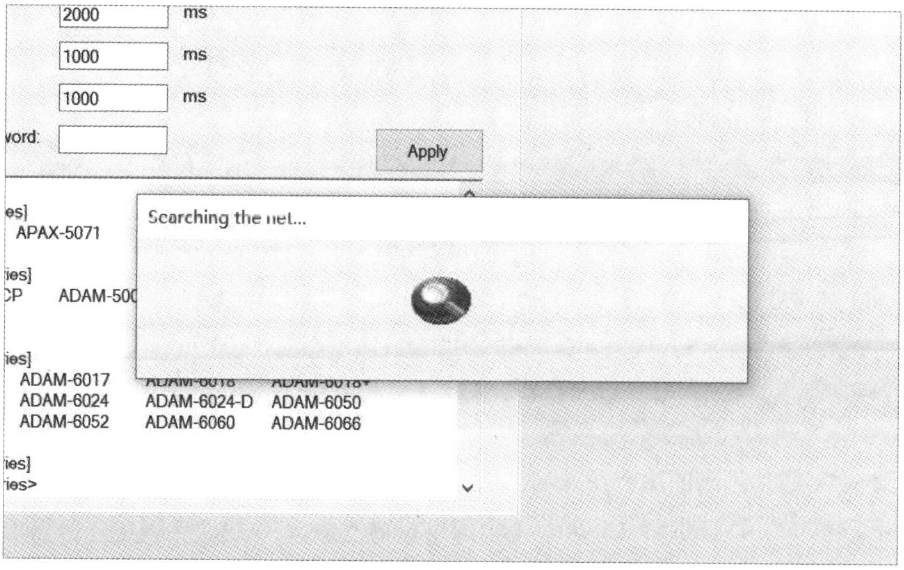

图 1.4.9　步骤 4

步骤 5：找到的模块会在界面左侧显示，如图 1.4.10 所示。

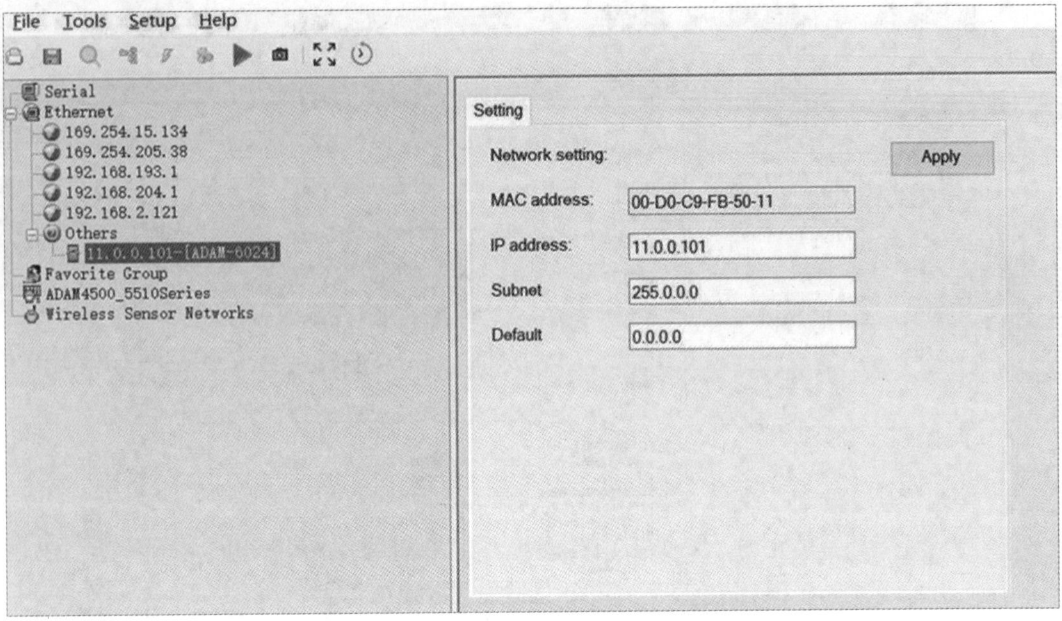

图 1.4.10　步骤 5

步骤 6：将计算机 IP 地址与远程 I/O 模块配置在同一网段，如 IP 地址为 11.0.0.102，子网掩码为 255.0.0.0。

步骤 7：重新搜索，在界面左侧单击 11.0.0.101-[ADAM-6024]进入模块，默认密码为 8 个 0，如图 1.4.11 所示。

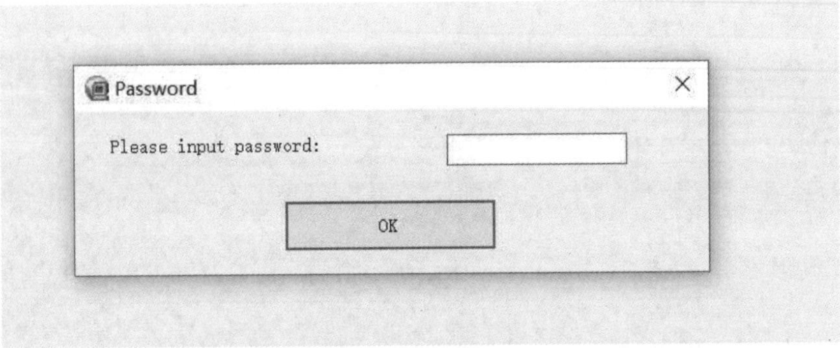

图 1.4.11　步骤 7

步骤 8：对模块用到的所有输入输出通道进行配置，如图 1.4.12 所示。该 I/O 模块支持 6 个模拟量输入通道（Ch-0～Ch-5）、2 个模拟量输入信号（DI0 和 DI1）。其中，模拟量输入模块支持 0～20mA 及 4～20mA 电流型模拟量输入信号，以及±10V 电压型模拟量输入信号，需要在此进行配置。

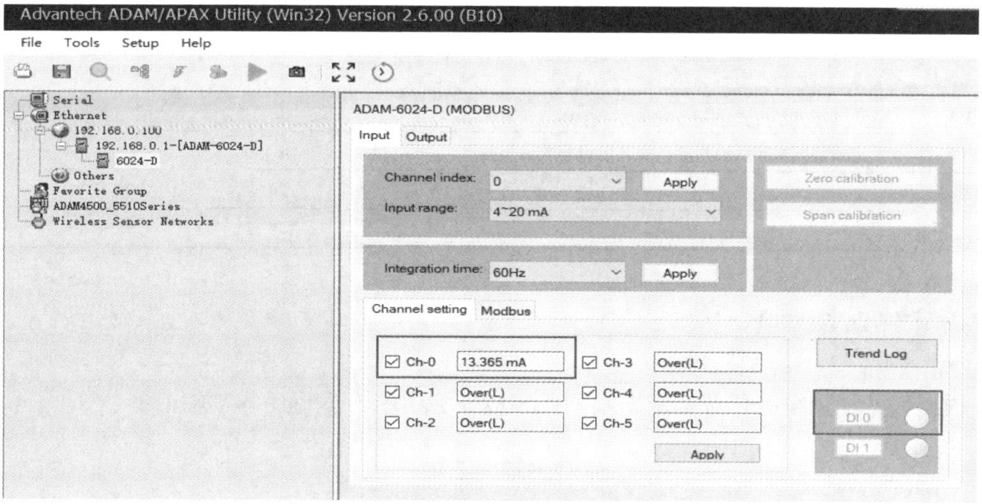

图 1.4.12　步骤 8

拓展阅读

人社部等部门联合发布工业互联网工程技术人员新职业

2020 年，人社部与国家市场监督管理总局、国家统计局联合向社会发布了工业互联网工程技术人员、智能制造工程技术人员等工业互联网工程技术人员新职业。工业互联网工程技术人员是围绕网络互联、标识解析、平台建设、数据服务、应用开发、安全防护等领域开展规划设计、技术研发、测试验证、工程实施、运营管理和运维服务等工作的新职业。

2021 年，人社部和工信部联合发布了《工业互联网工程技术人员国家职业技术技能标准（2021 年版）》，专业技术等级分为初级、中级和高级，分别从规划设计、工程实施、运行维护、数据服务、研究开发和服务应用六个方面明确了专业能力要求和知识要求。

【任务计划】

根据任务资讯及收集整理的资料填写任务计划单。

任务计划单

项　目	采集生产线环境参数（远程 I/O 模块）			
任　务	装配生产线环境数据采集（远程 I/O 模块）	学　时	2	
计划方式	分组讨论、资料收集、技能学习等			
序　号	任　务	时　间		负责人
1				
2				

续表

3			
4			
5	完成装配生产线的温度、湿度环境参数的采集		
小组分工			
计划评价			

【任务实施】

根据任务计划编制任务实施方案，并完成任务实施，填写任务实施工单。

任务实施工单

项　目	采集生产线环境参数（远程 I/O 模块）		
任　务	装配生产线环境数据采集（远程 I/O 模块）	学　时	
计划方式	分组讨论、合作实操		
序　号	实施情况		
1			
2			
3			
4			
5			
6			

【任务检查与评价】

完成任务实施后，进行任务检查与评价，可采用小组互评等方式，任务评价单如下。

任务评价单

项　目		采集生产线环境参数（远程 I/O 模块）			
任　务		装配生产线环境数据采集（远程 I/O 模块）			
考核方式		过程评价+结果考核			
说　明		主要评价学生在项目学习过程中的操作方式、理论知识、学习态度、课堂表现、学习能力、动手能力等			
评价内容与评价标准					
序　号	内　容	评价标准			成绩比例
		优	良	合　格	
1	基本理论掌握	掌握远程 I/O 模块与传感器接线、远程 I/O 控制软件安装和环境参数数据采集	熟悉远程 I/O 模块与传感器接线、远程 I/O 控制软件安装和环境参数数据采集	了解远程 I/O 模块与传感器接线、远程 I/O 控制软件安装和环境参数数据采集	30%

续表

2	实践操作技能	熟练使用各种查询工具收集和查阅系统相关资料，快速、准确地分析系统功能，并完成远程 I/O 控制软件安装和环境参数数据采集	较熟练使用各种查询工具收集和查阅系统相关资料，快速、准确地分析系统功能，并完成远程 I/O 控制软件安装和环境参数数据采集	会使用各种查询工具收集和查阅系统相关资料，能分析系统功能需求并进行系统数据采集	30%
3	职业核心能力	具有良好的自主学习能力、分析和解决问题的能力	具有较好的自主学习能力、分析和解决问题的能力	能够主动学习并收集信息，具备一定的分析和解决问题的能力	10%
4	工作作风与职业道德	具有严谨的科学态度和工匠精神，能够严格遵守"6S"管理制度	具有良好的科学态度和工匠精神，能够自觉遵守"6S"管理制度	具有较好的科学态度和工匠精神，能够遵守"6S"管理制度	10%
5	小组评价	具有良好的团队合作精神和沟通交流能力，热心帮助小组其他成员	具有较好的团队合作精神和沟通交流能力，能帮助小组其他成员	具有一定团队合作能力，能配合小组其他成员完成项目任务	10%
6	教师评价	包括以上所有内容	包括以上所有内容	包括以上所有内容	10%
合　计					100%

【任务练习】

1．绘制 ADAM 模块 AI/AO 典型接线图。

2．绘制 ADAM 模块 DI 典型接线图。

【思维导图】

请完成本项目的思维导图。

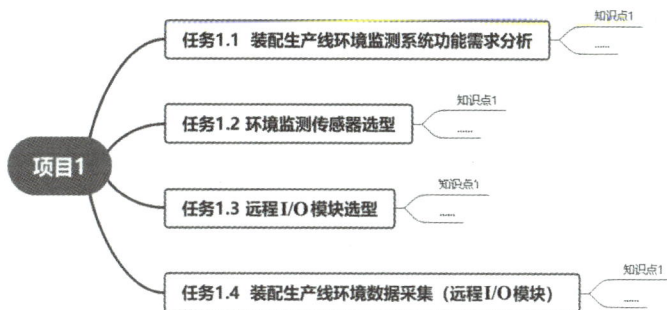

【创新思考】

查资料，区分两线制、三线制、四线制传感器与远程 I/O 模拟量模块的接线方式。

项目 **2**

采集生产线电机运行数据 （PLC）

- 能够根据项目需求完成电机运行状态传感器选型；
- 能够根据传感器信号输出形式完成 PLC 模拟量模块选型；
- 能够编写模拟量处理程序；
- 能够设置 PLC OPC UA 通信；
- 能够建立 OPC UA 服务器接口；
- 具有利用工具分析问题和解决问题的能力；
- 具有整合知识和综合运用知识分析问题和解决问题的能力。

■ 引导案例

在工厂生产现场有各类大大小小的电机在不停运转，为机床、水泵、鼓风机、压缩机、起重机、卷扬机及矿山机械等各类现场设备提供源源不断的动力。在当今的工业生产中电机的作用可谓至关重要。电机故障带来的停工停产将会给企业带来巨大的经济损失，同时电机故障有可能造成严重的安全事故。

2021 年 1 月 9 日下午，产能仅次于台积电的晶圆代工厂联电科技（UMC），因生产线产能满载，在启动发电机时超负荷，发电机冒烟停止运行，导致部分 8 英寸晶圆生产线停产，给企业造成巨大经济损失。如何在对电机运行状态进行监测的同时能给出故障诊断，指导维护保养已成为一项重要的任务。接下来我们将利用 PLC 完成电机运行参数采集任务。

任务 2.1　电机运行状态传感器选型

【任务描述】

工业数据采集的特点

重庆某企业新建了一条装配生产线。该装配生产线中的输送电机是该生产线中的关键设备，一旦输送电机发生故障将导致装配生产线停产。为了降低输送电机出现故障的可能性，需要选用输送电机的运行参数采集传感器来实现对输送电机状态和性能的监控，从而提前预知其风险，然后根据这种风险采取维护保养措施，以此来减少输送电机的停机率。请为输送电机运行参数采集选择合适的传感器。

【任务单】

根据任务描述实现装配生产线中的输送电机运行状态传感器选型。具体任务要求请参照下面的任务单。

任务单

项　　目	采集生产线电机运行数据（PLC）	
任　　务	电机运行状态传感器选型	
任务要求		任务准备
1. 分组讨论电机有哪些常见的运行参数，3～5 人一组； 2. 收集传感器资料，完成传感器的选型； 3. 每组自行分工选择传感器厂家进行选型； 4. 整理分析资料，提交传感器及清单表		1. 自主学习。 （1）熟悉传感器的分类及功能需求的选型。 （2）列出传感器的关键参数和安装方式。 2. 设备工具。 （1）硬件：计算机。 （2）软件：办公软件
自我总结		拓展提高
		通过工作过程和工作总结，提高传感器选型能力、技术迁移能力

【任务资讯】

电机运行的过程中可以通过电压、电流、温度、噪声、转速、振动传感器采集对应参数，实现对电机状态和性能的监控。项目 1 中已经介绍过温度、噪声传感器，电压、电流传感器将在项目 4 中介绍。项目 2 主要介绍转速、振动传感器。

2.1.1 转速传感器

1. 转速传感器基本概念

转速传感器是一种能够把转动设备的速度转换成电量输出的传感器，转速常以每分钟转过的转数来表示，即 r/min。它的种类繁多，应用极广，无论是在工业测量、自动控制还是在汽车安全等领域，都发挥着极其重要的作用。转速是反映旋转机械运行状态的一个重要参数。通过对转速瞬时值的测量，可以定量了解旋转机械内部动力发生装置的瞬时工作状态，了解负载的施加过程，为保障设备正常运转、分析机械瞬态性能、进行机械故障诊断提供依据。

2. 转速传感器的分类

转速传感器按照其测量方法不同可分为模拟法、计数法和同步法；按照变换方式的不同可分为机械式、电气式、光电式、磁电式和频闪式等；按照输出信号形式不同可分为模拟式和数字式；按照测量方式的不同可分为接触式和非接触式等。常见转速传感器的测量原理及应用范围如表 2.1.1 所示。

表 2.1.1 常见转速传感器的测量原理及应用范围

测量方法		转速传感器	测量原理	应用范围/（r/min）
模拟法	机械式	离心式	利用质量块的离心力与转速平方成正比的特性，或利用容器中的液体由于离心力产生的压力或液面的变化来对转速进行测量	30～24 000
		黏液式	利用旋转物体在黏液中旋转时所传递的扭转变化量来对转速进行测量	30～24 000
	电气式	发电机式	利用旋转物体在黏液中旋转时所传递的扭转变化量来对转速进行测量	约 1 000
		电容式	利用电容充放电回路产生与转速成正比的电流来对转速进行测量	30～40 000
		涡流式	利用旋转盘在磁场内使电涡流产生周期性变化从而产生频率与转速成正比的脉动信号来对转速进行测量	30～40 000
计数法	机械式	齿轮式	通过齿轮转动数字轮进行计数	约 10 000
		钟表式	通过齿轮转动并加入计时器进行定时计数	
	光电式	光电式	通过齿轮转动并加入计时器进行定时计数	30～48 000
	电气式	磁电式	利用磁、电等转换器件将转速转换成电脉冲	30～48 000
同步法	机械式	目测式	转动带槽圆盘，目测与旋转体同步的转速	30～48 000
	频闪式	闪光式	利用频闪光测旋转体的频率	30～48 000

3. 编码器

编码器广泛应用于测量电机转速。编码器实物图如图 2.1.1 所示。

图 2.1.1　编码器实物图

目前，编码器的种类很多，编码器可按多种方式进行分类，常见的分类方式如下：

1）根据编码器的工作原理分类

根据编码器的工作原理分类，编码器可分成光电编码器、磁编码器等。

（1）光电编码器通常由光栅码盘、编码器主轴、指示光栅、光电接收器等组成。编码器的光栅码盘与编码器主轴固定，工作时，光栅码盘与编码器主轴以相同速度转动，LED 光源发出的光透过光栅码盘和指示光栅后产生莫尔条纹，光电接收器检测莫尔条纹的变化，从而得到编码器主轴的加速度、角度位置等信息。光电编码器的工作原理图如图 2.1.2 所示。

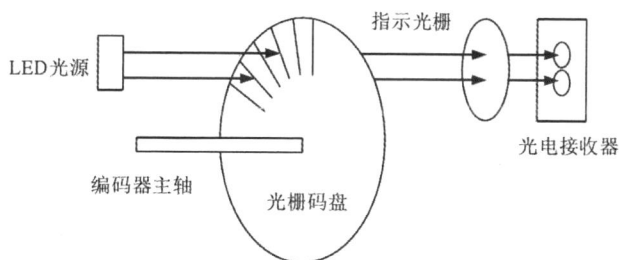

图 2.1.2　光电编码器的工作原理图

（2）磁编码器是以新型磁敏感元件为基础的传感器，主要由永磁体、霍尔芯片等组成。根据霍尔效应，在永磁体产生的磁场作用下，霍尔芯片可以检测出磁场强度的变化，从而产生电压，再经过处理电路输出信号。该电压值取决于 Z 方向上的磁感应强度分量，该分量值越大，产生的电压值就越大。磁编码器的工作原理图如图 2.1.3 所示。

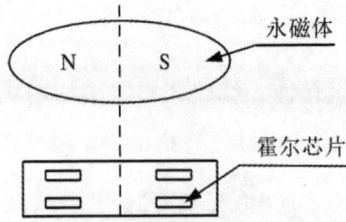

图 2.1.3 磁编码器的工作原理图

2）按照编码器的输出方式和刻度方式分类

按照编码器的输出方式和刻度方式分类，其可分成增量式编码器和绝对式编码器。

（1）增量式编码器输出三组脉冲信号，即 A 相、B 相和 Z 相，A 相和 B 相两相脉冲相差 90°，Z 相信号每转只产生一个高电平信号，其作用是定位编码器零位。

（2）绝对式光电编码器通常将角度信息转化为数字信息，以二进制代码形式输出，其通信接口多为串行接口，可直接读出编码器所处位置的角度绝对值。

3）根据编码器的度量方法分类

根据编码器的度量方法分类，其可分成旋转式编码器和直尺式编码器。

（1）旋转式编码器测量电机等设备处于某位置的角度信息，然后输出相应的脉冲信号或数字信号。

（2）直尺式编码器则是测量被测物体的移动长度，然后输出相应信号。

4．测速用编码器的选型依据

测量速度需要可以无限累加测量，因此增量式编码器广泛应用于测速，绝对式编码器多应用于位置定位。

增量式编码器的选型主要关注以下几方面。

（1）机械安装相关尺寸（包括定位止口、轴径、安装孔位）、电缆出线方式、安装空间体积、工作环境防护等级等是否满足要求。

（2）分辨率，即编码器工作时每圈输出的脉冲数是否满足精度要求。

（3）电气接口，常见的编码器输出方式有 NPN 集电极开路输出、PNP 集电极开路输出、互补输出（推挽输出）、长线驱动输出（差分输出）。其输出方式应和其控制系统的接口电路相匹配。

2.1.2　振动传感器

1．振动传感器基本概念

振动传感器是一种能够把振动标识变化量转换成电量输出的传感器。振动传感器实物图如图 2.1.4 所示。

图 2.1.4　振动传感器实物图

振动值的标识方法一般有以下三种。

（1）位移量表示，单位为 mm；

（2）速度量表示，单位为 mm/s；

（3）加速度量表示，单位为 mm/s^2。

振动传感器可广泛用于潜水泵、风机、汽轮机组、磨煤机、制氧机、发电机、离心机、压缩机等旋转设备的轴承振动测量与实时监控。同时，也可应用于测量地下管线等需要监测环境振动值对设备的影响的场合。

2．振动传感器的测量原理及其分类

依照工作原理的不同，振动传感器可分为电涡流式振动传感器、电感式振动传感器、电容式振动传感器、压电式振动传感器和电阻应变式振动传感器等。以下是这几种振动传感器的测量原理和应用场合。

（1）电涡流式振动传感器。

电涡流式振动传感器是以涡流效应为工作原理的振动传感器，它属于非接触式传感器。电涡流式振动传感器是通过传感器的端部和被测对象之间间隔的变化来测量物体振动参数的。电涡流式振动传感器主要用于测量振动位移。

（2）电感式振动传感器。

电感式振动传感器是根据电磁感应原理设计的一种振动传感器。电感式振动传感器设置有磁铁和导磁体，对物体进行振动测量时，能将机械振动参数转化为电参量信号。电感式振动传感器被应用于振动速度、加速度等参数的测量。

63

（3）电容式振动传感器。

电容式振动传感器是经过间隙或公共面积的改动来取得可变电容，再对电容量进行测定然后得到机械振动参数的。电容式振动传感器分为可变间隙式和可变公共面积式两种，前者能够用来测量直线振动位移，后者可用于测量改变振动的角位移。

（4）压电式振动传感器。

压电式振动传感器是应用晶体的压电效应来完成振动测量的，当被测物体的振动对压电式振动传感器构成压力后，晶体元件就会产生相应的电荷，电荷数即可换算为振动参数。压电式振动传感器还能够分为压电式加速度传感器、压电式力传感器和阻抗头。

（5）电阻应变式振动传感器。

电阻应变式振动传感器是以电阻变化量来表达被测物体机械振动量的一种振动传感器。电阻应变式振动传感器的测量方法很多，能够适应各种传感元件的使用要求，其中较为常见的是电阻应变振动测量方法。

振动传感器按照振动值的标识方法又分为位移振动传感器、速度振动传感器、加速度振动传感器。

3．振动传感器的选型依据

每一种型号的振动传感器都有合适的应用场景。在选择振动传感器时，主要从振动传感器的性能、环境因素、电气特性和物理特性四个方面去考虑。

（1）振动传感器的性能包括灵敏度、量程、频响特性、谐振频率、横向效应和线性度等指标。

（2）影响振动传感器工作的环境因素包括工作温度、温度响应、冲击极限、潮湿、腐蚀和电磁场等。

（3）振动传感器的电气特性包括传感器供电电压、电流、稳定时间等。如果传感器不能提供相应的电压或电流，则需要选择外部供电方式。

（4）振动传感器的物理特性包括敏感材料、结构设计、尺寸、重量、出线方式、安装方式等。

【小提示】

振动传感器有多种安装方式（如手持探针、蜂蜡、双面胶、磁座、胶粘和螺栓等），不同的安装方式对应不同的安装刚度，因而整个传感器系统的自振频率会不同。安装刚度越大，传感器系统的自振频率越高，能用于测量的频带也就越高。因此，频带越高，传感器的安装刚度应越大。在这几种安装方式中，螺栓连接的安装刚度最大。

【小思考】

传感器在信号传输过程中导线容易受静电和磁场干扰,采用何种方式可以减少静电干扰?

🔍 拓展阅读

中国激光陀螺奠基人——高伯龙

　　1971 年,钱学森给国防科技大学留下了两张写有激光陀螺原理的纸条,纸条后还附带了一个光路图,但是纸条上的内容并不详细,仅仅是一个简单的工作原理就是当时国内关于激光陀螺能查到的所有资料了,仅仅凭着纸条上知识点就想研制出激光陀螺,难度可想而知,相关研究因此陷入了僵局。沉寂 4 年后,在 1975 年,高伯龙加入“年轻”的激光陀螺研究室,从而打破了僵局。他带领研究小组突破重重技术难关,终于在 1994 年研制出四频差动激光陀螺工程样机,并检测可用。让我国成为继美俄法之后,世界上第四个可以独立研制激光陀螺仪的国家。2002 年,高伯龙又率领团队研究出全新的激光陀螺,后来此项技术成了我国海军装备的重要技术力量之一。

　　2014 年,激光陀螺创新团队在电视上亮相。86 岁高龄的高伯龙院士穿着白背心依旧挺立在研究第一线,全神贯注地盯着计算机屏幕,两根弯曲的手指慢慢敲击着键盘……有网友评论:高伯龙院士穿 5 块钱的背心,干上亿元的大事。回顾高院士如陀螺一样的一生,他不灭的人生“激光”,永远照耀着后辈前进的道路,并在历史长河中不断闪耀。

📖 【任务计划】

根据任务资讯及收集整理的资料填写任务计划单。

任务计划单

项　目	采集生产线电机运行数据（PLC）			
任　务	电机运行状态传感器选型	学　时		2
计划方式	分组讨论、资料收集、技能学习等			
序　号	任　务		时　间	负责人
1				
2				
3				
4	完成电机运行状态传感器选型			
5	任务成果汇报展示			
小组分工	根据传感器类型、功能参数和数量,选择至少 3 家品牌传感器进行比较分析,并落实到具体的同学,在规定的时间点进行检查			
计划评价				

【任务实施】

根据任务计划编制任务实施方案，并完成任务实施，填写任务实施工单。

任务实施工单

项 目	采集生产线电机运行数据（PLC）		
任 务	电机运行状态传感器选型	学 时	
计划方式	分组讨论、合作实操		
序 号	实施情况		
1			
2			
3			
4			
5			
6			

【任务检查与评价】

完成任务实施后，进行任务检查与评价，可采用小组互评等方式，任务评价单如下。

任务评价单

项 目	采集生产线电机运行数据（PLC）			
任 务	电机运行状态传感器选型			
考核方式	过程评价+结果考核			
说 明	主要评价学生在项目学习过程中的操作方式、理论知识、学习态度、课堂表现、学习能力、动手能力等			
评价内容与评价标准				
序号	内容	评价标准		成绩比例
		优	良	合 格	
1	基本理论掌握	掌握转速和振动传感器的概念、原理、主要类型	熟悉转速和振动传感器的概念、原理、主要类型	了解转速和振动传感器的概念、原理、主要类型	30%
2	实践操作技能	熟练掌握根据传感器需求查询传感器手册的方法，同时考虑经济指标，选出需求合适的传感器	熟悉根据传感器需求查询传感器手册的方法，选出满足功能要求的传感器	会根据传感器需求查询传感器手册的方法，选出满足功能要求的传感器	30%
3	职业核心能力	具有良好的自主学习能力、分析和解决问题的能力	具有较好的自主学习能力、分析和解决问题的能力	能够主动学习并收集信息，具有分析和解决部分问题的能力	10%

续表

4	工作作风与职业道德	具有严谨的科学态度和工匠精神，能够严格遵守"6S"管理制度	具有良好的科学态度和工匠精神，能够自觉遵守"6S"管理制度	具有较好的科学态度和工匠精神，能够遵守"6S"管理制度	10%
5	小组评价	具有良好的团队合作精神和沟通交流能力，热心帮助小组其他成员	具有较好的团队合作精神和沟通交流能力，能帮助小组其他成员	具有一定的团队合作能力，能配合小组其他成员完成项目任务	10%
6	教师评价	包括以上所有内容	包括以上所有内容	包括以上所有内容	10%
合　计					100%

【任务练习】

1. 增量式编码器和绝对式编码器的主要区别是什么？

2. 振动传感器的主要分类有哪些？

任务 2.2　电机振动数据采集

【任务描述】

在装配生产线的运行过程中要实时对输送电机运行参数进行监测，以了解输送电机的运行情况。请采用 PLC 和模拟量模块对振动传感器进行数据采集，检测输送电机的振动参数，为输送电机的状态分析提供数据支撑。请根据电机振动数据采集任务单，完成输送电机振动数据采集的 PLC 程序，并完成调试。

【任务单】

根据任务描述实现装配生产线中的输送电机振动数据采集。具体任务要求请参照下面的任务单。

任务单

项　目	采集生产线电机运行数据（PLC）	
任　务	电机振动数据采集	
任务要求		任务准备
1. 明确任务要求，组建小组，3～5 人一组；		1. 自主学习。 （1）PLC、HMI 概念。

	（2）模拟量模块与传感器常见的 3 种接线方式。
	（3）模拟量量程换算。
2．明确 PLC 品牌和型号、模拟量模块型号、振动传感器型号； 3．完成振动传感器与模拟量模块接线； 4．完成输送电机振动数据采集的 PLC 程序，并完成调试	2．设备工具。 （1）硬件：计算机、开关电源 DC24V 0.5A、振动传感器 VTV122、PLC（CPU 1215C DC/DC/DC）、直流信号隔离器 WS15241-11-A-D、3mm 一字螺丝刀、RVVP2×0.5mm^2、BV1×1 mm^2； （2）软件：办公软件、博途 V16
自我总结	拓展提高
	通过工作过程和工作总结，提高团队协作能力、程序设计和调试能力、技术迁移能力

【任务资讯】

2.2.1　PLC 概述

可编程逻辑控制器（Programmable Logic Controller）简称 PLC。PLC 是一种具有微处理器的用于自动化控制的数字运算控制器，可以将控制指令随时载入内存进行储存与执行。

1．PLC 硬件结构

PLC 主要由中央处理器（CPU）、存储器（RAM、ROM）、输入和输出接口、I/O 扩展接口、电源、外设接口等组成。PLC 硬件结构如图 2.2.1 所示。

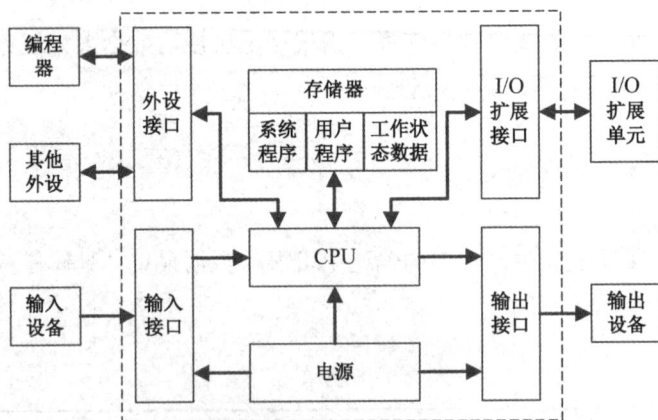

图 2.2.1　PLC 硬件结构

（1）CPU。

CPU 一般由控制器、运算器和寄存器组成，通过数据总线、地址总线和控制总线与存储器及输入和输出接口电路相连接。CPU 的主要任务是：控制用户程序和数据的接收与存储；用扫描方式通过输入和输出接口接收现场的状态或数据；诊断 PLC 内部电路的工作故障和编程中的语法错误；在 PLC 运行状态下，执行用户程序，完成数据的传送、逻辑或算术运算，根据运算结果，更新有关标志位的状态和输出映像寄存器的内容，并经输出部件实现输出控制、制表打印或数据通信等功能。

（2）存储器。

存储器主要用于存储系统程序、用户程序和工作状态数据。

① 系统存储器用来存放 PLC 的系统程序。系统程序固化在 ROM 内，用户不能直接更改，系统程序使 PLC 具有基本的功能，能够完成 PLC 设计者规定的各项工作。

② 用户存储器包括用户程序存储器（程序区）和用户功能存储器（数据区）两部分。用户程序存储器用来存放针对具体控制任务编写的各种用户程序，以及用户的系统配置。用户程序存储器根据所选用的存储器单元类型的不同，可以是 RAM（有掉电保护）、EPROM 或 EEPROM，其内容可以任意修改或增删。用户功能存储器用来存放（记忆）用户程序中使用器件的 ON/OFF 状态或数值数据等。用户存储器容量的大小关系到用户程序容量的大小，是反映 PLC 性能的重要指标之一。

工作状态数据是 PLC 运行过程中经常变化、经常存取的一些数据，存放在 RAM 中，以适应随机存取的要求。

（3）输入和输出接口。

输入和输出接口是 PLC 与现场信号和执行器连接的部分。输入接口用于接收现场各类信号；输出接口用于输出运算后的控制指令，传送给现场执行器以完成各类控制。

① 输入接口分为数字量输入接口和模拟量输入接口。数字量输入接口将数字（开关）量信号变为 PLC 内部处理的标准信号，根据外部电源类型的不同，又分为直流输入接口（由 PLC 内部电源或外部电源供电）、交直流输入接口（一般由外部电源供电）和交流输入接口（一般由外部电源供电）。模拟量输入接口将现场连续变化的模拟量标准信号转换成适合 PLC 内部处理的、由若干二进制数字表示的信号。模拟量输入接口可接收电压信号（如 0～10V）、电流信号（如 4～20mA）。

② 输出接口分为数字量输出接口和模拟量输出接口。数字量输出接口将 PLC 标准信号转换成现场执行机构所需的数字（开关）量信号，按输出开关器件的种类不同，可分为晶体管型、继电器型和可控硅型。晶体管型只能接直流负载，为直流输出接口；继电器型可接直流和交流负载，为交直流输出接口；可控硅型只能接交流负载，为交流输出接口。数字量输出接口都由外部电源供电。

（4）电源。

电源是 PLC 稳定、可靠工作的前提。PLC 的供电电压一般为交流 220V 和直流 24V。它的稳定性好、抗干扰能力强，采用稳压电源或 PLC 配套的电源模块，可以直接接入 220V AC，一般允许电源电压在其额定值±15%的范围内波动。

对于大型控制系统，可专门配置电源柜，内设隔离变压器、稳压电源或 UPS，对输入电源进行稳压滤波，同时对外提供 220V AC 电源。通过开关电源，把 220V AC 转换为 24V DC、12V DC，对外供电。每个供电回路设置断路器进行分断和保护。

对于中小型控制系统，根据系统负荷大小，选择 2～3 个同规格的开关电源并联使用，开关电源一般为 5A、10A、20A。开关电源可按照回路分别供电。例如，PLC、外部 I/O 模块、现场直流供电仪表、网络通信设备等回路电源，每个供电回路设置断路器进行分断和保护。

2．PLC 工作原理

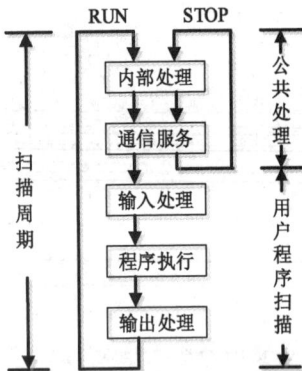

图 2.2.2　PLC 的扫描过程

计算机一般运行到结束指令就不再运行，而 PLC 是周期循环扫描执行的。PLC 的扫描过程如图 2.2.2 所示，在 PLC 中，用户程序按先后顺序存放，CPU 从第一条指令开始执行程序，直到遇到结束符后又返回第一条，周而复始，不断循环。当 PLC 处于停止状态（STOP）时，只进行内部处理和通信服务。

（1）内部处理。

在内部处理阶段，PLC 进行电源检测、内部硬件检查、复位监视定时器，以及完成一些其他内部工作。

（2）通信服务。

在通信服务阶段，PLC 检查是否有编程器、计算机或上位 PLC 等通信请求，若有，则进行相应处理。

（3）输入处理。

在输入处理阶段，PLC 读入所有输入接口的通断状态，存入输入映像寄存器，这个过程也称为输入采样。当外部输入电路接通时，对应的输入映像寄存器为 1 状态，梯形图中对应的输入继电器的常开触点接通、常闭触点断开；当外部输入触点电路断开时，对应的输入映像寄存器为 0 状态，梯形图中对应的输入继电器的常开触点断开、常闭触点接通。

（4）程序执行。

PLC 程序在执行时，所取信号来自输入映像寄存器，而不是输入接口，只有在下一个扫描周期的输入处理阶段，最新的输入接口状态才会更新到输入映像寄存器中。

PLC 用户程序由若干条指令组成，指令在存储器中按步序号顺序排列。对于梯形图程序，PLC 按先左后右、先上后下的步序，逐句扫描，执行程序。若遇到程序跳转指令，则根据跳转条件是否满足来决定程序的跳转地址。当用户程序涉及输入和输出状态时，PLC 从输入映像寄存器中读出上一阶段输入的对应输入接口状态，从输出映像寄存器中读出对应输入映像寄存器的当前状态。根据用户程序进行逻辑运算，并将运算结果再存入有关寄存器中。但在全部程序未执行完之前，不会送到输出接口。

（5）输出处理。

全部程序执行完毕后，将输出映像寄存器的状态转存到输出锁存器中，通过隔离电路、驱动功率放大电路，使输出接口向外界输出控制信号，驱动外部负载。

3. PLC 的分类

PLC 种类繁多，可按结构形式分为整体式和模块式，或者按功能不同分为低档、中档和高档。但在工程实际中比较常见的是按 I/O 点数的多少分类，分为小型、中型、大型。PLC 分类如表 2.2.1 所示。

表 2.2.1　PLC 分类

PLC	I/O 点数	CPU 数	用　途	主要品牌型号
小型	<256 点	单 CPU	多用于单机控制或小型系统的控制	西门子的 S7 200、S7 200 smart、S7-1200，三菱的 FX 系列，AB 的 MicroLogix 控制器，施耐德的 M100、M200 系列，欧姆龙的 CP、CQM1H、CJ1M 系列，和利时的 LM 系列
中型	≥256 点 <2 048 点	双 CPU	多用于设备直接控制，可对多个下一级 PLC 进行监控	西门子的 S7 300、S7 1500，三菱的 L 系列，AB 的 CompactLogix 控制器，施耐德的 M340、Premium 系列，欧姆龙的 C200H、CJ1、CS1 系列，和利时的 LE 系列
大型	≥2 048 点	多 CPU	多用于较复杂的算术运算，还可完成复杂的矩阵运算	西门子的 S7 400、S7 1500，三菱的 Q 系列，AB 的 ControlLogix 控制器，施耐德的 Quantumn 系列，欧姆龙的 CV 系列和 CS1D 系列，和利时的 LK 系列

2.2.2　模拟量输入模块

1. 模拟量输入模块性能

模拟量输入模块将现场的模拟量信号转换成 PLC 内部处理的数字信号。模拟信号可以是电压信号或电流信号。模拟量信号输入后一般经运算放大器放大后进行 A/D 转换，再经光电耦合后转换为 PLC 能识别的数字信号。模拟量输入模块的关键性能参数主要有分辨率、负载信号类型、量程范围。

以 S7-1200 模拟量输入模块为例，S7-1200 模拟量输入模块主要有 SM 1231 模拟量输入模块、SM 1231 热电偶和热电阻模拟量输入模块。S7-1200 模拟量输入模块性能如表 2.2.2 所示。

表 2.2.2　S7-1200 模拟量输入模块性能

模板型号	分辨率	负载信号类型	量程范围内部数值
CPU 集成模拟量输入	10 位	0～10 V	0～27 648
SM 1231 4 x 模拟量输入（12 位）	12 位+符号位	±10 V，±5 V，±2.5 V	−27 648～27 648
		0～20 mA，4～20 mA	0～27 648
SM 1231 4 x 模拟量输入（15 位）	15 位+符号位	±10 V，±5 V，±2.5 V，±1.25 V	−27 648～27 648
		0～20 mA，4～20 mA	0～27 648
SM 1231 8 x 模拟量输入	12 位+符号位	±10 V，±5 V，±2.5 V	−27 648～27 648
		0～20 mA，4～20 mA	0～27 648
SM 1231 1 x 模拟量输入（信号板）	11 位+符号位	±10 V，±5 V，±2.5 V	−27 648～27 648
		0～20 mA	0～27 648
SM 1231 AI 4 x 热电偶	15 位+符号位	J、K、T、E、R、S、B、N、C、TXK/XK (L)，电压范围为+/-80 mv	−27 648～27 648
SM 1231 AI 8 x 热电偶	15 位+符号位	J、K、T、E、R、S、B、N、C、TXK/XK (L)，电压范围为+/-80 mv	−27 648～27 648
SM 1231 AI 4 x 热电阻	15 位+符号位	铂（Pt）、铜（Cu）、镍（Ni）、LG-Ni 或电阻	0～27 648
SM 1231 AI 8 x 热电阻	15 位+符号位	铂（Pt）、铜（Cu）、镍（Ni）、LG-Ni 或电阻	0～27 648

2．模拟量模块接线方式

模拟量电流、电压信号根据模拟量仪表或设备的线缆数分为两线制、三线制、四线制三种类型，不同类型的信号其接线方式不同。模拟量连接电缆一般采用屏蔽电缆。

两线制指的是模拟量仪表或设备上信号线和电源线加起来只有两根线，仪表或设备的信号线和电源线共用。两线制接线方式如图 2.2.3 所示。

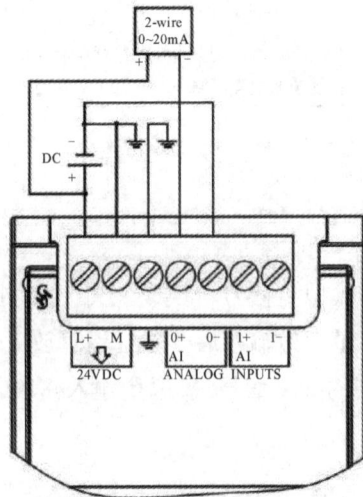

图 2.2.3　两线制接线方式

　　三线制是指模拟量仪表或设备上的信号线和电源线加起来有三根线，负信号线与供电电源负极线为公共线。三线制接线方式如图 2.2.4 所示。

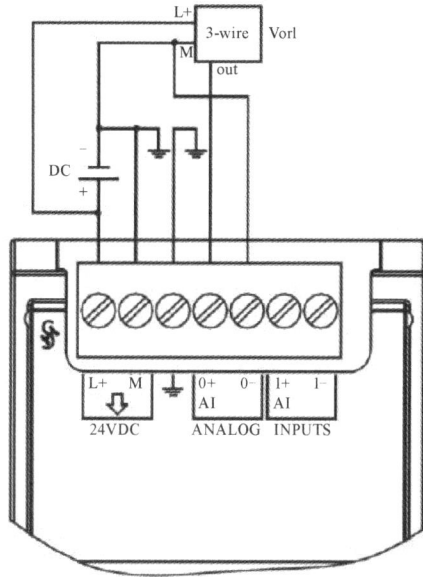

图 2.2.4　三线制接线方式

　　四线制指的是模拟量仪表或设备上信号线和电源线加起来有四根线，仪表或设备有单独的供电电源，除了两根电源线还有两根信号线。四线制接线方式如图 2.2.5 所示。

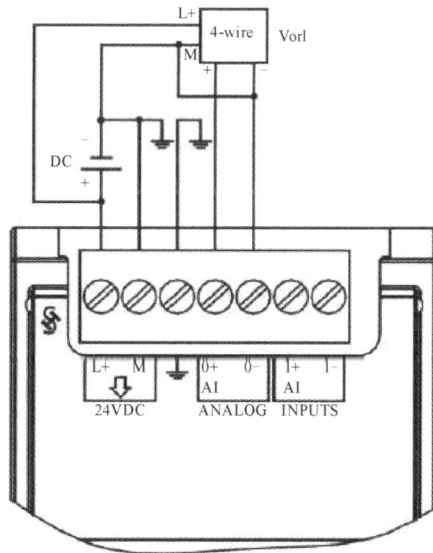

图 2.2.5　四线制接线方式

2.2.3 信号隔离器

工业生产中为增加仪表负载能力并保证连接同一信号的仪表之间互不干扰，提高电气安全性能，需要设置信号隔离器。信号隔离器将输入的电压、电流或频率、电阻等信号进行采集、放大、运算和抗干扰处理后，再输出隔离的电流和电压信号，将它们安全地送给二次仪表或 PLC\DCS 使用，以达到提高电气安全性能的目的。

信号隔离器的功能可以概括为以下几个方面：

（1）对下级的控制回路进行保护；

（2）降低环境噪声对测试电路造成的影响；

（3）统一仪表的输出信号。

比如某一个工业现场仪表输出信号有 0～20mA、4～20mA 两种，现在用 1215C DC/DC/DC 自身集成模拟量输入采集，但是 1215C DC/DC/DC 只能采集 0～10V 的信号。此时，就需要信号隔离器来统一仪表的输出信号，将它们统一转为 0～10V 的信号。例如，型号为 WS15241-11-A-D 的信号隔离器将输入 4～20mA 的信号转换为 0～10V 的信号。WS15241 一进一出接线图如图 2.2.6 所示。

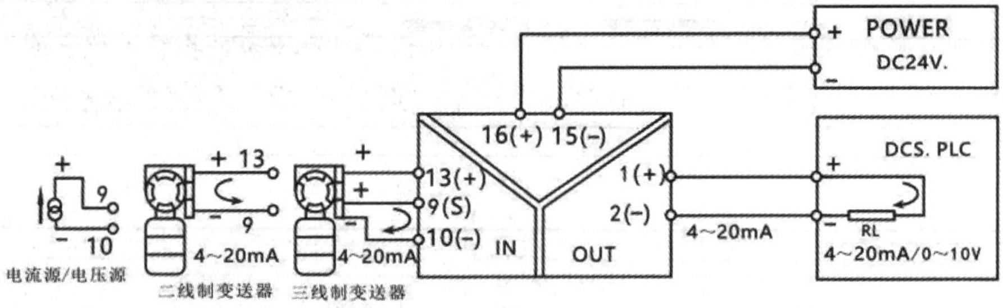

图 2.2.6 WS15241 一进一出接线图

（4）减少变频器、公共接地、电磁阀或不明脉冲对设备造成的干扰，并且能够对下级设备进行限压、限流，有效地保护了仪表、变送器、变频器、电磁阀、PLC/DCS 输入输出及通信接口等设备。

2.2.4 模拟量量程换算

模拟量量程转换

模拟量通用比例换算按照直线的两点式方程进行计算，公式如下：

$$\frac{y-y_1}{x-x_1}=\frac{y_2-y_1}{x_2-x_1}(x_2 \neq x_1,\ y_2 \neq y_1) \tag{2.2.1}$$

由式（2.2.1）得到式（2.2.2）

$$y = \frac{x - x_1}{x_2 - x_1} \cdot (y_2 - y_1) + y_1 \tag{2.2.2}$$

式中，y 表示实际工程值；x 表示模拟量 A/D 转换后的内部数值。

(x_1, y_1)，(x_2, y_2) 为两个不同实际工程值对应的内部数值。两点式方程直线图如图 2.2.7 所示。

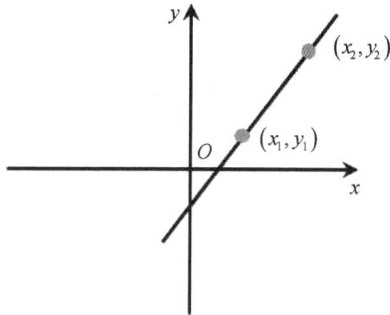

图 2.2.7　两点式方程直线图

令

$$X_{\text{out}} = \frac{x - x_1}{x_2 - x_1} \tag{2.2.3}$$

一般把式（2.2.3）称为标准化指令的计算公式。

将 X_{out} 带入式（2.2.2）得

$$y = X_{\text{out}} \cdot (y_2 - y_1) + y_1 \tag{2.2.4}$$

令

$$Y_{\text{out}} = X_{\text{out}} \cdot (y_2 - y_1) + y_1 \tag{2.2.5}$$

一般把式（2.2.5）称为缩放指令的计算公式。

2.2.5　模拟量量程换算指令

PLC 采集振动传感器参数时，使用博途指令列表"转换指令"中的"NORM_X"指令和"SCALE_X"指令来转换模拟量值。

1."NORM_X"指令

"NORM_X"指令主要完成式（2.2.3）（标准化指令的计算公式）的计算。

"NORM_X"指令如图 2.2.8 所示。

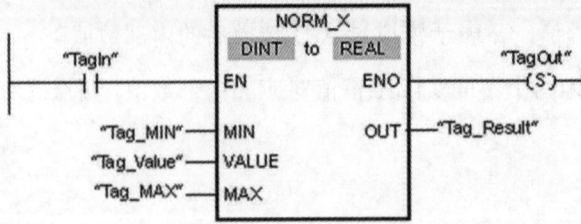

图 2.2.8 "NORM_X"指令

表 2.2.3 所示为"NORM_X"指令操作数值表。

表 2.2.3 "NORM_X"指令操作数值表

参 数	操作数	值
MIN	Tag_MIN	10
VALUE	Tag_Value	20
MAX	Tag_MAX	30
OUT	Tag_Result	0.5

如果操作数"TagIn"的信号状态为"1",则执行该指令。输入"Tag_Value"的值将映射到输入"Tag_MIN"至"Tag_MAX"的范围内。对输入"Tag_Value"的变量值进行标准化,结果以浮点数形式存储在输出"Tag_Result"中。如果成功执行了该指令,则使能输出 ENO 的信号状态为"1",同时置位输出"TagOut"。

2."SCALE_X"指令

"SCALE_X"指令主要完成式(2.2.5)(缩放指令的计算公式)的计算。

"SCALE_X"指令如图 2.2.9 所示。

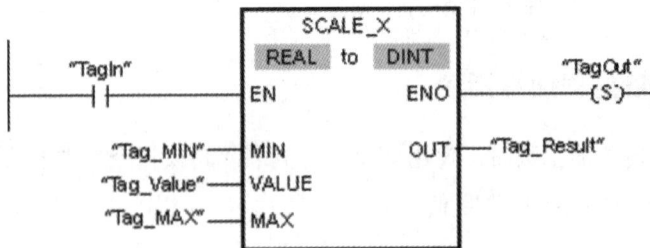

图 2.2.9 "SCALE_X"指令

表 2.2.4 所示为"SCALE_X"指令操作数值表。

表 2.2.4 "SCALE_X"指令操作数值表

参　数	操作数	值
MIN	Tag_MIN	10
VALUE	Tag_Value	0.5
MAX	Tag_MAX	30
OUT	Tag_Result	20

如果操作数"TagIn"的信号状态为"1"，则执行该指令。输入"Tag_Value"的值将缩放到输入"Tag_MIN"至"Tag_MAX"的范围内。结果存储在输出"Tag_Result"中。如果成功执行了该指令，则使能输出 ENO 的信号状态为"1"，同时置位输出"TagOut"。

"NORM_X"和"SCALE_X"指令中的参数含义如表 2.2.5 所示，模拟量输入模块量程范围内部数值如表 2.2.2 所示。

表 2.2.5 "NORM_X"和"SCALE_X"指令中的参数含义

参数名称	数据类型	参数含义
NORM_X_VALUE	Int、DInt、SInt、USInt、UInt、UDInt、Real、LReal	模拟量通道输入测量值
NORM_X_MIN	Int、DInt、SInt、USInt、UInt、UDInt、Real、LReal	测量值下限
NORM_X_MAX	Int、DInt、SInt、USInt、UInt、UDInt、Real、LReal	测量值上限
NORM_X_OUT	Real、LReal	测量值规格化
SCALE_X_MIN	Real、LReal	工程量下限
SCALE_X_MAX	Real、LReal	工程量上限
SCALE_X_OUT	Int、DInt、SInt、USInt、UInt、UDInt、Real、LReal	工程量值

设置 0～20mA 或 4～20mA 对应不同的量程范围和"NORM_X"指令测量值下限。电流信号对应的 NORM_X"指令测量值下限表如表 2.2.6 所示。

表 2.2.6 电流信号对应的"NORM_X"指令测量值下限表

实际电流输入	设置电流范围	量程范围	"NORM_X"指令测量值下限
0～20mA	0～20mA	0～27 648	0
4～20mA	0～20mA	5 530～27 648	5 530
	4～20mA	0～27 648	0

传感器最终模拟量的工程量值计算公式如下：

$$SCALE\_X\_OUT = [（NORM\_X\_VALUE - NORM\_X\_MIN）/（NORM\_X\_MAX - NORM\_X\_MIN）] \times (SCALE\_X\_MAX - SCALE\_X\_MIN) + SCALE\_X\_MIN \quad (2.2.6)$$

例如，振动传感器的量程为 0～25mm/s，根据表 2.2.2 可知 CPU 集成模拟量输入内部的数值为 0～27 648。电机振动参数采集程序如图 2.2.10 所示。

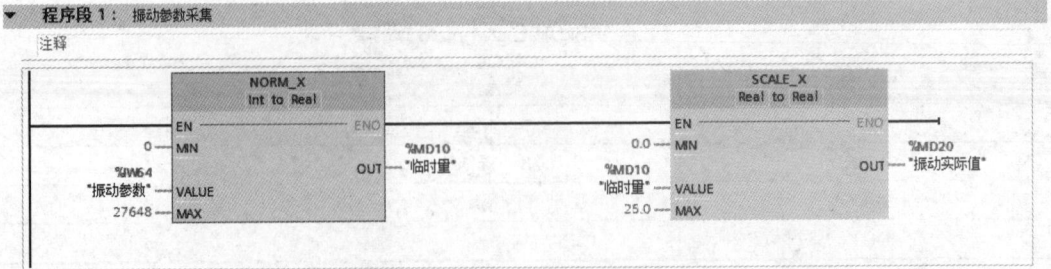

图 2.2.10 电机振动参数采集程序

2.2.6 电机运行振动参数采集实现

步骤 1：准备计算机 1 台、开关电源 DC24V 0.5A 1 个、振动传感器 VTV122 1 只、PLC（CPU 1215C DC/DC/DC）1 台、直流信号隔离器 WS15241-11-A-D 1 个、3mm 一字螺丝刀 1 把、RVVP2×0.5mm²、BV1×1 mm²。

步骤 2：参照图 2.2.11 所示的开关电源、PLC、信号隔离器、振动传感器之间的接线图接线。

PLC 模拟量的
采集编程

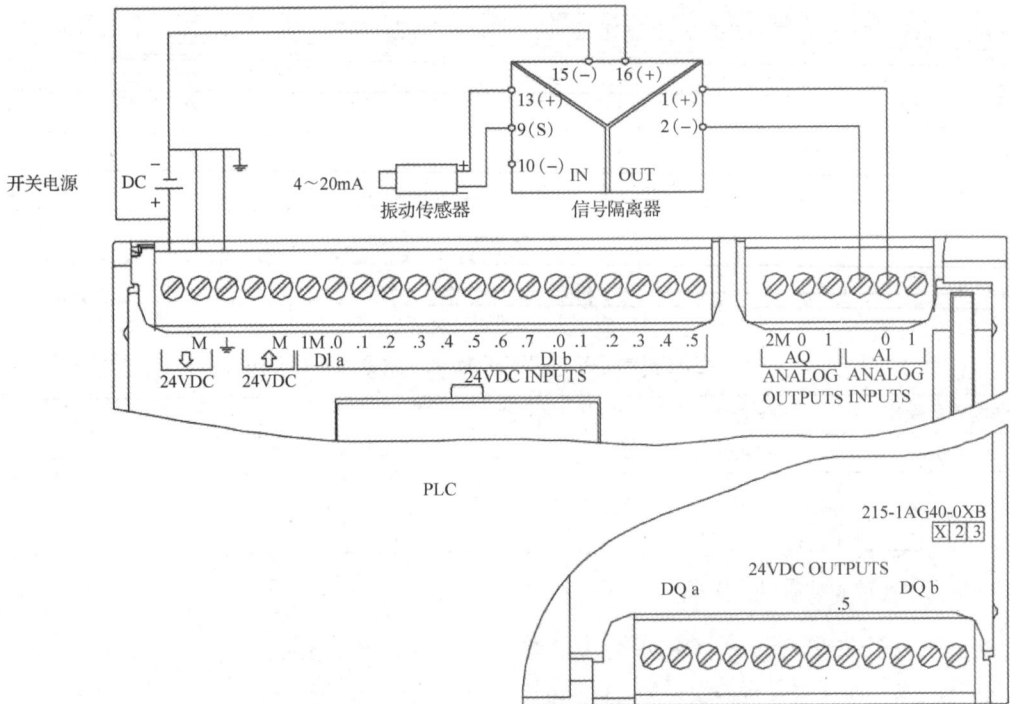

图 2.2.11 开关电源、PLC、信号隔离器、振动传感器之间的接线图

步骤 3：双击图标 打开博途软件，选择"创建新项目"（见图 2.2.12）。先将项目命名为"电机运行振动参数采集"，然后单击"创建"按钮。

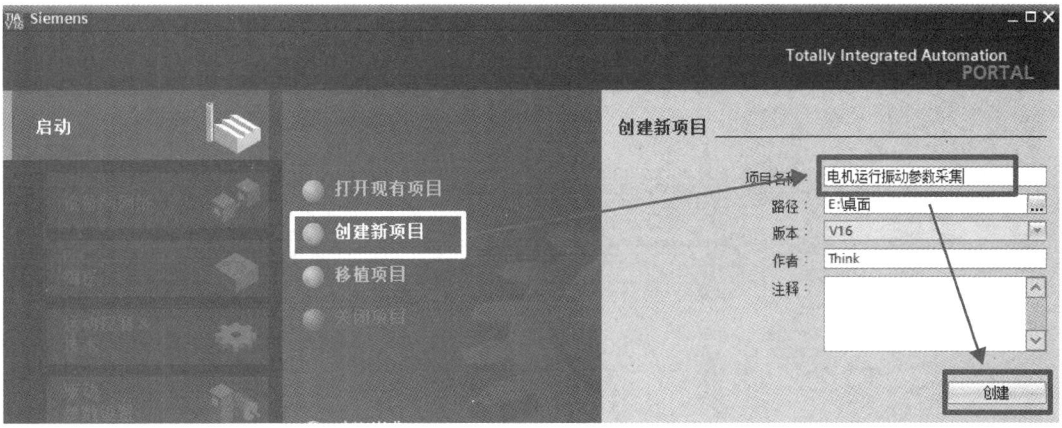

图 2.2.12　创建新项目

步骤 4：硬件组态，依次单击"新手上路"→"组态设备"（见图 2.2.13），再依次单击"添加新设备"→"控制器"→"SIMATIC S7-1200"→"CPU"→"CPU 1215C DC/DC/DC"→"6ES7 215-1AG40-0XB0"→"添加"（见图 2.2.14）。

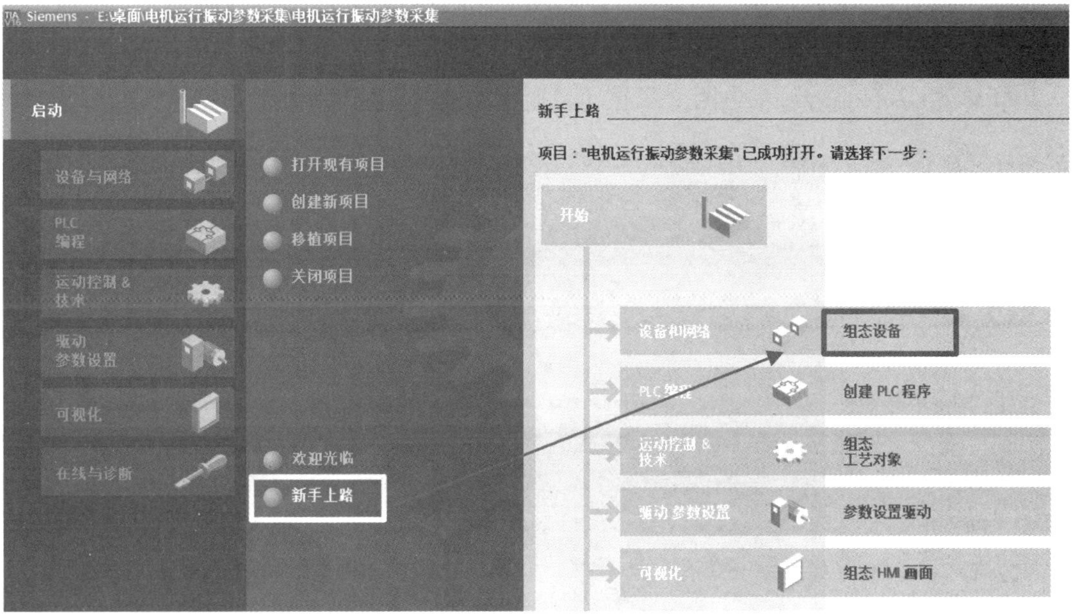

图 2.2.13　组态设备

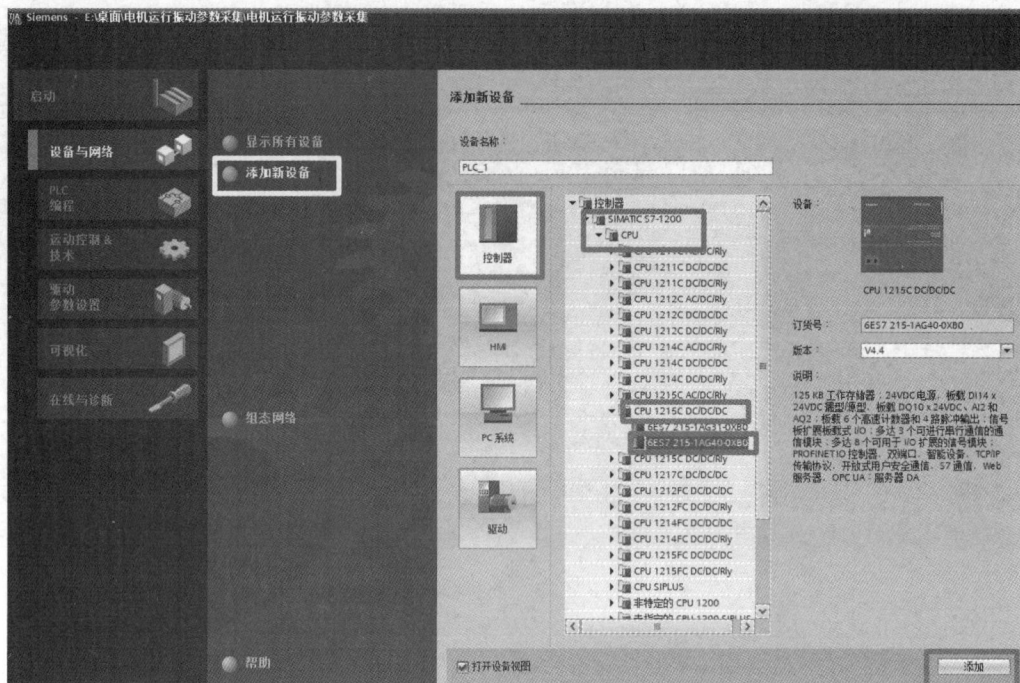

图 2.2.14　添加 PLC

步骤 5：电机运行振动参数采集编程，双击"Main[OB1]"，在"Main[OB1]"中编写电机运行振动参数采集程序，如图 2.2.10 所示。

步骤 6：在线监视，单击图标 就可以监视电机运行振动参数值（见图 2.2.15）。

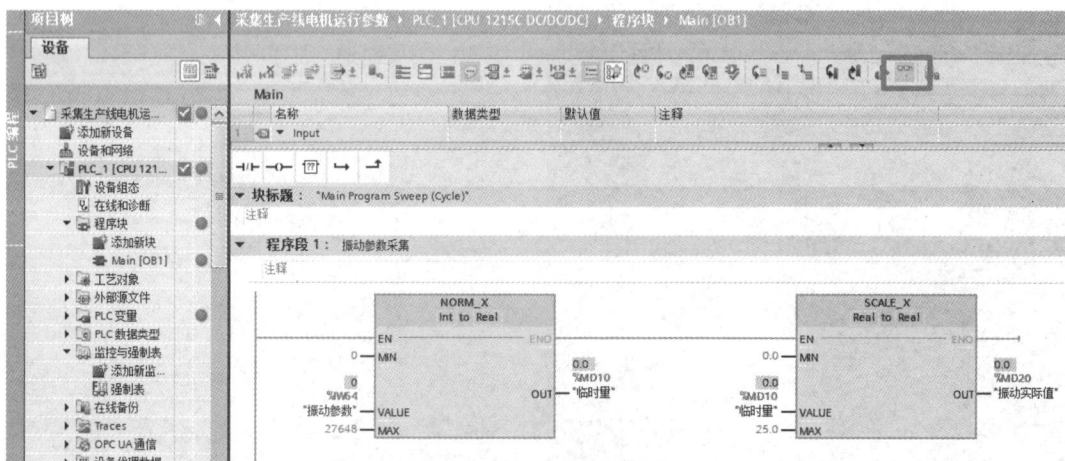

图 2.2.15　电机运行振动参数值在线监视图

【小提示】

在博途软件编程环境下选中 PLC 的扩展 I/O 模块后右击，在出现的菜单中选择"属性"，在"常规"选项卡的 I/O 地址中可对该模块的起始地址与结束地址进行设置。

【小思考】

振动传感器采用何种方式可以将 4～20mA 电流信号转换为电压信号给 PLC ？

拓展阅读

和利时自主可控 PLC 获得冶金行业科技创新成果国际先进水平评价

2021 年 12 月 27 日，北京和利时智能技术有限公司牵头组织的"基于工控安全的自主可控 PLC 开发及应用研究"项目顺利通过中国钢铁工业协会组织的科技成果评价（鉴定）委员会专家评审，专家评价该项目整体达到国际先进水平。

以王国栋院士为主任的评审专家组对项目进行了评价：

首次将国产 CPU 及操作系统应用于冶金行业 PLC 产品中，开发出基于龙芯处理器的 PCIe 背板高速总线技术；采用光纤同步技术，具备机架冗余、CPU 冗余、通信冗余、通道冗余智能切换功能，保证控制器故障切换时间小于 20ms。

自主开发跨平台逻辑组态软件，实现软件的研发、升级、维护的全程可控；支持 MIPS、X86 等多平台指令集；支持 LD、ST、CFC、SFC 四种组态语言；具有在线调试、仿真调试及程序检查功能；支持多种协议硬件配置组态；拥有完全自主的编译前后端，支持增量编译和增量下装。

基于自主开发轻量级可信计算 3.0 双体系架构，采用静态可信度量和动态度量技术、四元组动态度量技术、轻量级国密加解密技术，实现系统由内向外的主动防御功能。

【任务计划】

根据任务资讯及收集整理的资料填写任务计划单。

任务计划单

项　目	采集生产线电机运行数据（PLC）			
任　务	电机振动数据采集		学　时	6
计划方式	分组讨论、资料收集、技能学习等			
序　号	任　务		时　间	负责人
1				
2				
3				
4				

续表

5	完成输送电机振动数据采集的 PLC 程序		
6	调试 PLC 程序，任务成果展示		
小组分工			
计划评价			

【任务实施】

根据任务计划编制任务实施方案，并完成任务实施，填写任务实施工单。

任务实施工单

项　目	采集生产线电机运行数据（PLC）		
任　务	电机振动数据采集	学　时	
计划方式	分组讨论、合作实操		
序　号	实施情况		
1			
2			
3			
4			
5			
6			

【任务检查与评价】

完成任务实施后，进行任务检查与评价，可采用小组互评等方式，任务评价单如下。

任务评价单

项　目	采集生产线电机运行数据（PLC）			
任　务	电机振动数据采集			
考核方式	过程评价+结果考核			
说　明	主要评价学生在项目学习过程中的操作方式、理论知识、学习态度、课堂表现、学习能力、动手能力等			
评价内容与评价标准				
序　号	内　容	评价标准		成绩比例
		优	良	合格	
1	基本理论掌握	掌握 PLC 工作原理、模拟量输入模块、信号隔离器功能、模拟量量程换算公式、模拟量量程换算指令	熟悉 PLC 工作原理、模拟量输入模块、信号隔离器功能、模拟量量程换算公式、模拟量量程换算指令	了解 PLC 工作原理、模拟量输入模块、信号隔离器功能、模拟量量程换算公式、模拟量量程换算指令	30%

续表

2	实践操作技能	熟练完成开关电源、PLC、信号隔离器、振动传感器之间的接线；运用博途软件完成电机运行振动参数采集项目硬件组态和编写软件程序	较熟练完成开关电源、PLC、信号隔离器、振动传感器之间的接线；运用博途软件完成电机运行振动参数采集项目硬件组态和编写软件程序	完成开关电源、PLC、信号隔离器、振动传感器之间的接线；运用博途软件完成电机运行振动参数采集项目硬件组态和编写软件程序	30%
3	职业核心能力	具有良好的自主学习能力、分析和解决问题的能力	具有较好的自主学习能力、分析和解决问题的能力	能够主动学习并收集信息，具有分析和解决部分问题的能力	10%
4	工作作风与职业道德	具有严谨的科学态度和工匠精神，能够严格遵守"6S"管理制度	具有良好的科学态度和工匠精神，能够自觉遵守"6S"管理制度	具有较好的科学态度和工匠精神，能够遵守"6S"管理制度	10%
5	小组评价	具有良好的团队合作精神和沟通交流能力，热心帮助小组其他成员	具有较好的团队合作精神和沟通交流能力，能帮助小组其他成员	具有一定团队合作能力，能配合小组其他成员完成项目任务	10%
6	教师评价	包括以上所有内容	包括以上所有内容	包括以上所有内容	10%
合　计					100%

【任务练习】

1. 模拟量负载信号类型有哪些？

2. 采用博途软件编程实现电机运行振动参数采集。

任务 2.3　电机运行状态上传（OPC 通信）

【任务描述】

在装配生产线的运行过程中，上位系统软件要实时对输送电机运行参数进行监测，以了解输送电机的运行情况，需要用 PLC 将采集到的参数通过 OPC 通信上传给上位系统。

PLC OPC UA
数据传输设置

【任务单】

根据任务描述，实现电机运行状态上传（OPC 通信）。具体任务要求请参照下面的任务单。

任务单

项　目	采集生产线电机运行数据（PLC）	
任　务	电机运行状态上传（OPC 通信）	
任务要求		任务准备
1. 明确任务要求，组建小组，3～5 人一组。 2. 明确 PLC 实现 OPC 通信要完成的硬件组态设置和数据地址规划。 3. 明确 KEPServer 配置方法。 4. 完成电机运行状态上传（OPC 通信）的配置，并试验结果		1. 自主学习。 （1）OPC 通信协议。 （2）在博途软件中实现 OPC 通信的硬件组态设置的内容。 （3）KEPServerEX 安装方法和配置内容。 2. 设备工具。 （1）硬件：计算机。 （2）软件：办公软件、博途 V16、KEPServerEX
自我总结		拓展提高
		通过工作过程和工作总结，提高团队协作能力、程序设计和调试能力、技术迁移能力

【任务资讯】

2.3.1　OPC 通信协议

OPC（OLE for Process Control，用于过程控制的 OLE）是针对现场控制系统的一个工业接口标准，是工业控制和生产自动化领域中使用的硬件与软件的接口标准。OPC 基于微软的 OLE（现在的 Active X）、COM（部件对象模型）和 DCOM（分布式部件对象模型）技术，包括自动化应用中使用的一整套接口、属性和方法的标准集，用于过程控制和制造业自动化系统。其可以提供工业自动化系统中独立单元之间标准化的互联互通，顺应了自动化系统向开放化、互操作化、网络化、标准化方向发展的趋势。

OPC 在工业自动化领域应用的优点如下。

（1）OPC 解决了自动化设备的异构问题。自动化设备有了统一的 OPC 标准接口之后，程序开发人员只要编写一个 OPC 设备接口驱动程序，就可以很方便地通过 OPC 接口与自动化设备进行数据通信。

（2）OPC 解决了工业控制系统中异构网络之间的数据通信。由于多种原因，生产现场在一段较长的时间内会存在不同种类的自动化控制设备或系统，只要其能够提供各自的 OPC 服务器，应用程序就可通过 OPC 接口完成异构网络之间的数据通信。

（3）OPC 解决了访问专有数据库的中间件问题。在工程实际应用中，许多监控软件都采用自主开发的专有数据库，对这类数据库的访问只能通过调用该软件开发商提供的专用 API 函数或其他的方式才能访问不同监控软件的后台数据库。有了 OPC，软件供应商在提供后台数据库数据应用的同时也开放一个访问该数据库的 OPC 服务接口，在这种情况下用户只需编写 OPC 客户端应用程序就可以访问该监控软件的后台数据库。

（4）OPC 解决了来自现场监控系统和信息管理系统的不同数据集成的问题。企业的信息管理系统集成包括自动化设备与监控系统之间、监控系统与管理信息化系统之间及监控系统与互联网之间的数据信息集成等，这些都可以通过 OPC 作为中间连接件在各系统之间实现快速、可靠的数据信息传输和交换任务。例如，许多客户端应用程序都可以通过 OPC 接口与网络系统上的节点设备相互交换数据，可以应用在智能设备或监控系统、PLC 控制系统中获取数据的设备层，也可以应用在客户端应用程序中。OPC 客户/服务器访问关系如图 2.3.1 所示。

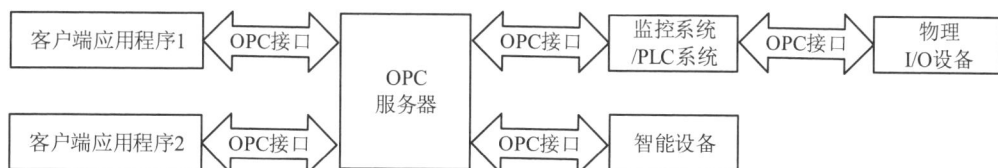

图 2.3.1　OPC 客户/服务器访问关系图

2.3.2　安装 KEPServerEX

1. KEPServerEX 概述

KEPServerEX 是一种功能强大、兼容性更强、通用性极高、支持工业现场多种不同设备的 OPC 服务器软件，它提供了 160 多种设备驱动程序，兼容 300 多种工业协议（如 Modbus RTU、TCP/IP Ethernet、S7 等），支持上千种常见厂家设备，并且提供了多种高级插件，可以有效地与成千上万台设备和数据源进行连接通信，并且通过一致性的服务器访问接口能够将工业运行数据通过 OPC UA 协议推送给 OPC UA 客户端，它具有工业级可靠性，具有可伸缩性，可根据实际需要安装相应的设备驱动程序，用户可以在配置过程中加入多种设备的接口驱动，能同时关联多种不同的底层设备，提高了数据采集效率，弥补了不同设备数据通信协议和格式不同所带来的开发难度大的缺点。

KEPServerEX 具有多重优势。

（1）通用性：该 OPC UA 服务器软件可以为不同厂家、不同型号和不同通信协议的设备提供相应的驱动程序。

（2）可靠性：高级标签功能支持设备和设备的标签之间进行映射、逻辑运算和数学函数运算，方便操作设备间通信和分析。

（3）系统安全性：KEPServerEX 可以控制用户访问服务器、数据源和数据值的权限，能够控制读/写的访问权限，支持配置安全数据通道。

（4）可用性：其提供了一个方便安装、配置、维护和支持的界面。

2．KEPServerEX OPC UA 服务器结构

KEPServerEX OPC UA 服务器由三个部分组成，分别为对象、驱动程序和 OPC UA 客户端。KEPServerEX OPC UA 服务器结构如图 2.3.2 所示。其中对象又由服务器对象、组对象和项对象组成，三者结构为服务器对象处于最外层，服务器对象内部有一个或多个组对象，组对象内部有一个或多个项对象，项对象又有值、质量和时间戳三个属性，其中值为实际设备数据；质量有 good 和 bad 两种状态，代表服务器与设备是否成功连接；时间戳为服务器从设备中采集数据的时间。驱动程序根据实际连接的设备厂家型号和通信协议决定。OPC UA 客户端可以依据 OPC UA 技术规范通过 KEPServerEX 提供的统一 OPC UA 接口对服务器中定义的设备地址标签进行操作。

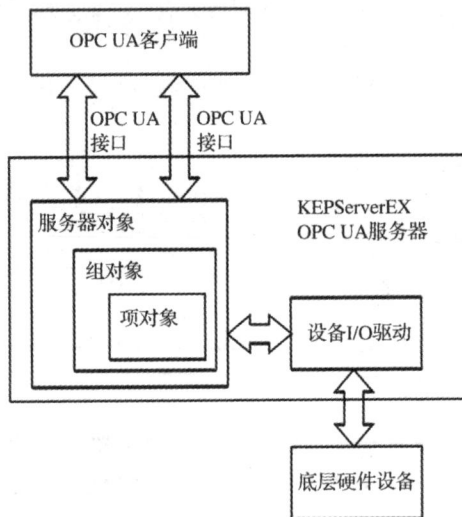

图 2.3.2　KEPServerEX OPC UA 服务器结构

3．安装 KEPServerEX 的步骤

这里以 KEPServerEX6 为例介绍 KEPServerEX 的安装过程。

该服务器软件对于操作系统和硬件有最低要求，必须满足这些要求才能使应用程序如期运行。

此服务器软件支持以下 Microsoft Windows 操作系统。

（1）Windows 10 x64/x86（专业版和企业版）。

（2）Windows 8.1 x64/x86（专业版和企业版）。

（3）Windows 8 x64/x86（专业版和企业版）。

（4）Windows 7 x64/x86 （专业版、旗舰版和企业版）。

（5）Windows Server 2016 x64 3。

（6）Windows Server 2012 x64 R2 3。

（7）Windows Server 2012 x64 3。

（8）Windows Server 2008 x64 R2 3。

当安装在 64 位操作系统中时，该服务器软件运行于 Windows 的子系统 WOW64
（Windows-On-Windows 64 位）中。所有 Windows 64 位版本均包含 WOW64，它在对用户
透明的操作系统中表现突出。WOW64 的最低需求如下。

（1）具有 1 GHz 频率的处理器。

（2）安装 1 GB 的 RAM（随机存储器）（遵从操作系统建议）。

（3）180 MB 的可用磁盘空间。

（4）以太网卡。

KEPServerEX 安装时首先单击"KEPServerEX6.exe"，再单击"下一步"按钮默认安装
到设置管理员账户的密码界面时，可以勾选"Skip setting a password at this time"复选框跳
过设置密码，也可以不勾选，选择设置密码。KEPServerEX 安装设置管理员账户的密码界
面如图 2.3.3 所示。继续单击"下一步"按钮直到安装完毕。

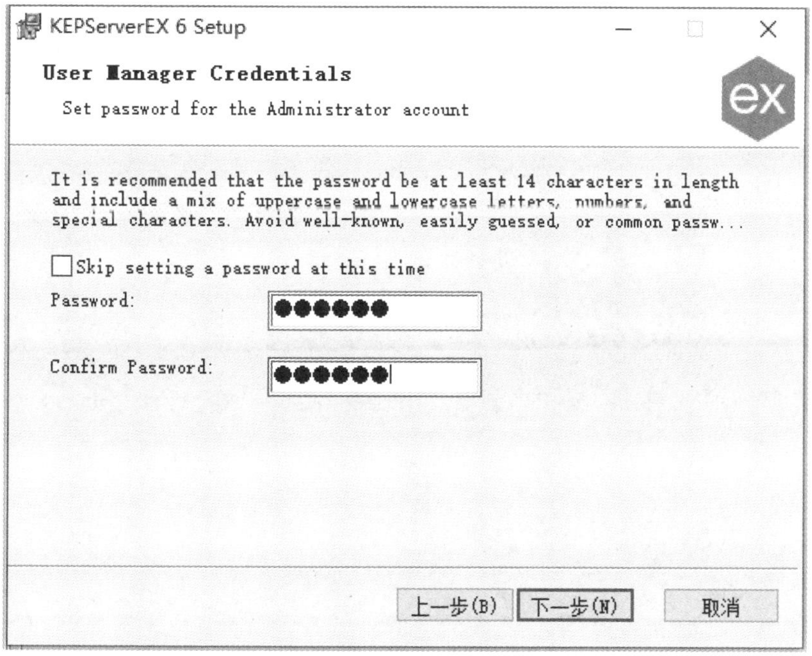

图 2.3.3　KEPServerEX 安装设置管理员账户的密码界面

2.3.3 通信硬件组态

在博途 V16 软件中创建新项目，输入项目名称为"S7-1200 和 KepServer 的 OPC 通信"。CPU 选择"CPU 1215C DC/DC/DC"，订货号选择"6ES7 215-1AG40-0XB0"。

CPU 的 IP 地址设置为 192.168.1.2。在 CPU 属性中依次选中"防护与安全"→"连接机制"，勾选"允许来自远程对象的 PUT/GET 通信访问"（见图 2.3.4）。

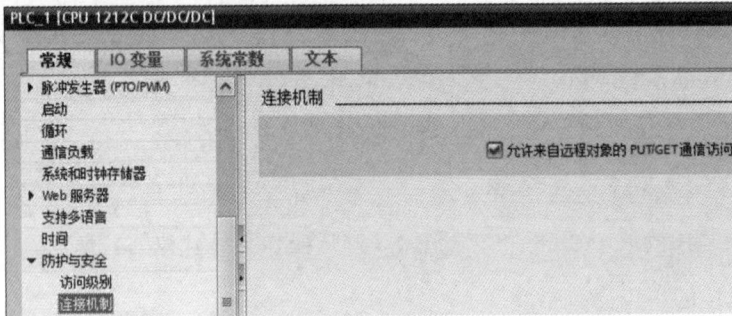

图 2.3.4　允许来自远程对象的 PUT/GET 通信访问

2.3.4 通信编程设计

1. 添加通信变量

这里只是演示利用 OPC 通信将 PLC 中的变量上传到 KEPServer，PLC 可不用编程，只需配置通信数据。新建两个全局 DB 数据块，命名为"Server_send"和"Server_rec"，取消勾选块属性中的"优化的块访问"（见图 2.3.5）。

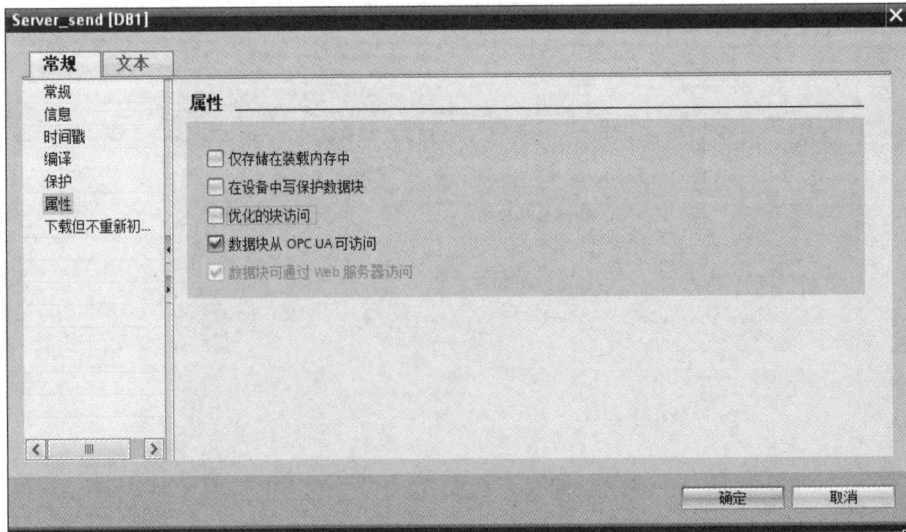

图 2.3.5　发送通信块 Server_send

在发送通信块 Server_send 中新建一个名为"send"的 Static 变量，数据类型设置为"Array[0..99] of Byte"（见图 2.3.6）。

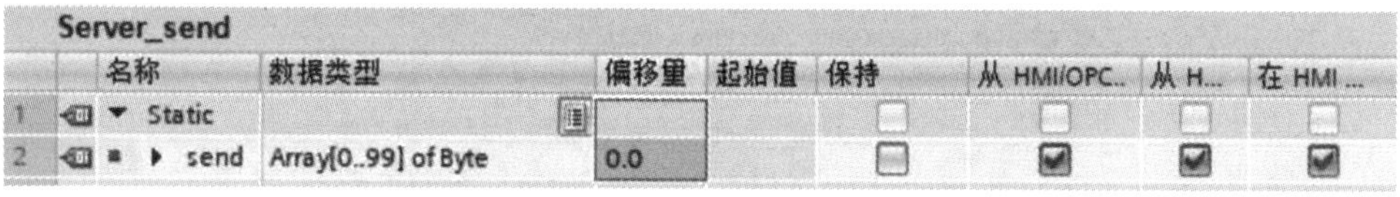

		名称	数据类型	偏移量	起始值	保持	从 HMI/OPC..	从 H...	在 HMI ...
1	◀□ ▼	Static				☐	☐	☐	☐
2	◀□ ■ ▶	send	Array[0..99] of Byte	0.0		☐	☑	☑	☑

Server_send

图 2.3.6　发送通信块 Server_send

在接收通信块 Server_rec 中新建一个名为"rec"的 Static 变量，数据类型设置为"Array[0..99] of Byte"（见图 2.3.7）。

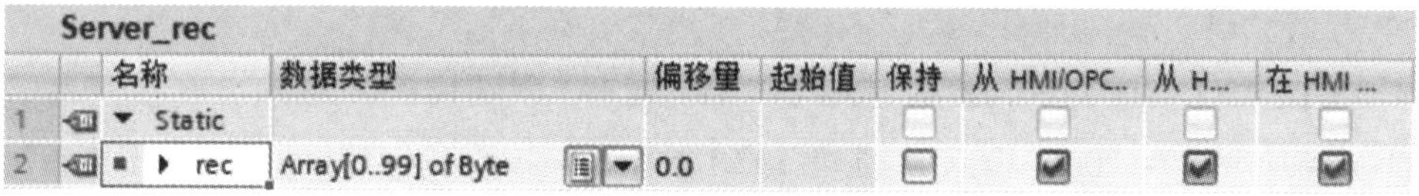

		名称	数据类型	偏移量	起始值	保持	从 HMI/OPC..	从 H...	在 HMI ...
1	◀□ ▼	Static				☐	☐	☐	☐
2	◀□ ■ ▶	rec	Array[0..99] of Byte	0.0		☐	☑	☑	☑

Server_rec

图 2.3.7　接收通信块 Server_rec

2．建立监控表

在 PLC_1 中创建新的监控表"OPC 监控表"（见图 2.3.8），在"OPC 监控表"中各自添加发送通信块 Server_send 和接收通信块 Server_rec 中的各 5 个变量。

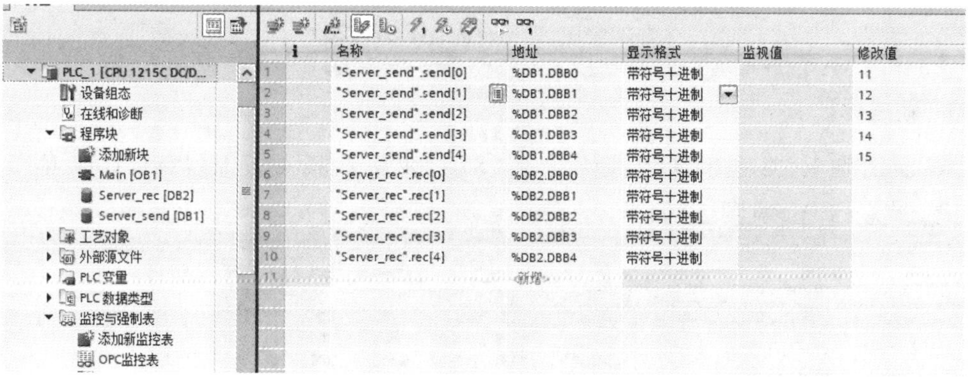

图 2.3.8　OPC 监控表

2.3.5　KEPServer 配置

1．创建通道

打开 KEPServerEX6，在"连接性"上右击之后选择"新建通道"，选择要创建的通道类型为"Siemens TCP/IP Ethernet"。该通道类型提供连接到 OPC 客户端应用程序的可靠方式，其中包括 HMI、SCADA、MES、ERP 和无数自定义应用程序，适用于西门子 S7-200、S7-300、S7-400、S7-1200 和 S7-1500PLC。

UaExpert 软件使用

通道名为"S7 1200 OPC 通信"。绑定装有 KEPServer 的计算机网络适配器（见图 2.3.9）。其 IP 地址要和 S7-1200 的 IP 地址在同一网段。以上操作完成后即完成通道创建。

图 2.3.9　绑定装有 KEPServer 的计算机网络适配器

2．新建设备

先在通道"S7 1200 OPC 通信"上右击，然后选择"新建设备"。输入设备名"S7-1200"，选择设备类型为"S7-1200"，输入 IP 地址 192.168.1.2，完成设备创建。新建设备选择 S7-1200 如图 2.3.10 所示。

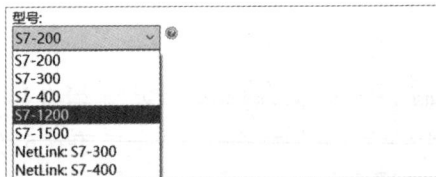

图 2.3.10　新建设备选择 S7-1200

3．新建标记

依次选择通道"S7 1200 OPC 通信"→"S7 1200"，在右侧空白区域右击，再单击"新建标记"建立标记（见图 2.3.11）。

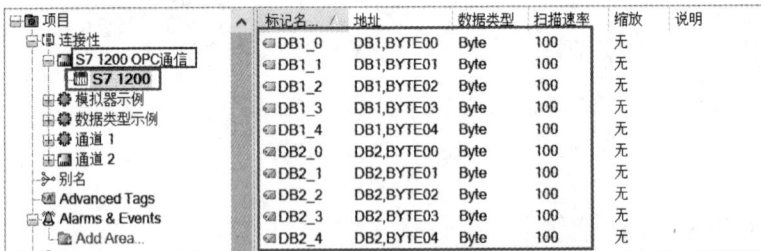

图 2.3.11　S7 1200 新建标记

2.3.6　通信程序调试

首先编译 PLC_1 的软件和硬件。选中 PLC_1，把程序下载到真实 PLC 中，并启动、转至在线，监视 OPC 监控表。

先在 OPC 监控表中右击，然后依次单击"修改"→"强制修改"，强制修改值，发送给 OPC。OPC 监控表 2 如图 2.3.12 所示。

图 2.3.12　OPC 监控表 2

在 KEPServer 中依次单击"运行时"→"连接"，再依次单击"工具"→"启动 OPC Quick Client"。在 OPC Quick Client 中右击"Synchronous Write…"，同步写入修改值（见图 2.3.13）。

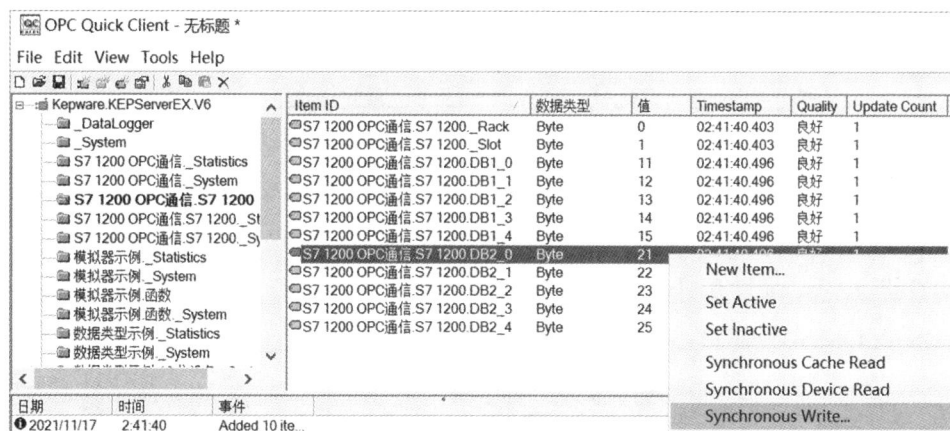

图 2.3.13　写入修改值

在 PLC_1 的 PLC OPC 监控表中可以查看发送和接收的 OPC 数据（见图 2.3.14）。在 OPC Quick Client 中也可看到发送和接收的 PLC 数据（见图 2.3.15）。

图 2.3.14　PLC OPC 监控表

Item ID		数据类型	值	Timestamp	Quality	Update Count
S7 1200 OPC通信.S7 1200._Rack		Byte	0	02:41:40.403	良好	1
S7 1200 OPC通信.S7 1200._Slot		Byte	1	02:41:40.403	良好	1
S7 1200 OPC通信.S7 1200.DB1_0		Byte	11	02:41:40.496	良好	1
S7 1200 OPC通信.S7 1200.DB1_1		Byte	12	02:41:40.496	良好	1
S7 1200 OPC通信.S7 1200.DB1_2		Byte	13	02:41:40.496	良好	1
S7 1200 OPC通信.S7 1200.DB1_3		Byte	14	02:41:40.496	良好	1
S7 1200 OPC通信.S7 1200.DB1_4		Byte	15	02:41:40.496	良好	1
S7 1200 OPC通信.S7 1200.DB2_0		Byte	31	02:52:24.311	良好	2
S7 1200 OPC通信.S7 1200.DB2_1		Byte	32	02:52:34.499	良好	2
S7 1200 OPC通信.S7 1200.DB2_2		Byte	33	02:52:38.508	良好	2
S7 1200 OPC通信.S7 1200.DB2_3		Byte	34	02:52:42.615	良好	2
S7 1200 OPC通信.S7 1200.DB2_4		Byte	35	02:52:46.526	良好	2

图 2.3.15　KEPServerEX 监控

【小提示】

在 KepServer 中的标记指的就是 OPC 变量，新建标记就是新建变量。

【小思考】

请查阅系统手册，确认 CPU 1215C DC/DC/DC 支持多少个信号模块用于 I/O 扩展？

🔍 拓展阅读

工业互联网总体网络架构国家标准正式发布

工业互联网是新一代信息通信技术与工业经济深度融合的新型基础设施，是工业智能化发展的关键性综合信息基础设施。研制相关标准是推动我国工业互联网发展的重要举措。2022 年 10 月，我国发布首个工业互联网网络领域的国家标准《工业互联网 总体网络架构》（GB/T 42021—2022），标志着我国工业互联网体系建设迈出了坚实的一步。

《工业互联网 总体网络架构》围绕工业互联网网络规划、设计、建设和升级改造展开，规范了工业互联网工厂内、工厂外网络架构的目标和功能要求，提出了工业互联网网络实施框架和安全要求，有助于加快构建高质量的工业互联网网络基础设施，有助于提升全行业全产业的数字化、网络化、智能化水平，对于加速产业数字化转型具有重要意义。

【任务计划】

根据任务资讯及收集整理的资料填写任务计划单。

任务计划单

项　目	采集装配生产线电机运行数据（PLC）		
任　务	电机运行状态上传（OPC 通信）	学　时	2
计划方式	分组讨论、收集资料、学习技能等		

续表

序　号	任　务	时　间	负责人
1			
2			
3			
4	完成电机运行状态上传（OPC 通信）		
5	调试程序，任务成果展示		
小组分工			
计划评价			

【任务实施】

根据任务计划编制任务实施方案，并完成任务实施，填写任务实施工单。

任务实施工单

项　目	采集装配生产线电机运行数据（PLC）		
任　务	电机运行状态上传（OPC 通信）	学　时	
计划方式	分组讨论、合作实操		
序　号	实施情况		
1			
2			
3			
4			
5			
6			

【任务检查与评价】

完成任务实施后，进行任务检查与评价，可采用小组互评等方式，任务评价单如下。

任务评价单

项　目	采集装配生产线电机运行数据（PLC）
任　务	电机运行状态上传（OPC 通信）
考核方式	过程评价+结果考核
说　明	主要评价学生在项目学习过程中的操作方式、理论知识、学习态度、课堂表现、学习能力、动手能力等

		评价内容与评价标准			
序 号	内 容	评价标准			成绩比例
		优	良	合 格	
1	基本理论掌握	掌握 OPC 通信协议,在博途软件中实现 OPC 通信的硬件组态设置的内容、KEPServerEX 安装方法和配置内容	熟悉 OPC 通信协议,在博途软件中实现 OPC 通信的硬件组态设置的内容、KEPServerEX 安装方法和配置内容	了解 OPC 通信协议,在博途软件中实现 OPC 通信的硬件组态设置的内容、KEPServerEX 安装方法和配置内容	30%
2	实践操作技能	熟练掌握 S7-1200 OPC UA 服务器的激活过程、S7-1200 OPC UA 服务器接口设置、KEPServer 配置,熟练使用 OPC 通信将电机运行参数上传到 KEPServer	较熟练掌握 S7-1200 OPC UA 服务器的激活过程、S7-1200 OPC UA 服务器接口设置、KEPServer 配置,熟练使用 OPC 通信将电机运行参数上传到 KEPServer	基本掌握 S7-1200 OPC UA 服务器的激活过程、S7-1200 OPC UA 服务器接口设置、KEPServer 配置,熟练使用 OPC 通信将电机运行参数上传到 KEPServer	30%
3	职业核心能力	具有良好的自主学习能力、分析和解决问题的能力	具有较好的自主学习能力、分析和解决问题的能力	能够主动学习并收集信息,具有分析和解决部分问题的能力	10%
4	工作作风与职业道德	具有严谨的科学态度和工匠精神,能够严格遵守"6S"管理制度	具有良好的科学态度和工匠精神,能够自觉遵守"6S"管理制度	具有较好的科学态度和工匠精神,能够遵守"6S"管理制度	10%
5	小组评价	具有良好的团队合作精神和沟通交流能力,热心帮助小组其他成员	具有较好的团队合作精神和沟通交流能力,能帮助小组其他成员	具有一定的团队合作能力,能配合小组其他成员完成项目任务	10%
6	教师评价	包括以上所有内容	包括以上所有内容	包括以上所有内容	10%
合计					100%

【任务练习】

1．OPC 技术在工业自动化领域应用的优点有哪些?

2．KEPServerEX OPC UA 服务器的结构组成包括哪些?

【思维导图】

请完成本项目思维导图。

【创新思考】

查询 KEPServerEX 与制造生产管理系统（MES）对接有几种方式。

项目 3

采集生产线立体仓库管理数据（标识载体）

■ 引导案例

　　随着信息技术的快速发展，工业互联网标识解析体系建设也在不断提速，标识载体技术已经渗透到各个行业和领域。传统工业呈现出信息化、智能化特征，工业生产车间作业要求越来越高效和精准，凭借纯手工方式记录生产信息、追踪生产流程不但效率低下，而且容易出错，已经没办法满足智慧工业发展的刚性需求。为满足工业现场随时随地进行生产调度的需求，将标识载体应用到生产管理中，利用标识载体完成工业设备的信息采集、存储和传输，实现工业现场的数字化管理，保障各生产环节数据可查、可控、可溯源。本项目以采集生产线立体仓库管理数据为例，讲解如何使用标识载体完成立体仓库管理数据的采集，并介绍条码技术、RFID 在工业领域的应用。

任务 3.1　立体仓库管理数据采集（条码）

【任务描述】

生产线的生产物料统一存放在立体仓库中，为了满足生产线的日常运行要求，相关工作人员需要实时掌握立体仓库中的物料信息，采用条码技术对立体仓库中的物料进行日常管理。物料的入库和出库都需要使用扫描器扫描外包装上的条码信息，在工作过程中，扫描器通过 EIA-485 与串口服务器进行通信，串口服务器将 EIA-485 传来的信息转为网口信息与 PLC 进行 Socket 通信。请根据"立体仓库管理数据采集（条码）"任务单，使用条码技术搭建立体仓库管理数据采集系统，完成对立体仓库管理数据的采集。具体要求为：当扫描器扫描到条码信息时，HMI 画面可将扫描到的条码信息显示出来。

【任务单】

根据任务描述，需要利用条码技术完成立体仓库管理数据采集，在本次工作任务中，需要先了解条码技术的基本编码方法及其工作原理等基础知识，再对条码数据采集系统的构建过程进行分析，完成基于条码技术的数据采集系统构建。具体任务要求请参照下方的任务单。

任务单

项　　目	采集生产线立体仓库管理数据（标识载体）	
任　　务	立体仓库管理数据采集（条码）	
任务要求		任务准备
1. 完成任务分组，3～5 人一组。 2. 分析条码技术的通信方式。 3. 对照工作手册熟悉条码技术的工作原理。 4. 结合任务需要完成数据采集系统的搭建		1. 自主学习。 （1）熟悉条码技术的基础知识。 （2）了解条码的编码方式。 2. 设备工具。 （1）硬件：条码、扫描器、PLC（S7-1200）。 （2）软件：博途 V16

自我总结	拓展提高
	通过工作过程和工作总结，提高团队协作能力、程序设计和调试能力、技术迁移能力

【任务资讯】

3.1.1　初识条码技术

条码技术是一种集编码、印刷、识别、数据采集和处理于一身的自动识别技术，利用条码技术可以实现对立体仓库管理数据的采集和实时处理，它具有可靠性高、输入速度快、成本低等特点。条码技术主要包括条码的编码技术、条码标识符号的设计技术、快速识别技术和计算机管理技术。在生产线立体仓库管理过程中，主要利用条码技术对工业生产设备、工业生产物料的入库与出库数据进行录入和采集，从而完成对生产线设备和物料的管理。

1．条码的概念

条码又称条形码，是由一组按特定规则排列的条、空及其对应字符组成的表示一定信息的符号，被广泛应用在制造业、设备管理、商品流通等领域。"条"是指对光线反射率较低的部分，"空"是指对光线反射率较高的部分，条码中的条、空分别由深浅不同且满足一定光学对比度要求的两种颜色（通常为黑色、白色）表示。一般条为深色，空为浅色。这些条和空组成的数据可以表达一定的信息，可被特定的设备识读并将数据输入计算机。

2．条码技术的特点

条码技术之所以能够被广泛应用，与它的特点息息相关，条码技术的特点主要体现在以下几个方面。

（1）简单、易于制作、可印刷。条码标签易于制作，对印刷技术设备和材料没有特殊要求，被称为"可印刷的计算机语言"。

（2）信息采集速度快。普通计算机的键盘录入速度最快的是每分钟 200 个字符，而利用条码扫描录入信息的速度则是键盘录入的 20 倍。

（3）采集信息量大。利用条码扫描一次可以采集十几位字符的信息，而且可以通过选择不同码制的条码增加字符密度，使录入的信息量成倍增长。

（4）可靠性高。键盘录入数据，误码率约为三百分之一；利用光学字符识别技术，误码率约为万分之一；而采用条码扫描录入方式，误码率仅为百万分之一，首读率可达 98%甚至更高。

（5）设备结构简单、成本低。与其他自动化识别技术相比，条码符号识别设备的结构简单，操作容易，无须专门训练，所需费用较低。

（6）灵活、实用。条码符号作为一种识别手段可以单独使用，也可以和有关设备组成识别系统实现自动化识别，还可以和其他控制设备联合起来实现整个系统的自动化管理。同时，在没有自动化识别设备时，也可以实现手工键盘输入。

（7）自由度高。识别装置与条码标签相对位置的自由度要比 OCR（光学符号识别）大得多。条码通常只在一维方向上表达信息，而同一条码上所表示的信息完全相同并且连续，这样即使标签有部分缺损，识别装置仍可以从正常部分得到正确的信息。

3．条码识读原理

条码是利用条码的宽窄和反射率不同被识读的。由光源发出的光线经过光学系统照射到条码符号上面，反射的光信号在光电转换器上产生电信号，再经过滤波、整形，被译码器翻译为计算机可以直接接收的数字信号。条码技术原理图如图 3.1.1 所示。

图 3.1.1　条码技术原理图

3.1.2　条码数据采集系统分析

条码数据采集系统就是将条码技术应用到数据采集过程中，充分发挥出条码技术的优点，完成数据实时采集的系统。条码数据采集系统一般由数据源、条码识读器、计算机、应用软件和输出设备组成。条码数据采集系统的组成如图 3.1.2 所示。

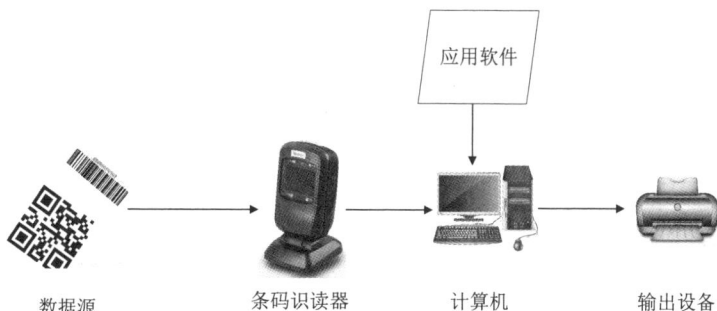

图 3.1.2　条码数据采集系统的组成

1. 数据源

数据源是用条码表示的客观事物的符号集合，是反映客观事物原始状态的依据，其准确性直接影响着系统处理的结果，如图书管理系统中的编号，商场管理中的货物代码，智能装备生产线上的设备代码等，在实际应用系统中，要结合系统实际，选择合适的码制。

2. 条码识读器

条码数据采集是通过条码识读器来采集条码符号所表示的信息，能够快速、准确地捕捉条码所表示的数据源，并将这一数据源发送给计算机处理的过程。随着条码识读设备的发展，正确识读条码的方法日趋科学和准确。常见的条码识读系统包括扫描系统、信号整形、译码三部分。条码识读系统构成如图 3.1.3 所示。

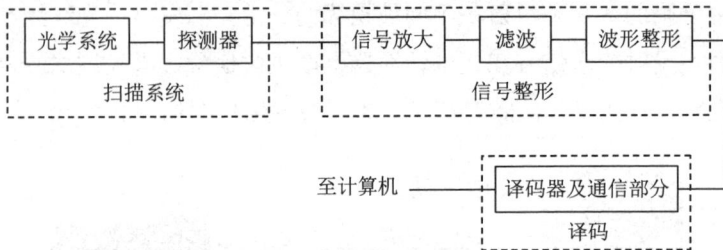

图 3.1.3　条码识读系统构成

（1）扫描系统由光学系统及探测器（光电转换器）组成，用来识读条码符号，将条码符号信息转变成能够输入译码器的电信号。

（2）信号整形部分由信号放大、滤波、波形整形三部分组成，用来对条码的光电扫描信号进行处理。

（3）译码部分则由译码器及通信部分组成，用于说明条码所表示的信息。

3. 计算机

计算机是条码应用系统中的数据存储与处理设备。由于计算机存储容量大、运算速度快，使许多烦冗的数据处理工作变得方便、迅速、及时。计算机用于管理，可以大幅度减轻劳动者的劳动强度，提高工作效率。

4. 应用软件

应用软件是以系统软件为基础，为解决各类实际问题而编制的各种程序，主要包括定义数据库、管理数据库、建立和维护数据库、数据通信等功能。

5. 输出设备

信息输出则是把经过计算机处理后得到的信息以文件、表格或图形方式输出，供数据管理者及时、准确地掌握这些信息，从而作出正确的决策。

3.1.3　条码数据采集系统方案设计

利用条码完成一
种汽车零部件的
标识解析过程

条码数据采集系统方案设计主要包含系统结构设计、网络连接设计、条码识读设备选型等。

1．系统结构设计

在对实际工业互联网工程项目进行系统总体架构设计时，需在遵循现有标准工业互联网技术框架及相关工业互联网系统参考体系结构的基础上充分考虑项目的自身特点。生产线立体仓库数据采集系统感知层设备为扫描器，通过 PLC、串口服务器、交换机、无线路由器等网络层设备采集立体仓库管理数据。条码数据采集系统结构图如图 3.1.4 所示。

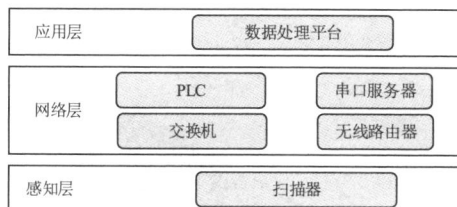

图 3.1.4　条码数据采集系统结构图

2．网络连接设计

在工业领域，传感器、电机、气动装置等不能直接接入互联网，一般需要通过构建控制系统、采集系统、监视系统、制造系统等，先利用工业相关通信协议实现互联互通，然后再通过计算机网络接入云端。这样就需要在工业现场先构建一个工业网络来完成设备的组装，再通过工业网关等通信设备经过计算机网络接入互联网。在工业控制网络中最常见的中心节点就是 PLC。在数据采集系统中，扫描器可以通过串口服务器将 RS-232 串口通信转换为网络通信，数据经 RJ45 网口由串口服务器直接接入 PLC。条码数据采集系统网络连接图如图 3.1.5 所示。

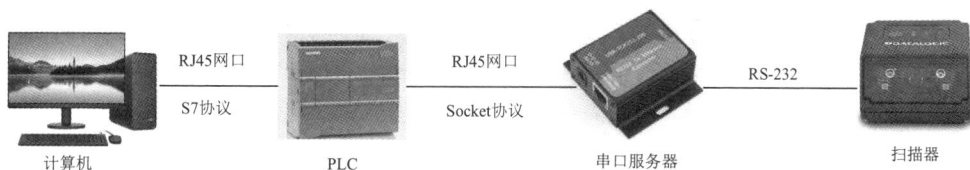

图 3.1.5　条码数据采集系统网络连接图

3. 条码识读设备选型

在采集工业数据时，应该结合现场需要，选择合适的条码识读设备，因此需要在先了解条码识读设备的类型及技术参数后，再进行选型。

1）条码识读设备类型

常见的条码识读设备有笔式扫描器、手持式扫描器、台式扫描器、卡槽式扫描器、便携式条码阅读器等。

（1）笔式扫描器。

笔式扫描器尖端包含一个光电二极管和一个光源，如图3.1.6所示，当光线落在条形码上时，黑条会吸收光线，空白部位反射光电二极管能够检测到的光。笔式扫描器具有成本低、耗电低、耐用等优点，适合数据采集，可读较长的条码符号，但是在使用过程中对条码有一定的破坏性。

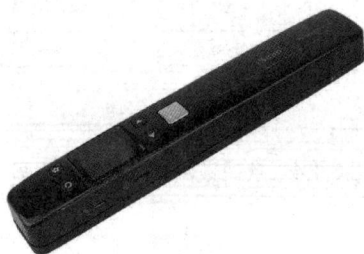

图 3.1.6　笔式扫描器

（2）手持式扫描器。

手持式扫描器是一种常见的条码识读设备，无须移动就能够自动扫描条码信息，在信息读取过程中条码符号缺损对扫描器识读影响比较小，对于弯曲面30度以内的条码也能正常读取，扫描速度为每秒30～100次。常见的手持式扫描器有手持式CCD（光电耦合）条码扫描器和手持式激光自动扫描器。

手持式CCD条码扫描器利用CCD原理，先对条码印刷图案进行成像，然后再译码，如图3.1.7所示，具有使用寿命长、价格便宜等优点。选择CCD扫描器时，最重要的两个参数是景深和分辨率。由于CCD的成像原理类似照相机，如果要加大景深，则相应地要加大透镜，从而导致CCD体积过大，不便操作。优秀的CCD应无须紧贴条码即可识读，而且体积适中，操作舒适。如果要提高CCD分辨率，必须增加成像处光敏元件的单位元素。低价手持式CCD条码扫描器一般是5像素（Pixel），识读商品用条码（EAN）、通用产品代码（UPC）等已足够，对于别的码制识读就会困难一些。中档手持式CCD条码扫描器以1 024像素为多，有些甚至达到2 048像素，能分辨最窄单位元素为0.1mm的条码。

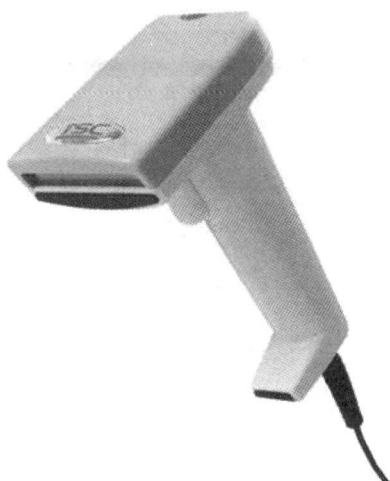

图 3.1.7　手持式 CCD 条码扫描器

手持式激光自动扫描器是利用激光二极管作为光源的单线式扫描器，如图 3.1.8 所示。转镜式激光自动扫描器采用高速马达带动一个棱镜组旋转，使二极管发出的单点激光变成一线。颤镜式激光自动扫描器的制作成本低于转镜式，但这种原理的激光自动扫描器不易提高扫描速度，一般为每秒 33 次。在选择激光扫描器时，最重要的是注意扫描速度和分辨率，而景深并不是关键因素。因为当景深加大时，分辨率会大大降低。优秀的手持式激光自动扫描器的扫描速度很高，并在固定景深范围内有很高的分辨率。

图 3.1.8　手持式激光自动扫描器

（3）台式扫描器。

台式扫描器是通过光学系统使激光二极管发出的激光折射成多条扫描线扫描的条码扫描器，如图 3.1.9 所示。其可减少收款人员录入条码数据时对准条码的动作，是一种全方位的扫描器，具有稳定、扫描速度快、读取距离范围大等优点，选择时应着重注意其扫描线花斑分布。

图 3.1.9　台式扫描器

（4）卡槽式扫描器。

卡槽式扫描器是一种使带有条码符号的卡片在卡槽中通过而实现读取的扫描器，如图 3.1.10 所示。卡槽式扫描器多采用手动扫描的方式，适合在厂矿、宾馆、会议考勤等场合应用。

图 3.1.10　卡槽式扫描器

2）条码识读设备的技术参数

（1）分辨率。

对于条码扫描器而言，分辨率是指成功扫描的最窄条码符号的宽度，单位是 mil（1mil=0.025 4mm）。通常扫描器的分辨率为 5mil、4mil、3mil，数字越小，分辨率越高，价格越贵。

（2）扫描景深。

扫描景深是指在正确扫描条码的情况下，扫描器允许离开条码标签表面的最远距离与扫描器可以接近条码标签表面的最近距离之差，也就是条码扫描器的有效工作范围。

（3）扫描宽度。

扫描宽度是指在给定扫描距离上扫描光束可以阅读的条码信息的物理长度值。

（4）扫描速度。

扫描速度是指在单位时间内扫描光束在扫描轨迹上的扫描频率。

（5）一次识别率。

一次识别率表示的是首次扫描成功的条码数与扫描条码总次数的比值。举例来说，如果每成功扫描一个条码的信息需要扫描两次，则一次识别率为 50%。

（6）误码率。

误码率是反映一个扫描器对条码错误识别情况极其重要的测试指标。误码率等于错误识别次数与识别总次数的比值。

3）条码识读设备选型要求

在实际选用过程中，不同场合对识读设备有着不同的要求，需要综合考虑，以达到最佳效果。在选择识读设备时，可以考虑以下几点。

（1）与条码符号相匹配。

条码识读设备用来对条码进行扫描，因此必须考虑识读设备与条码符号的匹配程度。例如，对于高密度的条码符号必须选择高分辨率的识读设备。

（2）首读率。

首读率是条码应用系统的一个综合指标，要提高首读率，除了提高条码符号的质量，还要考虑识读设备的扫描方式等因素。

（3）工作空间。

每个应用系统都有特定的应用空间，因此识读设备的工作距离及扫描景深有不同的要求。

（4）接口要求。

应用系统的开发，首先应该确定硬件系统环境，然后才涉及条码识读设备的选择问题，这就需要所选择的识读设备接口符合该系统的整体要求。

（5）性价比。

条码识读设备由于品牌和功能不同，价格往往也会存在很大的差别，因此在选择识读设备时，一定要注意产品的性价比，应本着满足应用系统的要求且价格较低的原则选用。

扫描设备的选择不能只考虑单一指标，而应根据实际情况全面考虑，结合生产线的特点，可以选择一些固定式的识读设备。

4. 条码的选型

如今，最常用的条码有一维条码和二维条码，如何在品类繁多的条码中选择最适合自己的产品或行业的条码呢？这就要明确各种条码的不同定义及特点。

1）一维条码

一维条码又称条形码，是由一组宽度不等的多个黑条和白条，按一定的编码规则所组成的标记，是用以表示一定信息的标识符。常见的条码是由反射率相差很大的黑条和白条排成的平行线图案。一个完整的一维条码组成内容为：静区（左侧空白区）、起始符、数据符、中间分隔符（主要用于 EAN 码）、校验符、终止符、静区（右侧空白区）、供人识读字符，如图 3.1.11 所示。

图 3.1.11　一维条码的构成

一维条码的编码方式是指条码中条与空的编码规则，以及二进制的逻辑表示设置。条码的编码方法就是要通过设计条码中条与空的排列组合来表示不同的二进制数据。一般来说，条码的编码方法有两种：模块组合法和宽度调节法。模块组合法是指条码符号中条与空是由标准宽度的模块组成的。一个标准宽度的条模块表示二进制的"1"，而一个标准宽度的空模块表示二进制的"0"。宽度调节法是以窄元素（条纹或间隔）表示逻辑值"0"，以宽元素（条纹或间隔）表示逻辑值"1"。宽元素通常是窄元素的2～3倍。

2）二维条码

二维条码简称二维码，是用某种特定的几何图形按照一定的规律分布在平面（二维方向）上组成的黑白相间的图形记录数据符号信息的一种条码技术。它是一种在水平和垂直方向都表示信息的高密度、高信息含量的数据文件。二维条码在代码编制上巧妙地利用构成计算机内部逻辑基础的"0""1"比特流的概念，使用若干个与二进制相对应的几何形体来表示文字与数值信息，通过图像输入设备或光电扫描设备自动识读，以实现信息自动处理。它具有条码技术的一些共性，包括每种码制有其特定的字符集，每个字符占有一定的宽度，以及具有一定的校验功能等，同时还具有对不同含义的信息自动识别的功能及处理图形旋转变化等特点。

3）一维条码与二维条码的区别

一维条码与二维条码的区别如表 3.1.1 所示。

表 3.1.1　一维条码与二维条码的区别

条码类型	项　目					
	信息密度与信息容量	错误校验及纠错能力	垂直方向是否携带信息	用　途	对数据库和通信网络的依赖	识读设备
一维条码	信息密度低，信息容量较小	可通过校验字符进行错误校验，没有纠错能力	不携带信息	对物品的标识	多数应用场合依赖数据库及通信网络	可用线扫描器识读，如光笔、线阵 CCD、激光自动扫描器等
二维条码	信息密度高，信息容量大	具有错误校验和纠错能力，可根据需求设置不同的纠错级别	携带信息	对物品的描述	可不依赖数据库及通信网络而单独应用	对于行排式二维条码可用线扫描器多次扫描识读；矩阵式二维条码仅能用图像扫描器识读

结合生产线的设备特点，在选择条码时，可以选择具有存储量大、保密性高、追踪性高、抗损性强、备援性大、成本低等特性的二维条码。

3.1.4　条码数据采集系统构建

在利用条码技术完成生产线立体仓库数据采集时，PLC 要与扫描器通信，需使用 PLC 与串口服务器进行 Socket 通信。Socket 通信是一种开放式通信方式，可以使用 PLC 的 TCON（建立连接）指令和 TRCV（接收数据）指令。因此使用条码技术完成生产线立体仓库数据采集的过程主要包含以下几个步骤。

搭建标识载体
最小系统

1. 启用 PLC 的时钟存储器

启用 PLC 的时钟存储器（见图 3.1.12），为 TCON 指令提供需要的方波信号。

2. 扫描器和 PLC 建立通信连接

在主程序中添加建立通信指令，在 REQ 端口写入时钟存储器地址 M0.0，为 REQ 端口提供频率为 10Hz 的方波信号（见图 3.1.13）。

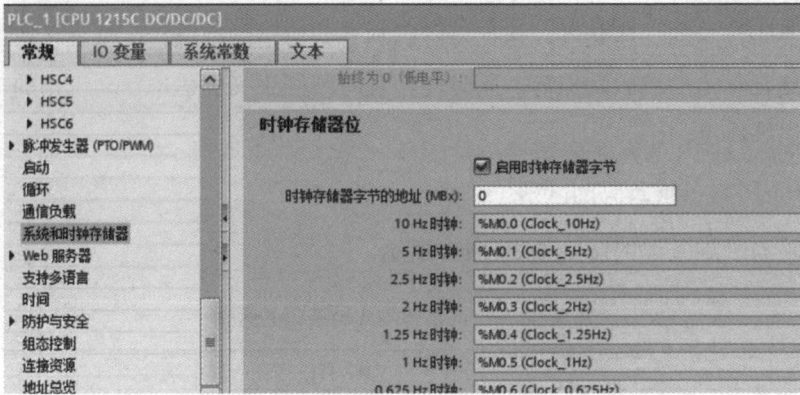

图 3.1.12　启用 PLC 的时钟存储器

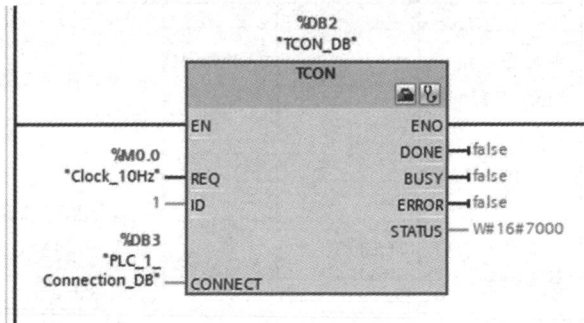

图 3.1.13　添加 TCON 指令

TCON 指令的各个参数定义如表 3.1.2 所示。

表 3.1.2　TCON 指令的各个参数定义

序　号	引　脚	含　义
1	REQ	上升沿触发，建立 ID 所指定的连接
2	ID	指向已分配连接的引用，取值范围为 W#16#0001 到 W#16#0FFF
3	CONNECT	指向连接描述结构的指针
4	DONE	状态参数，可具有以下值。 0：作业尚未启动或仍在执行。 1：作业已执行，且无任何错误
5	BUSY	状态参数，可具有以下值。 0：作业尚未启动或已完成。 1：作业尚未完成，无法启动新作业
6	ERROR	状态参数 ERROR。 0：无错误。 1：出现错误
7	STATUS	指令的状态

先右击指令块，然后依次单击"属性"→"组态"→"连接参数"。在打开的界面中，

"本地"为 PLC 的配置，包括"连接 ID"和"连接数据"（可新建）；"伙伴"为对应通信的设备信息，可设置地址。TCP 通信设备分为客户端及服务器端，在客户端的通信设备下方选择"主动建立连接"。设备作为客户端时端口号可不用设置，设备会自动进行分配，作为服务器端时其端口号必须进行设置。总体而言，服务器端两个必不可少的条件就是：地址及端口。可按图 3.1.14 所示的设置连接参数进行参数设置。

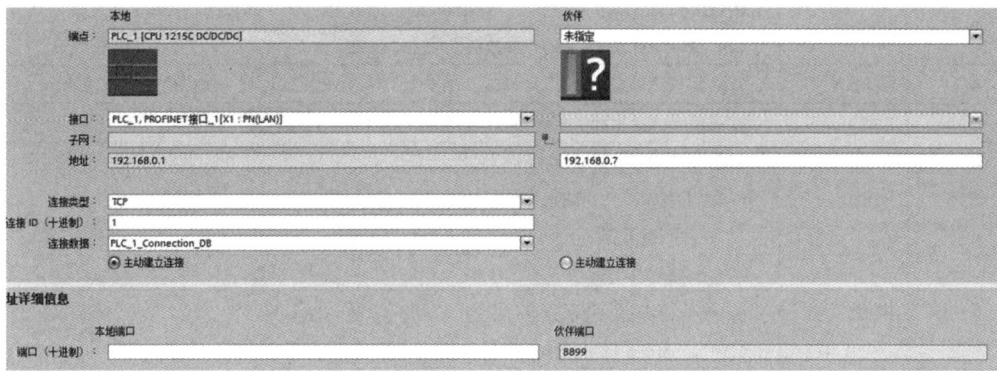

图 3.1.14　设置连接参数

新建一个数据块，用来存放采集到的相关参数（见图 3.1.15）。

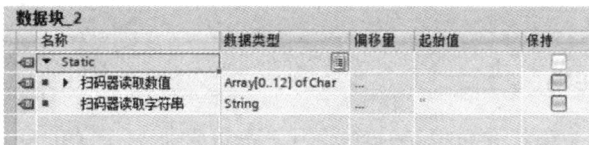

图 3.1.15　新建数据块①

添加接收数据指令块。按照图 3.1.16 所示的添加 TRCV 指令设置 TRCV 指令的 EN_R 端口和 ID 端口，将 EN_R 设置为"1"，让指令块一直处于激活状态，再把扫描器读取数值添加到 TRCV 的 DATA 端口，便可采集扫描到的条码数据。

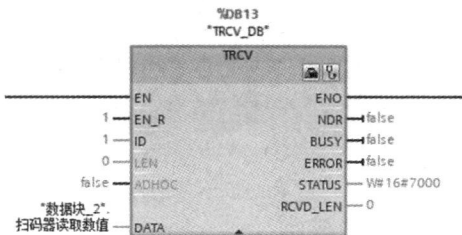

图 3.1.16　添加 TRCV 指令

---

① 图中的"扫码器"为正文中的"扫描器"，余同。

109

TRCV 指令的各个参数定义如表 3.1.3 所示。

表 3.1.3　TRCV 指令的各个参数定义

序号	引脚	含义
1	EN_R	启用接收功能
2	ID	指向使用"TCON"建立的连接的引用，取值范围为 W#16#0001 到 W#16#0FFF
3	LEN	接收区长度（以字节为单位）S7-1200 的最大值为 8 192。如果在 DATA 参数中使用具有优化访问权限的接收区，LEN 参数值必须为"0"
4	ADHOC	TCP 协议选项使用 Ad-hoc 模式。如果未使用 TCP 协议，则 ADHOC 的值须为 false
5	DATA	指向接收区的指针。传送结构时，发送端和接收端的结构必须相同
6	NDR	状态参数。 0：作业尚未启动，或仍在执行过程中。 1：接收到新数据
7	BUSY	状态参数。 0：作业尚未启动或已完成。 1：作业尚未完成，无法启动新作业
8	ERROR	状态参数。 0：无错误 1：出现错误
9	STATUS	指令的状态
10	RCVD_LEN	实际接收到的字节数

3. 数组转为字符串

扫描器读取数值采集到的数据是一个数组，可以添加一个 Chars_TO_Strg 指令，将接收缓存区的数组转换成字符串，按照图 3.1.17 所示的 Chars_To_Strg 指令格式设置 Chars_To_Strg 指令的各个引脚参数，将引脚 Chars 设置为待转换的数组的位置，将 pChars 引脚设置为 0，指从 0 位开始转换；将 Cnt 设置为 13，表示要转换的字符数是 12，而 Strg 设置为转换后字符串的位置。

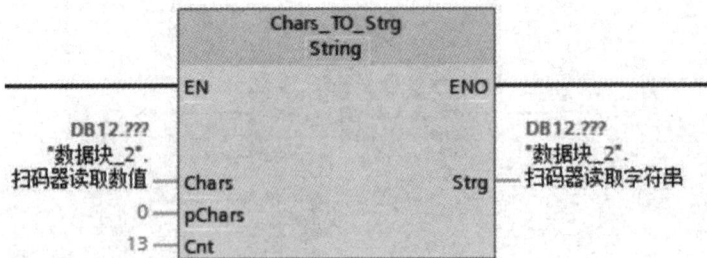

图 3.1.17　Chars_To_Str 指令

Chars_To_Strg 指令的各个参数定义如表 3.1.4 所示。

表 3.1.4　Chars_To_Strg 指令的各个参数定义

序　号	引　脚	含　义
1	Chars	复制操作的源，从 Array of (W)CHAR / BYTE / WORD 处开始复制字符
2	pChars	Array of (W)CHAR / BYTE / WORD 中的位置，从该位置处开始复制字符
3	Cnt	要复制的字符数。使用值"0"将复制所有字符
4	Strg	复制操作的目标。 (W)STRING 数据类型的字符串。遵守数据类型的最大长度。 STRING：254 个字符。 WSTRING：254 个字符（默认）/ 16 382 个字符（最大）。 使用 WSTRING 时，请注意必须使用方括号明确定义超过 254 个字符的长度

4．HMI 设置

在 HMI 里面添加文本框如图 3.1.18 所示。在 HMI 里面添加文本框可以显示采集到的数据，并进行后续处理。

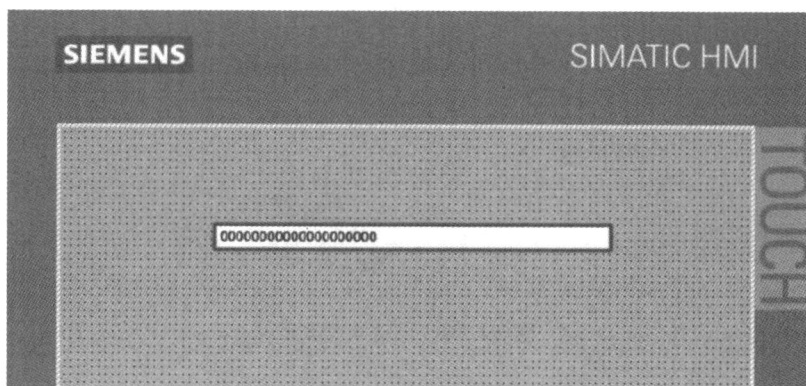

图 3.1.18　在 HMI 里面添加文本框

在属性里配置文本框的相关参数。HMI 参数配置如图 3.1.19 所示。

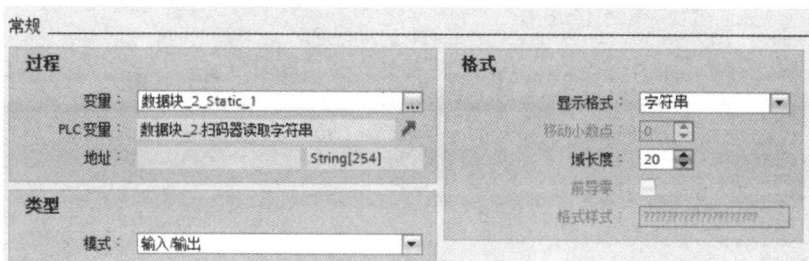

图 3.1.19　HMI 参数配置

5．调试

先下载扫描器程序到 PLC 和 HMI 显示屏中，然后启用 PLC 程序。启动监控程序如图 3.1.20 所示。

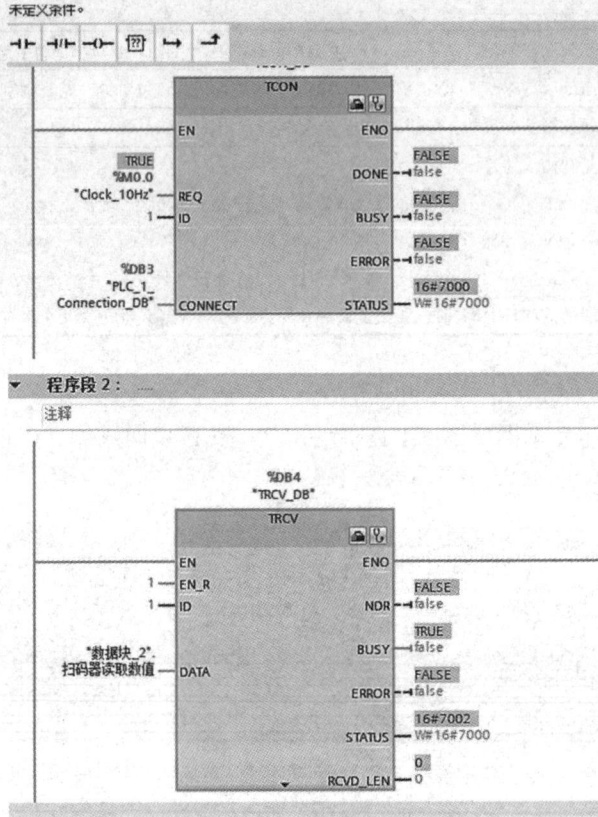

图 3.1.20　启动监控程序

当扫描器扫描到条码后，打开数据块的监视画面可以显示采集到的条码信息（见图 3.1.21），同时显示屏显示条码信息，如图 3.1.22 所示。

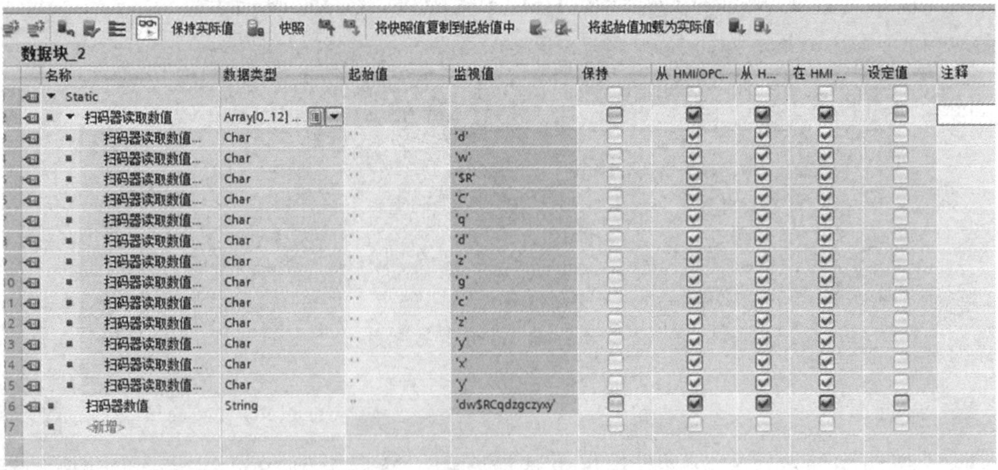

图 3.1.21　数据块中显示的条码信息

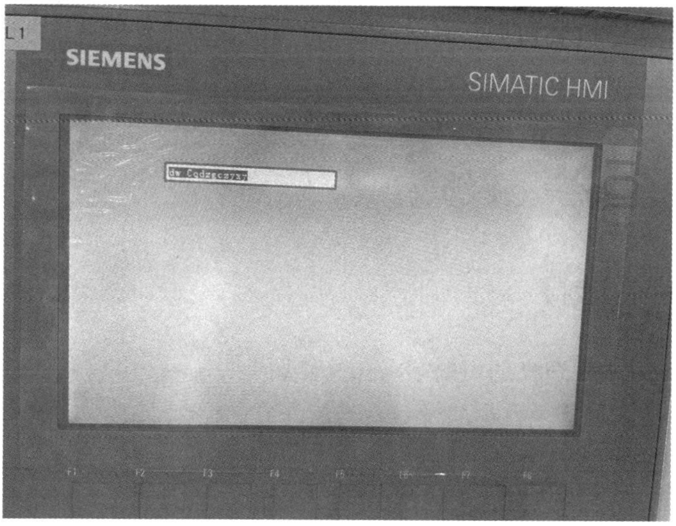

图 3.1.22　显示屏显示条码信息

🔍 拓展阅读

王越：中国"二维码之父"

　　一部智能手机，一个二维码，几乎能够覆盖衣食住行等所有场景。二维码作为连接现实与虚拟最得力的工具，正在山东济南布局创新大产业。走进位于济南高新区山东产业技术研究院 7 楼的"派盟智能支付产业研究院"，迎面而来的是各式各样的智能支付设备：饭店结账时常见的扣扫"小白盒"，菜市场里能听到收款报数的支付音箱，扫一扫秒开发票的设备，以及刷脸支付、无感支付设备等。在这里，山东派盟网络科技有限公司的研发团队正在紧张有序地工作。这家企业的掌门人就是在业内被称为中国"二维码之父"的王越。

　　随着越来越多的国家和地区开始打造无现金社会，以及国内的数字人民币快速升温，以二维码为底层技术的智能支付给整个行业带来了历史性变革。这将带来新的产业机遇和无限想象空间。王越的团队为印度供应了 50 万台支付音箱，还设想将日本遍布大街小巷的自动贩卖机改为扫码支付且支持汇率自动转换，并与国内的大型银行合作打造金融安全级别较高的智能支付模式，凭借支付场景积累的交易数据，为商户提供包括会员管理、用户画像与分析、目标消费群体推广等高附加值的精准营销解决方案，基于大数据打造一站式"支付+营销"平台。

【小提示】

　　在使用开放式通信时，指令需要通过绝对寻址读取和写入相应的数据，因此需要新建

113

的数据块应设置为非优化访问块，右击新建的数据块，在属性中取消勾选优化的访问块，同时需要对块进行编译，获取数据的绝对地址。

【小思考】

利用条码技术完成生产数据采集的局限性是什么？

【任务计划】

根据任务资讯及收集整理的资料填写任务计划单。

任务计划单

项　目	采集生产线立体仓库管理数据（标识载体）			
任　务	立体仓库管理数据采集（条码）		学　时	4
计划方式	分组讨论、资料收集、技能学习等			
序　号	任　务		时　间	负责人
1				
2				
3				
4				
5	编写数据采集程序			
6	调试程序，任务成果展示、汇报			
小组分工				
计划评价				

【任务实施】

根据任务计划编制任务实施方案，并完成任务实施，填写任务实施工单。

任务实施工单

项　目	采集生产线立体仓库管理数据（标识载体）	
任　务	立体仓库管理数据采集（条码）	学　时
计划方式	分组讨论、合作实操	
序　号	实施情况	
1		
2		
3		
4		
5		
6		

【任务检查与评价】

完成任务实施后，进行任务检查与评价，可采用小组互评等方式，具体任务评价单如下。

任务评价单

项　目	采集生产线立体仓库管理数据（标识载体）			
任　务	立体仓库管理数据采集（条码）			
考核方式	过程考核			
说　明	主要评价学生在项目学习过程中的操作方式、理论知识、学习态度、课堂表现、学习能力、动手能力等			
评价内容与评价标准				
序　号	内　容	评价标准		成绩比例
		优	良	合　格	

序号	内容	优	良	合格	成绩比例
1	基本理论掌握	掌握条码技术的基础知识、条码技术的工作原理、条码数据采集系统构建	熟悉条码技术的基础知识、条码技术的工作原理、条码数据采集系统构建	了解条码技术的基础知识、条码技术的工作原理、条码数据采集系统构建	30%
2	实践操作技能	熟练使用各种查询工具收集和查阅系统相关资料，快速、准确地分析系统功能，根据需要构建条码数据采集系统，利用条码技术完成立体仓库管理数据采集	能够较熟练使用各种查询工具收集和查阅系统相关资料，快速、准确地分析系统功能，根据需要构建条码数据采集系统，利用条码技术完成立体仓库管理数据采集	会使用各种查询工具收集和查阅系统相关资料，能分析系统功能需求并进行系统数据采集	30%
3	职业核心能力	具有良好的自主学习能力、分析和解决问题的能力	具有较好的自主学习能力、分析和解决问题的能力	能够主动学习并收集信息，具备一定的分析和解决问题的能力	10%
4	工作作风与职业道德	具有严谨的科学态度和工匠精神，能够严格遵守"6S"管理制度	具有良好的科学态度和工匠精神，能够自觉遵守"6S"管理制度	具有较好的科学态度和工匠精神，能够遵守"6S"管理制度	10%
5	小组评价	具有良好的团队合作精神和沟通交流能力，热心帮助小组其他成员	具有较好的团队合作精神和沟通交流能力，能帮助小组其他成员	具有一定的团队合作能力，能配合小组其他成员完成项目任务	10%
6	教师评价	包括以上所有内容	包括以上所有内容	包括以上所有内容	10%
合计					100%

【任务练习】

1. 请简述条码技术的工作原理。

2. 在 HMI 画面中实时显示生产线立体仓库管理数据采集需求，以及物料的入库和出库信息。

任务 3.2　立体仓库管理数据采集（RFID）

【任务描述】

生产线的生产物料统一存放在立体仓库中，为了满足生产线的日常运行要求，工作人员需要实时掌握立体仓库中的物料信息，采用 RFID 对立体仓库中的物料进行日常管理。物料的入库和出库都需要使用阅读器读取写入外包装电子标签上的信息，在工作过程中，RFID 阅读器与 PLC 采用 Modbus TCP 协议进行通信。请根据"立体仓库管理数据采集（RFID）"任务单，使用 RFID 搭建立体仓库管理数据采集系统，完成立体仓库管理数据的采集，具体要求为：可使用 PLC 给 RFID 电子标签写入信息和读取 RFID 电子标签载有的信息。

【任务单】

根据任务描述，需要利用 RFID 完成生产数据采集，在本次工作任务中，需要先了解 RFID 及其工作原理，完成基于 RFID 的数据采集系统构建。具体任务要求请参照下面的任务单。

任务单

项　目	采集生产线立体仓库管理数据（标识载体）	
任　务	立体仓库管理数据采集（RFID）	
任务要求		**任务准备**
1. 完成任务分组，3～5 人一组。 2. 分析 RFID 的工作原理。 3. 熟悉 RFID 的通信方式。 4. 结合任务需要完成数据采集系统的搭建		1. 自主学习。 （1）熟悉 RFID 的基础知识。 （2）RFID 的基本构成。 2. 设备工具。 （1）硬件：阅读器、电子标签、PLC（S7-1200）。 （2）软件：博途 V16
自我总结		**拓展提高**
		通过工作过程和工作总结，提高团队分工协作能力、收集资料能力和技术迁移能力

【任务资讯】

标识解析采集
终端介绍

3.2.1　初识 RFID

1．RFID 的概念

RFID 是一种基于无线射频技术的非接触式自动识别技术，它通过磁场或电磁场，利用无线射频方式进行非接触双向通信，以达到识别的目的并交换数据。

2．RFID 的特点

与其他自动识别技术相比，RFID 具有可非接触识别（识读距离范围较大）、可识别高速运动物体、抗恶劣环境、保密性强、可同时识别多个识别对象等突出特点，因此广泛应用于物料跟踪、车辆识别、生产过程控制等领域。可以将 RFID 的特点概括为以下几个方面。

（1）识别速度快。RFID 输入 12 位数据的时间只需 0.3～0.5 秒。

（2）体积小，形式多样。RFID 在数据读取上并不受尺寸大小与形状限制，不需要为读取精度而设置纸张的固定尺寸和印刷品质。

（3）抗污能力和耐久性强。RFID 对水、油和化学药品等物质有很强的抵抗性。此外，RFID 将数据存在芯片中，可以避免污染。

（4）RFID 可穿过布、皮、木等材料进行阅读。由于采用非接触式设计，所以不必直接接触电子标签，可以隔着非金属物体进行识别。

（5）可重复利用。RFID 标签可以重复地新增、修改和删除芯片内存储的数据，方便信息更新。

（6）无需接触，识别及阅读距离远。RFID 的传送距离由许多因素决定，如传送频率、天线设计等。

（7）安全性。RFID 承载的是数字信息，其数据内容可经由密码保护，不易被伪造和更改。近年来，RFID 因其所具备的远距离读取、高存储量等特性而备受关注。

3．RFID 数据采集系统的基本原理

RFID 数据采集系统的基本原理是电磁理论，利用无线电波对记录媒体进行读写。RFID 数据采集系统利用无线射频方式在阅读器和射频卡之间进行非接触双向数据传输，以达到目标识别和数据交换的目的。

RFID 数据采集系统识别装置发出微波查询信号时，安装在被识别物体上的电子标签将接收到的一部分微波的能量转换为直流电，供电子标签内部电路工作，而将剩余部分微波通过自己的微带天线反射回电子标签读出装置，由电子标签反射回的微波信号携带了电子标签内部储存的数据信息。反射回的微波信号经读出装置进行数据处理后，得到电子标签内存储的识别代码信息。RFID 数据采集系统的工作原理如图 3.2.1 所示。

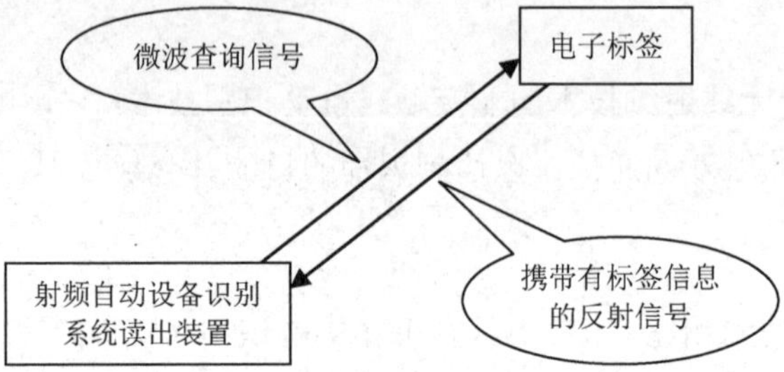

图 3.2.1　RFID 数据采集系统的工作原理

4．RFID 数据采集系统的分类

RFID 数据采集系统可以根据不同的方式进行分类，常见的方法有按系统的供电方式分类、按系统的频率分类、按系统的耦合方式分类、按系统完成的功能分类、按系统的工作方式分类、按电子标签的数据量分类、按信息的读取手段分类等。

5．RFID 的应用

利用 RFID 的产品种类十分丰富，现阶段 RFID 已被广泛应用在工业、物流和零售等领域，主要有以下几个领域。

（1）制造领域，主要用于生产数据的实时监控、指令追踪和自动化生产等。

（2）零售领域，主要用于商品销售数据的实时统计、补货和防盗等。

（3）物流领域，主要用于物流过程中的货物追踪、信息自动采集、仓储应用、港口应用和邮政快递等。

（4）医疗领域，主要用于医疗器械管理、病人身份识别和婴儿防盗等。

（5）身份识别领域，主要用于电子护照、身份证和学生证等各种电子证件。

（6）军事领域，主要用于军事用品管理、人员管理和车辆识别与追踪等。

（7）防伪安全领域，主要用于贵重物品防伪、票证防伪、汽车防盗和汽车定位等。

（8）交通领域，主要用于不停车缴费、出租车管理、公交车枢纽管理、铁路机车识别、航空交通管制和行李包裹追踪等。

（9）食品领域，主要用于水果、蔬菜生长和溯源等。

（10）动物领域，主要用于畜牧牲口、驯养动物和宠物识别管理等。

3.2.2　RFID 数据采集系统分析

RFID 数据采集系统主要由电子标签和阅读器组成，其实际上就是阅读器与电子标签之间用无线电频率进行通信的无线通信系统。RFID 数据采集系统组成如图 3.2.2 所示。

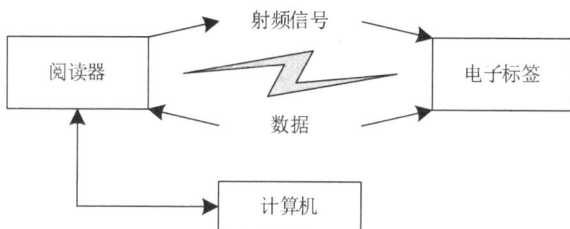

图 3.2.2　RFID 数据采集系统组成

1．电子标签

电子标签是携带物品信息的数据载体，又被称为射频标签、应答器或射频卡，是 RFID 数据采集系统重要的组成硬件。电子标签通常安装在被识别物体上，存储被识别对象的相关信息，可以通过阅读器对电子标签存储器上的信息进行非接触式的读写操作。

1）电子标签的分类

（1）按照标签能量获取的方式可将电子标签分为有源电子标签、无源电子标签、半无源电子标签。

（2）按照标签的工作频率可将电子标签分为低频电子标签、高频电子标签、超高频电子标签和微波电子标签。

（3）按标签的数据调制方式可将电子标签分为主动式电子标签、半主动式电子标签、被动式电子标签。

（4）按存储类型可将电子标签分为只读标签和读写标签。

（5）按标签的作用距离可将电子标签分为密耦合标签、近耦合标签、疏耦合标签、远距离标签。

（6）按封装形式可将电子标签分为卡片型电子标签、标签型电子标签、植入型电子标签、配件型电子标签。

电子标签品类繁多、形态各异、琳琅满目，应用场景也有所不同，应结合实际需要进行选择。

2）电子标签的组成

一般情况下，电子标签由芯片和天线组成（见图 3.2.3）。芯片用来存储物品的数据，天线用来收发无线电波。

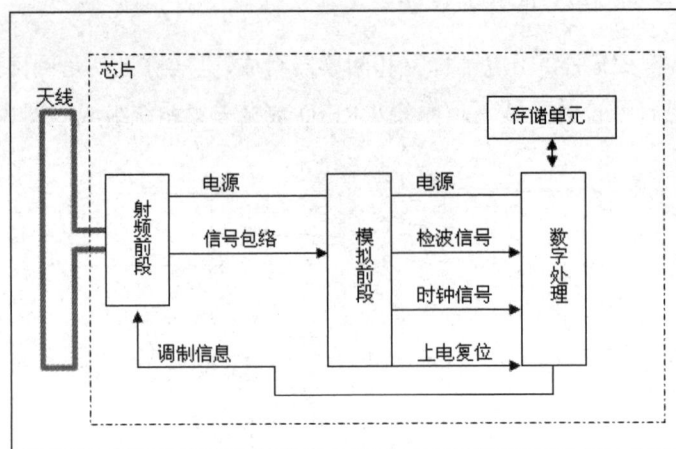

图 3.2.3　电子标签的组成

2. RFID 阅读器

RFID 阅读器又称读写器，是 RFID 数据采集系统中一个重要的组成部分，可以通过天线完成与电子标签之间的无线通信，实现对电子标签的识别及内存数据的读出或写入。

1）RFID 阅读器的分类

（1）RFID 阅读器按照工作频率可分为低频阅读器、高频阅读器、超高频阅读器和特高频阅读器。RFID 阅读器的工作频率越高，识别距离越远，数据传输速率越高，但这样信号衰减越厉害，对障碍物越敏感。

（2）在实际应用中，由于需要综合考虑 RFID 阅读器的成本、便携性等因素，所以 RFID 阅读器在外观结构上有很大不同，按外观结构可将 RFID 阅读器分为固定式阅读器、便携式阅读器及工业阅读器。

2）RFID 阅读器的组成

RFID 阅读器一般由天线、射频处理模块和逻辑控制模块组成（见图 3.2.4）。其中，天线主要用来发射电磁能量以激活电子标签，并向电子标签发出指令，同时也接收来自电子标签的信息。射频处理模块是 RFID 阅读器的射频前端，主要负责射频信号的发射和接收，是影响 RFID 阅读器成本的关键部位，主要包括发射器、接收器、时钟发生器、电压调节器等。逻辑控制模块作为 RFID 阅读器的控制中心，主要包括微控制器、应用接口驱动和存储单元等。

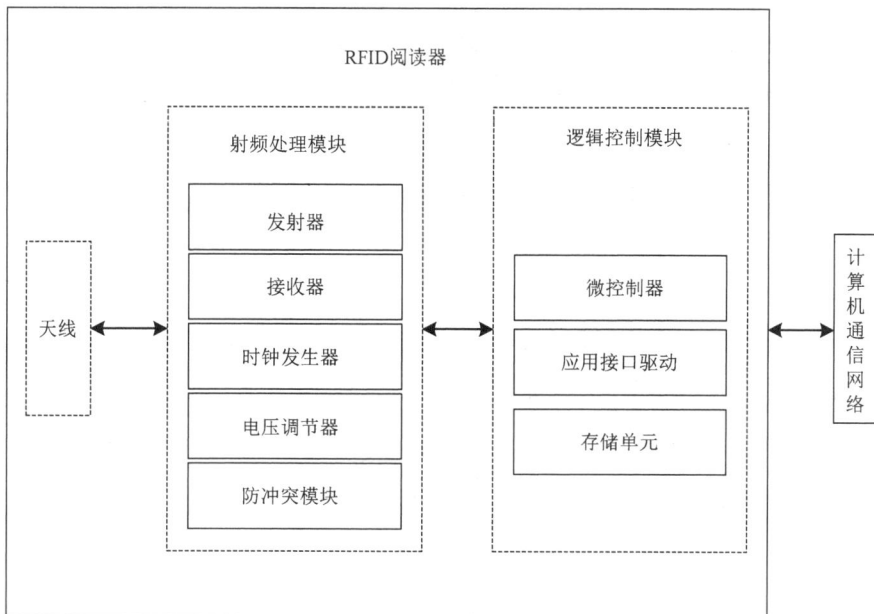

图 3.2.4　RFID 阅读器的组成

3.2.3　RFID 数据采集系统方案设计

与条码数据采集系统方案设计类似，RFID 数据采集系统方案设计主要包含 RFID 关键技术选择、系统结构设计、网络连接设计、RFID 天线、建立 RFID 数据采集系统通信模型等。

利用标识解析技术
实现一种汽车零部件
立体仓库入库和出库
虚拟仿真程序

1．RFID 关键技术选择

RFID 关键技术选择主要涉及标准的选择、频率的选择、运行环境与接口方式的选择及 RFID 器件的选择等。

1）标准的选择

一个完整的 RFID 数据采集系统要能够正常工作，必须要有电子标签和阅读器设备信号之间的通信协议、无线频率的选用、产品数据交换协议、软件系统编程架构、网络与安全规范等标准。RFID 数据采集系统的标准具体可归纳为电子产品编码类标准、通信类标准、频率类标准和应用类标准四大类。

2）频率的选择

频率的选择是 RFID 中的关键问题，直接影响到 RFID 的应用。在实际的 RFID 应用系统中，频率的选择既要适合实际应用需求，还要考虑各国对无线频段使用和发射功率的规定。当前 RFID 工作频率跨越多个频段，目前 RFID 使用的频率有六种，分别为 135kHz 以下、13.56MHz、433.92MHz、860～930MHz、2.45GHz、5.8GHz。根据频率的高低可以将

RFID 数据采集系统分为低频 RFID 数据采集系统、高频 RFID 数据采集系统、超高频 RFID 数据采集系统。

（1）低频 RFID 数据采集系统主要用在短距离、低成本的应用中，比如多数门禁控制、动物管理和防盗追踪等，此频段在世界上绝大多数国家处于开放状态，不涉及法规编制和执照申请问题，因此被广泛使用。

（2）高频 RFID 数据采集系统的代表性应用是证卡、非接触式 IC 卡。

（3）超高频 RFID 数据采集系统需要较长的读取距离，适用于高读写速度的场合，其天线波束方向较窄且价格较高，可大幅提升现阶段的应用层次，通信品质佳，适用于供应链管理，但有各国频率法规不一的问题，现有的使用者频率选择问题不可避免，否则跨区应用会出现管理盲点。

3）运行环境与接口方式的选择

RFID 的运行环境相对比较宽松，从应用软件系统的运行环境来看，可以在现有的任何系统上运行基于任何编程语言的任何软件。

RFID 接口方式主要是指阅读器和数据处理系统计算机的接口方式。RFID 数据采集系统的接口方式非常灵活，主要包括 RS-232、EIA-485、以太网、无线网络、Wiegand 等接口方式，不同的接口具有不同的应用范围和性能特征。

4）RFID 器件的选择

一个完整的 RFID 数据采集系统中的硬件应当包括 RFID 阅读器、电子标签等。考虑到数据读取、处理、传输等问题，在选择 RFID 器件时还应考虑天线的安装、读写距离远近等问题。

2. 系统结构设计

RFID 数据采集系统感知层设备为 RFID 阅读器、电子标签。该系统通过 PLC、串口服务器、交换机、无线路由器等网络层设备，采集立体仓库管理数据。RFID 数据采集系统结构图如图 3.2.5 所示。

图 3.2.5　RFID 数据采集系统结构图

3. 网络连接设计

在数据采集系统中，RFID 阅读器可以通过 RJ45 网口直接接入 PLC（见图 3.2.6）。

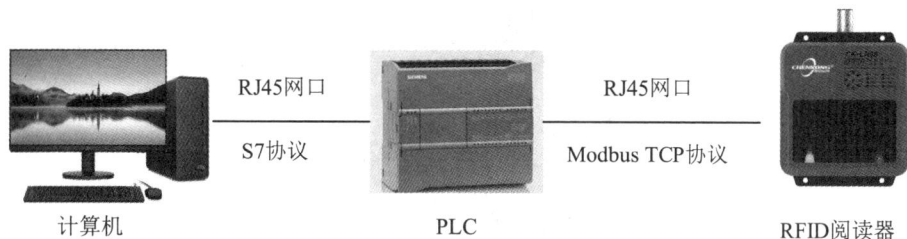

图 3.2.6　RFID 数据采集系统网络连接图

4. RFID 天线

在 RFID 数据采集系统中，天线分为电子标签天线和 RFID 阅读器天线两大类，分别用来接收能量和发射能量。目前，RFID 天线研究的重点是电子标签天线，电子标签天线决定了标签的尺寸，可以接收阅读器发射的射频信号，能够将芯片数据发送给阅读器。通常标签天线尺寸越小，天线辐射阻抗越小，标签工作距离越短，工作效率越低。天线性能包括方向特性、天线效率、天线增益等。根据工作原理不同，可以将标签天线分为线圈型、微带贴片型、偶极子型三类。

1）线圈型

线圈型天线通过并联的电容进行充电，为标签芯片提供能量，利用电感耦合工作。与变压器原理类似，RFID 阅读器天线相当于变压器初级线圈，标签天线作为次级线圈，可在变化的磁场内产生电压。线圈型天线原理图如图 3.2.7 所示。

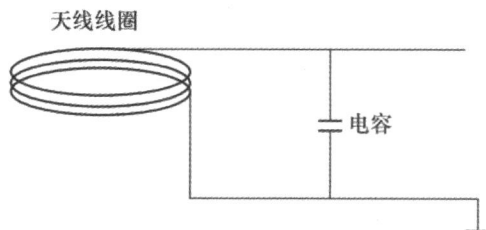

图 3.2.7　线圈型天线原理图

线圈型天线工艺简单、成本低，工作距离在一米以内，在近距离 RFID 数据采集系统中被广泛使用。

2）微带贴片型

微带贴片型天线是在带有导体接地板的介质基础上贴加导体薄片而形成的天线（见

123

图 3.2.8），具有质量轻、体积小、成本低、易于大量生产等优点，工作距离在一米以上，适用于通信方向不变的场景。

图 3.2.8　微带贴片型天线

3）偶极子型

偶极子型天线是由两根长度、粗细程度相同的直导线排成一条直线构成的天线，典型的有半波偶极子天线、双线折叠偶极子天线、三线折叠偶极子天线和双偶极子天线，如图 3.2.9 所示，适用于超高频标签。偶极子天线属于全向天线。

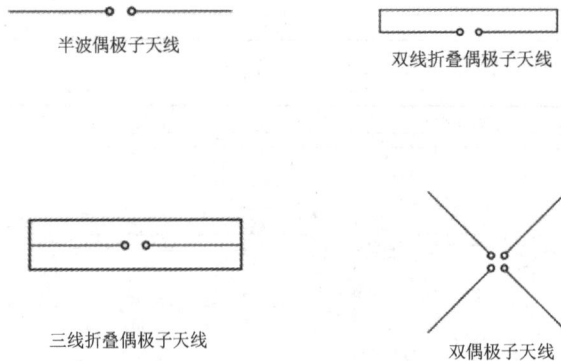

半波偶极子天线　　　　　　双线折叠偶极子天线

三线折叠偶极子天线　　　　　双偶极子天线

图 3.2.9　偶极子型天线

5．建立 RFID 数据采集系统通信模型

RFID 数据采集系统常采用数字信号，数字信号具有信号完整、安全、便于存储、处理和交换等特点。RFID 数据采集系统最终要完成的功能是对数据的获取，这种在系统内的数据交换有两个方面的内容：RFID 阅读器向 RFID 电子标签方向的数据传输和 RFID 电子标签向 RFID 阅读器方向的数据传输。RFID 数据采集系统的基本通信模型如图 3.2.10 所示。

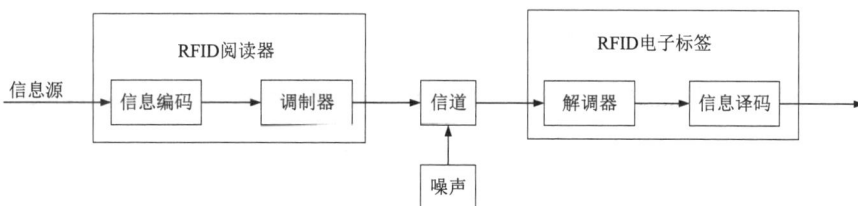

图 3.2.10　RFID 数据采集系统的基本通信模型

3.2.4　RFID 数据采集系统构建

下面我们以 CK-LR08-E00 为例来介绍基于 RFID 技术的数据采集系统的构建。

利用 RFID 完成一种家用电器的标识解析过程

1．CK-LR08-E00 介绍

CK-LR08-E00 是一款基于射频识别技术的低频 RFID 阅读器，其工作频率为 134kHz，支持对 FDX-B 等符合 ISO11784/85 国际标准协议格式标签的读取。同时支持标准工业通信协议 Modbus TCP 和自定义协议（Free Procotol），方便集成到 PLC 等控制系统中。读卡阅读器内部集成了射频部分的通信协议，只需通过以太网接口接收数据便能完成对标签的读取操作，而无须理解复杂的射频通信协议。

2．使用 RFID_Tool 对 RFID 阅读器进行配置

1）选择网卡

单击主页的"搜索"按钮弹出"搜索设备"对话框，"通信方式"选择"网络"，并结合实际选择正确的网卡（见图 3.2.11）。

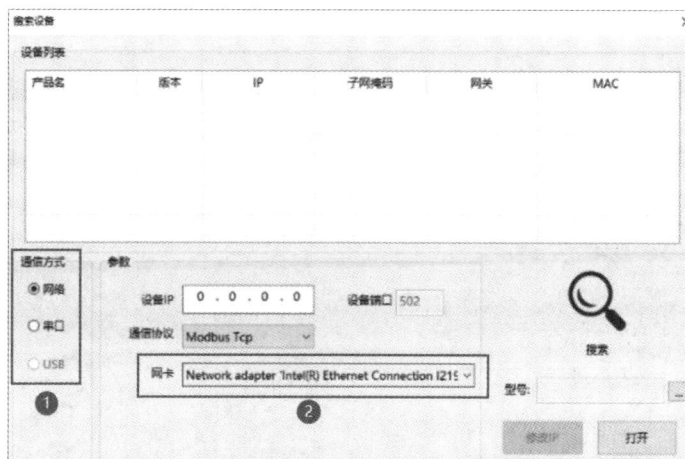

图 3.2.11　选择网卡①

① 注意：图 3.2.11 中的 Modbus Tcp 应该是 Modbus TCP，余同。

2）选择 RFID 设备

再单击"搜索"按钮，如果局域网中连接了读卡器设备，搜索之后所有读卡器设备将显示到设备列表中，选择 RFID 设备如图 3.2.12 所示。

图 3.2.12　选择 RFID 设备

3）修改 IP 地址

选中列表中的设备之后单击"修改 IP"按钮对设备 IP 进行调整。修改 IP 地址如图 3.2.13 所示，在"修改 IP"对话框中编辑完要修改的项后，单击"确定"按钮完成修改，单击"取消"按钮则放弃修改。

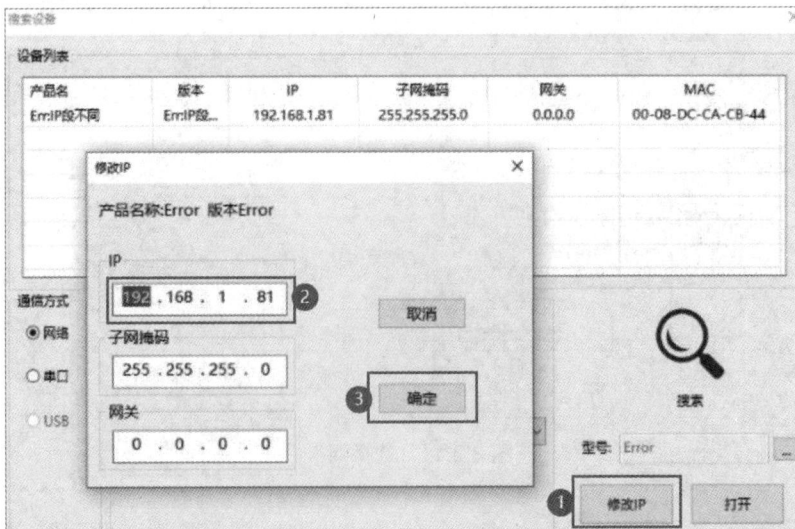

图 3.2.13　修改 IP 地址

4）配置阅读器

打开设备后，会显示设备视图，在配置页面中单击刷新会读取 RFID 阅读器的配置并显示在右侧的配置参数列表中，在界面下方的"输出"框中是上位机与 RFID 阅读器的通信数据。修改配置页面右侧的参数，单击"保存"按钮，上位机会将参数配置到 RFID 阅读器中。配置 RFID 阅读器界面如图 3.2.14 所示。

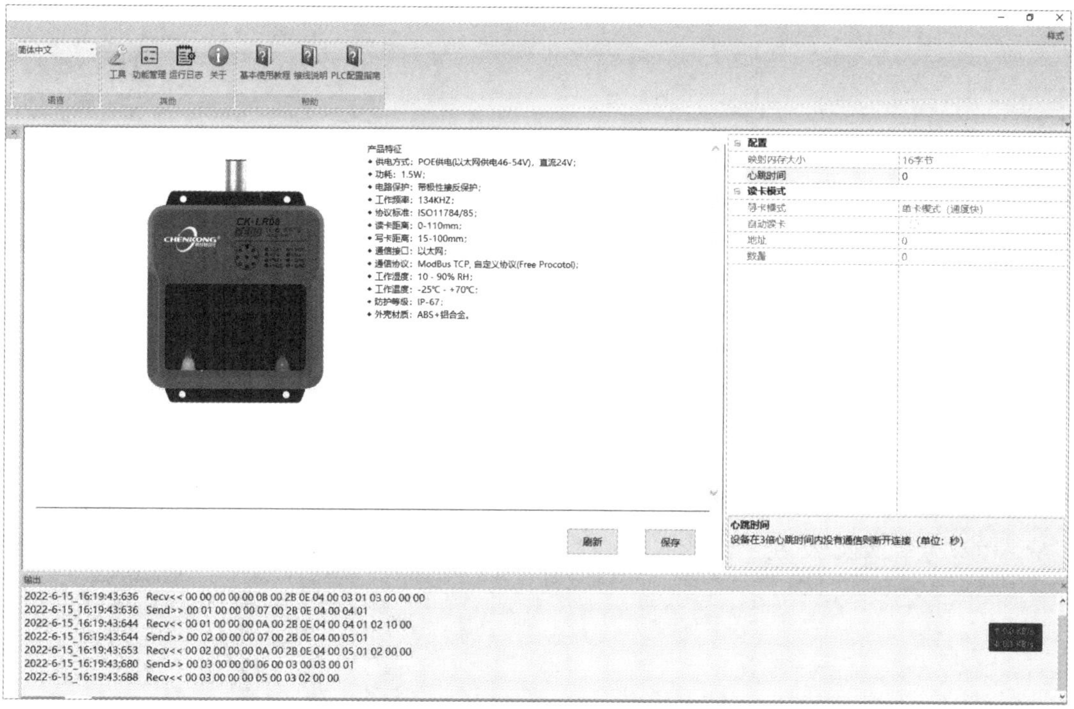

图 3.2.14　配置 RFID 阅读器界面

5）阅读器读写标签

读写页面的右侧为读写参数，设置好寄存器地址和数量后，单击"读数据"按钮即可设置完成。如果存在标签，读数据输出框将会显示读取到的标签数据。写数据需要先在写数据输入框中编辑将要写入标签的数据。RFID 阅读器读写标签如图 3.2.15 所示。

3. 利用 PLC 完成 RFID 数据采集系统构建

在利用 RFID 完成生产线立体仓库数据采集系统时，PLC 要与 RFID 阅读器通信，根据任务描述采用 Modbus TCP 协议进行通信。Modbus TCP 客户端 PLC 通过 PROFINET 连接进行通信。通过"MB_CLIENT"指令可以在客户端和服务器之间建立连接、发送 Modbus 请求、接收响应并控制 Modbus TCP 客户端的连接终端。具体实施过程分为以下几个步骤。

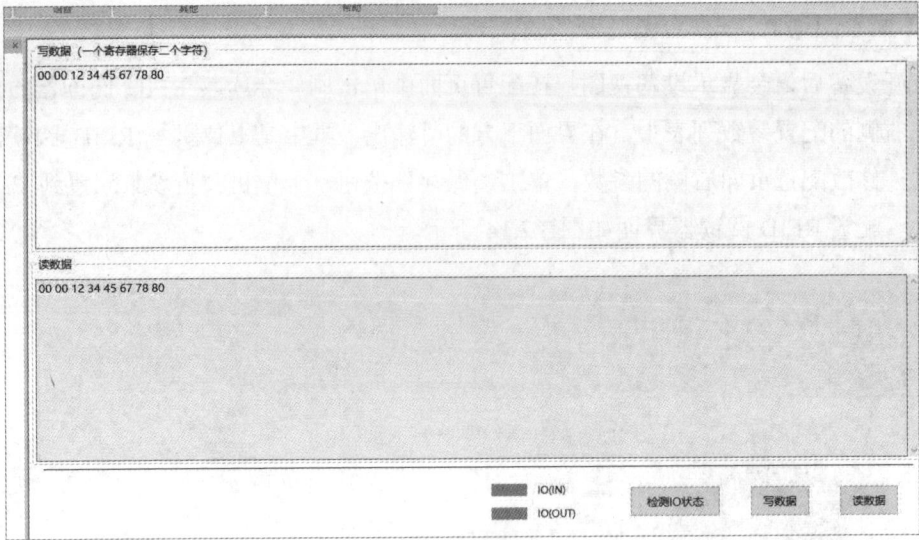

图 3.2.15　RFID 阅读器读写标签

1）新建 DB 块

新建 DB 块，DB 块中包含 RFID 数据采集系统所用的相关参数（见图 3.2.16）。

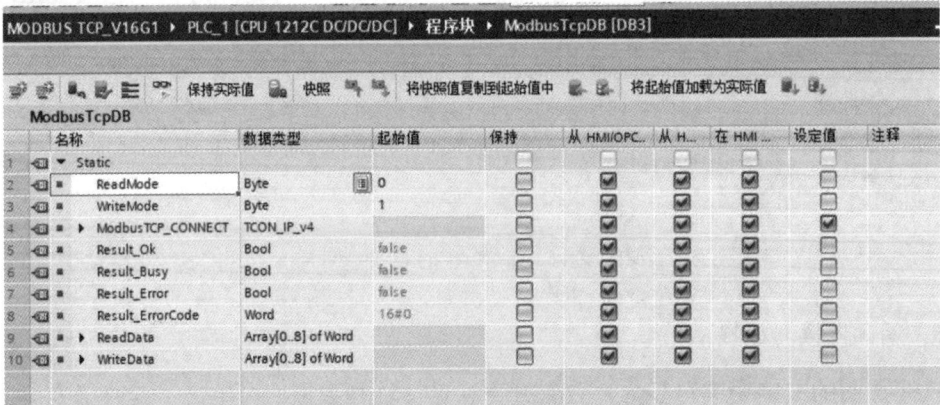

图 3.2.16　新建 DB 块

2）Modbus TCP 通信配置

添加"MB_CLIENT"指令，如图 3.2.17 所示，"MB_CLIENT"指令的各个引脚参数含义如表 3.2.1 所示。设置"MB_CLIENT"指令的各个引脚参数，在读操作时，将DISCONNECT 设置为 0，建立通信连接，将 MB_MODE 设置为 0，表示读取数据，将MB_DATA_ADDR 设置为 40011，表示读取地址为 40011，将 MB_DATA_LEN 设置为 4，表示待读取 4 个值。

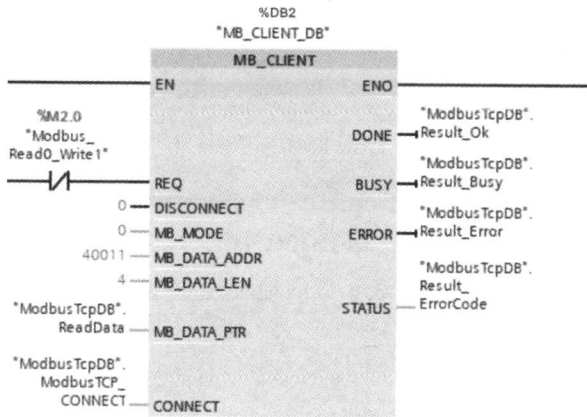

图 3.2.17　"MB_CLIENT" 指令

表 3.2.1　"MB_CLIENT" 指令的各个引脚参数含义

序　号	引　脚	含　义
1	REQ	对 Modbus TCP 服务的 Modbus 查询。 REQ 参数受到等级控制。这意味着只要设置了输入（REQ=true），指令就会发送通信请求。 Modbus 查询开始后，背景数据块将锁定，其他客户端无法使用。 在服务器进行响应或输出错误消息之前，对输入参数的更改不会生效。 如果在 Modbus 请求期间再次设置了参数 REQ，此后将不会进行任何其他传输
2	DISCONNECT	通过该参数可以控制系统与 Modbus 服务器建立或终止连接。 0：与通过 CONNECT 参数组态的连接伙伴建立通信连接。 1：断开通信连接。在断开连接的过程中，不执行任何其他功能；成功断开连接后，STATUS 参数将输出值（0003）。 而如果在建立连接的过程中设置了参数 REQ，将立即发送 Modbus 请求
3	MB_MODE	选择 Modbus 的请求模式（读取、写入或诊断）或直接选择 Modbus 功能
4	MB_DATA_ADDR	取决于 MB_MODE
5	MB_DATA_LEN	数据长度，即数据访问的位数或字数
6	MB_DATA_PTR	指向待从 Modbus 服务器接收的数据或待发送到 Modbus 服务器的数据所在的数据缓冲区的指针
7	CONNECT	指向连接描述结构的指针。 可以使用以下结构（系统数据类型）。 TCON_IP_v4：包括建立指定连接时所需的所有地址参数。使用 TCON_IP_v4 时，可通过调用指令 "MB_CLIENT" 建立连接。 TCON_Configured：包括被所有组态连接的地址参数。使用 TCON_Configured 时，将使用下载硬件配置后由 CPU 创建的已有连接
8	DONE	如果最后一个 Modbus 作业成功完成，则输出参数 DONE 中的该位将立即置位为 "1"
9	BUSY	0：无正在进行的 Modbus 请求。 1：有正在进行的 Modbus 请求。 在建立和断开连接期间，不会设置输出参数 BUSY

129

序　号	引　脚	含　义
10	ERROR	0：无错误。 1：出错，出错原因由参数 STATUS 指示
11	STATUS	指令的详细状态信息

如果是写操作，则需将指令"MB_MODE"设置为 1，表示写入数据，将"MB_DATA_ADDR"设置为 40015，表示读取地址为 40015。写操作时"MB_CLIENT"指令的参数设置如图 3.2.18 所示。

图 3.2.18　写操作时"MB_CLIENT"指令的参数设置

3）调试

下载扫描器程序到 PLC，将标签放置在 RFID 阅读器上，启用数据块监视可以获取读到的标签信息，或向标签写入信息。数据块调试界面如图 3.2.19 所示。

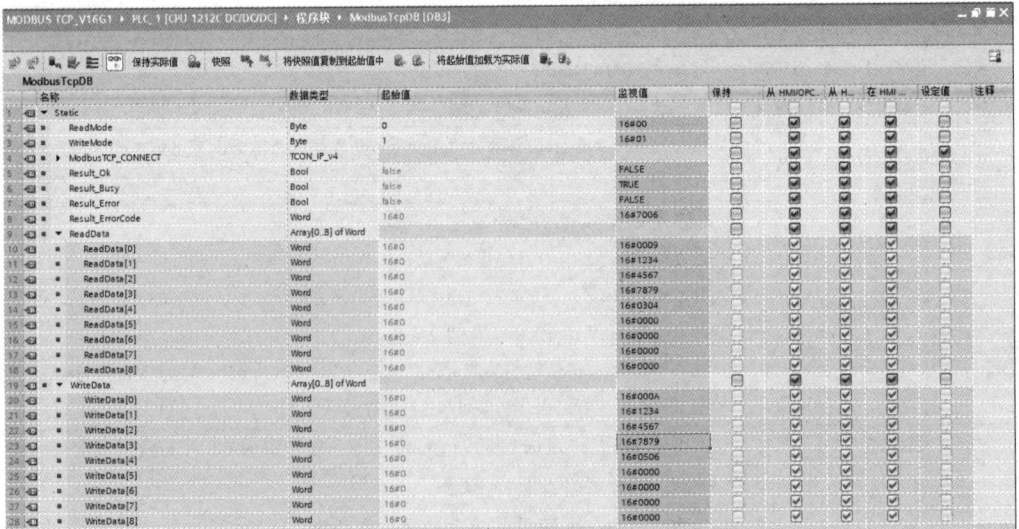

图 3.2.19　数据块调试界面

拓展阅读

工业互联网标识解析体系国家顶级节点全面建成

2022 年 11 月 20 日，在 2022 中国 5G+工业互联网大会上，中华人民共和国工业和信息化部举行工业互联网标识解析体系国家顶级节点全面建成发布仪式，这标志着工业互联网标识解析体系——"5+2"国家顶级节点全面建成。

中华人民共和国工业和信息化部信息通信管理局一级巡视员王鹏在发布仪式上介绍：武汉、广州、重庆、上海、北京 5 个国家顶级节点和南京、成都 2 个灾备节点先后建成上线，"5+2"国家顶级节点全面建成，建立了自主可控、开放融通、安全可靠的标识解析体系，开启了工业互联网全要素、全产业链、全价值链全面连接的新篇章。

据了解，工业互联网以标识解析体系为纽带，标识解析体系以国家顶级节点为中枢，上联国际根节点，下联二级节点及企业节点，标识注册量已突破 2 000 亿个，日解析量 1.2 亿次，服务企业超过 20 万家，覆盖 29 个省、自治区、直辖市和 38 个重点行业，已成为推动数字经济创新发展、产业优化升级、生产力整体跃升的重要力量。

【小提示】

在设置"MB_CLIENT"指令的引脚参数时，要注意区分是读操作还是写操作。

【小思考】

除了对生产数据进行采集，还有哪些工业控制过程可以用到 RFID？

【任务计划】

根据任务资讯及收集整理的资料填写任务计划单。

任务计划单

项　目	采集生产线立体仓库管理数据（标识载体）			
任　务	立体仓库管理数据采集（RFID）		学　时	4
计划方式	分组讨论、资料收集、技能学习等			
序　号	任　务		时　间	负责人
1				
2				
3				
4				
5	编写数据采集程序			

6	调试程序，任务成果展示、汇报		
小组分工			
计划评价			

【任务实施】

根据任务计划编制任务实施方案，并完成任务实施，填写任务实施工单。

任务实施工单

项　目	采集生产线立体仓库管理数据（标识载体）		
任　务	立体仓库管理数据采集（RFID）	学　时	
计划方式	分组讨论、合作实操		
序　号	实施情况		
1			
2			
3			
4			
5			
6			

【任务检查与评价】

完成任务实施后，进行任务检查与评价，可采用小组互评等方式，具体任务评价单如下。

任务评价单

项　目	采集生产线立体仓库管理数据（标识载体）			
任　务	立体仓库管理数据采集（RFID）			
考核方式	过程考核			
说　明	主要评价学生在项目学习过程中的操作方式、理论知识、学习态度、课堂表现、学习能力、动手能力等			
评价内容与评价标准				

序号	内容	评价标准			成绩比例
		优	良	合格	
1	基本理论掌握	掌握 RFID 的基础知识、RFID 的工作原理，可以构建 RFID 数据采集系统	熟悉 RFID 的基础知识、RFID 的工作原理，可以构建 RFID 数据采集系统	了解 RFID 的基础知识、RFID 的工作原理，可以构建 RFID 数据采集系统	30%

续表

2	实践操作技能	熟练使用各种查询工具收集和查阅系统相关资料，快速、准确地分析系统功能，根据需要构建 RFID 数据采集系统，利用 RFID 完成生产数据采集	能够较熟练使用各种查询工具收集和查阅系统相关资料，快速、准确地分析系统功能，根据需要构建 RFID 数据采集系统，利用 RFID 完成生产数据采集	会使用各种查询工具收集和查阅系统相关资料，能分析系统功能需求并进行系统数据采集	30%
3	职业核心能力	具有良好的自主学习能力、分析和解决问题的能力	具有较好的自主学习能力、分析和解决问题的能力	能够主动学习并收集信息，具备一定的分析和解决问题的能力	10%
4	工作作风与职业道德	具有严谨的科学态度和工匠精神，能够严格遵守"6S"管理制度	具有良好的科学态度和工匠精神，能够自觉遵守"6S"管理制度	具有较好的科学态度和工匠精神，能够遵守"6S"管理制度	10%
5	小组评价	具有良好的团队合作精神和沟通交流能力，热心帮助小组其他成员	具有较好的团队合作精神和沟通交流能力，能帮助小组其他成员	具有一定团队合作能力，能配合小组其他成员完成项目任务	10%
6	教师评价	包括以上所有内容	包括以上所有内容	包括以上所有内容	10%
合　计					100%

【任务练习】

1. 请简述 RFID 的工作原理。

2. 请根据生产线立体仓库管理数据采集需求，将采集到的标签信息在 HMI 画面中进行实时显示。

【思维导图】

请完成本项目思维导图。

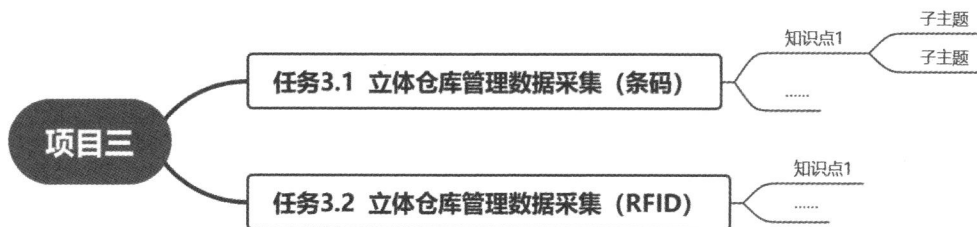

【创新思考】

前面已经完成了利用条码技术和 RFID 完成立体仓库管理数据的采集，请读者思考如何向 RFID 电子标签写数据，并进行实验验证。

项目 4

采集电力变压器运行数据
（工业采集板卡）

职业能力

- 能够了解工业采集板卡的用途；

- 能够了解工业采集板卡的基本电路结构；

- 能够归纳提炼工业采集板卡分类知识；

- 能够描述电力变压器运行数据采集传感器的工作原理与特点；

- 能够为电力变压器运行数据采集传感器提供选型依据；

- 能够根据实际应用场景选择工业采集板卡；

- 能够正确绘制传感器与工业采集板卡的电气连接拓扑图；

- 能够使用 LabVIEW 调用工业采集板卡；

- 能够独立分析并解决问题；

- 具备耐心细致、严谨扎实的工作作风。

引导案例

　　随着我国工业技术的高速发展和人们生活需求的持续增加，仓库的规模不断扩大，智能化程度也不断提高，AGV、电子标签、高清摄像头等设备增多，整体能耗也不断加大。为保障仓库电力供应的可靠性和稳定性，常常需要采集电力变压器的运行数据，根据运行数据判断电力变压器是否健康，当电力变压器运行数据出现异常时，需要及时开展检修工作，防止更大的事故发生。因此，采集电力变压器运行数据十分重要。

那么，在本项目中，我们从常用于电力变压器运行数据采集的各类传感器、工业采集板卡和 LabVIEW 软件入手，让大家了解如何通过工业采集板卡实现电力变压器运行数据的采集。

任务 4.1　电力变压器传感器选型

【任务描述】

工控机介绍

A 公司要对其智能仓库中的电力变压器运行状态进行监测，需要实时采集其运行数据。电流、电压和氢气含量是电力变压器运行中的重要参数，因而选择这 3 种物理量来分析电力变压器运行状态。请根据"电力变压器传感器选型"任务单，讨论并确定电压传感器、电流传感器与氢气传感器的参数、性能和型号，确定其与工业采集板卡的连接方式，并向 A 公司采购部提供针对本项目的元器件清单表，请采购人员根据清单表上的要求进行采购。

【任务单】

根据任务描述，需要完成用于电力变压器运行数据采集的传感器选型，在本次工作任务中，读者需要先了解各类传感器的基本原理，完成资料查询、收集、分析、对比等工作。具体任务要求请参照下面的任务单。

任务单

项　　目	采集电力变压器运行数据（工业采集板卡）	
任　　务	电力变压器传感器选型	
任务要求	任务准备	
1. 明确任务要求，组建小组，3～5 人一组。 2. 收集传感器资料，完成传感器的选型。 3. 每组自行分工选择传感器厂家进行选型询价。 4. 整理分析资料，提交传感器及清单表	1. 自主学习。 （1）熟悉传感器的分类及功能需求的选型。 （2）列出传感器的关键参数和安装方式。 2. 设备工具。 （1）硬件：计算机。 （2）软件：办公软件 Office	
自我总结	拓展提高	
	通过工作过程和工作总结，提高团队分工协作能力、资料收集和整理能力	

【任务资讯】

4.1.1　电压传感器

1．电压传感器基本概念

电压传感器是一种能测量待测电压并将其转换成可用输出信号的传感器，广泛应用在电力系统、工业制造等领域。电压信号既有交流信号、直流信号之分，也有高压信号与低压信号的区别。直流电压是指方向和幅值都不随时间改变的电压，与之相对的，交流电压是指方向和幅值都会随时间变化的电压。在电力系统中，高于 1kV（不含）为高压，低于 1kV 则为低压。

2．电压传感器基本原理

电力变压器的工作电压属于交流信号，即信号幅值与方向随着时间变化，变化频率为 50Hz。在交流电压信号测量中，通常采用互感器作为传感元件，即先使用一台互感器将被测电压降至适宜范围的低电压，然后通过相关电路将其变换成与被测电压呈线性关系的直流电压信号并传输到工业采集板卡进行测量。

互感器的基本结构和变压器相似，它也有两个绕组，即一次绕组 N_1 和二次绕组 N_2。互感器的两个绕组都安装或缠绕在铁芯上，绕组与绕组之间、绕组与铁芯之间都有绝缘材料，实现绕组与绕组之间、绕组与铁芯之间的电气隔离。当互感器运行时，一次绕组 N_1 以并联的方式与线路连接，二次绕组 N_2 以并联的方式连接仪表。因此，互感器在测量高压线路电压信号时，尽管一次侧线路的电压幅值很高，但二次侧线路输出的是低压信号，可以保障仪表设备与工作人员的安全。

3．电压传感器的分类

电压传感器的作用是采集电压数据，从而使我们能够对设备或系统的电压信号进行显示、分析和控制，判断设备或系统运行状态，必要时采取停运检修等措施。常用的电压传感器根据其不同的工作机理和应用范围大致可以分为电压互感器、霍尔电压传感器及光纤电压传感器等主要类型（见图 4.1.1）。

1）电压互感器

在电力系统中，电压互感器通常安装在一次电气回路（主回路）与二次电气回路（控制回路）之间，其主要功能就是按照一定的比例将主回路的高电压降低为控制回路中仪表可直接测量的标准数值。电压互感器除用作测量外，还可与继电保护和自动装置配合，对电网各种故障进行电气保护和自动控制。此外，电压互感器实现了电力系统中主回路与控制回路的电气隔离。

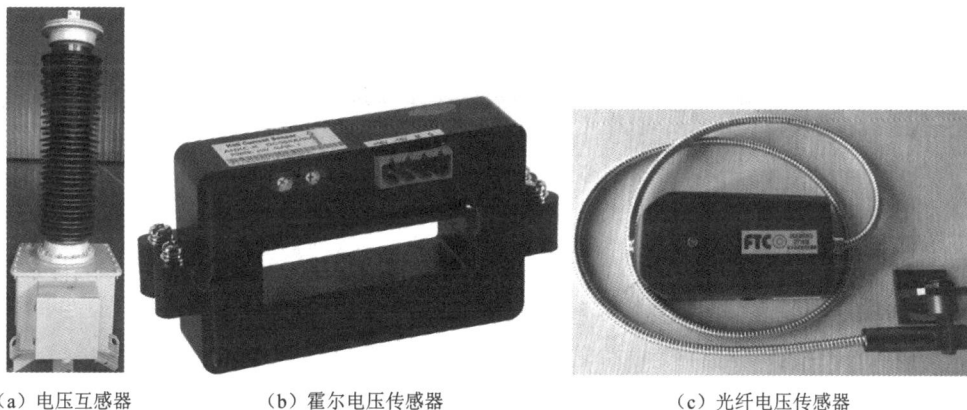

（a）电压互感器　　　　　　（b）霍尔电压传感器　　　　　　（c）光纤电压传感器

图 4.1.1　电压传感器示例图

2）霍尔电压传感器

霍尔电压传感器主要利用霍尔效应来测量电压。在磁场中，霍尔半导体会产生霍尔电压，且电压幅值与磁场强度呈比例关系。根据霍尔效应制作的霍尔电压传感器具有优越的电气性能，既可以测量交流电压，也可以测量直流电压，还可以测量电压的瞬时峰值。目前，霍尔电压传感器已是生活与工程中应用最广泛的电压传感器之一，被应用于电力系统、不间断电源、开关电源、铁路建设、电子设备等场景和设备中。

3）光纤电压传感器

光纤电压传感器是一种利用晶体的物理特性来感知电压并通过光纤传输信号的传感器，具有抗电磁干扰、耐腐蚀、耐高压、防燃、防爆、可远距离观测等优势。根据传感器的工作原理，光纤电压传感器可分为功能型和非功能型，两者的区别在于光纤的功能。功能型光纤电压传感器中的光纤既可作为光调制的敏感元件，也可作为光的传输介质，而非功能型光纤电压传感器的光纤只能作为光传输的介质。

4．电压传感器的选型依据

在工程应用中，需要根据具体工作场景和工况选择合适的电压传感器，电压传感器的选型主要从以下几个方面考虑。

（1）测量范围：电压传感器应具有足够的测量范围，若被测电压幅值高于电压传感器的测量范围，会造成传感器失效甚至损坏，威胁操作人员安全，因此选择电压传感器时要有足够大的电压幅值测量范围。

（2）频率范围：电压传感器应具有合适的频率范围，以保证传感器能够获得正确信号。

（3）测量精度：电压传感器应具有较高的测量精度，以保证所测得的电压数据可靠。

（4）输入阻抗：电压传感器应具有较高的输入阻抗，以减少其接入测量电路后对被测电路的影响。

（5）抗干扰能力：电压传感器应具有较高的抗干扰能力，电力变压器的工作环境情况较为复杂，会存在电磁干扰，因而电压传感器需具备较强的抗干扰能力。

（6）其他：应与安装空间适配，且安装方便、价格合理。

在通常情况下，电力变压器的电压采用专门的电压传感器采集，主要考虑电压传感器的变比、类型、二次侧负载能力和接线方式进行选择。例如，研华 PCI1706 工业采集板卡的最大输入量程为±10V，而与电力变压器搭配使用的电压传感器的输出信号幅值最大为57.7V，要从电压传感器的输出接入工业采集板卡的输入，还额外需要一个电压传感器，且变比至少为 57.7V/10V。因此，可选择微型电压传感器 SK-EPT2A，其变比为 57.7V/2.5V，满足量程要求，且体积小、安装方便、价格便宜。

【小提示】

电磁兼容（Electro Magnetic Compatibility，EMC）指设备或系统在电磁环境中可正常运行，且不会对其他设备产生电磁干扰的特性。EMC 包括 EMI（电磁干扰）及 EMS（电磁耐受性）两部分，EMI 指机器本身在执行应有功能的过程中所产生不利于其他系统的电磁噪声，而 EMS 指机器在执行应有功能的过程中不受周围电磁环境影响的能力。

4.1.2 电流传感器

1．电流传感器的基本概念

电流传感器是一种可获取被测电流的信息，并能将电流信息按一定规律变换成标准电信号的数据采集装置。与电压信号一样，电流信号也分为交流电流与直流电流。交流电流幅值与方向随时间呈现周期性变化，直流电流幅值与方向则不会随时间发生周期性变化。

2．电流传感器的分类

根据测量原理的差异，电流传感器主要可分为电磁式电流传感器、霍尔电流传感器、罗戈夫斯基电流传感器、光纤电流传感器等（见图 4.1.2）。

1）电磁式电流传感器

电磁式电流传感器常用于电力系统中，其基本原理就是电磁感应原理，主要由闭合铁芯和绕组构成。电磁式电流传感器的一次侧绕组匝数很少，测量时一次侧接入被测电流的线路中，因此一次侧绕组中的电流是线路的全部电流。电磁式电流传感器的二次侧绕组匝数比较多，接入测量仪表和保护回路。电磁式电流传感器在工作时，它的二次回路始终是闭合的，因此测量仪表和保护回路串联线圈的阻抗很小，电磁式电流传感器的工作状态接近短路。

（a）电磁式电流传感器 　　　　　　（b）霍尔电流传感器

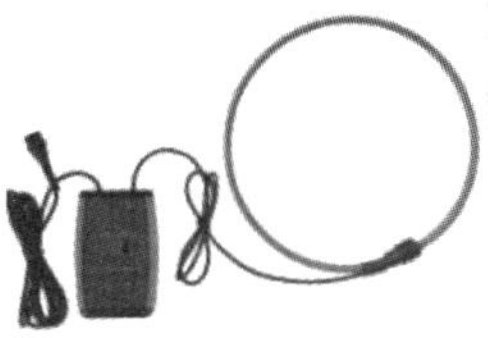

（c）罗戈夫斯基电流传感器 　　　　（d）光纤电流传感器

图 4.1.2　电流传感器

2）霍尔电流传感器

与霍尔电压传感器类似，霍尔电流传感器的基本原理也是霍尔效应原理，主要采用磁平衡式霍尔原理，通过应用安培定律（在载流导体周围产生一个正比于该电流的磁场）测量电流，可用于测量交流电流、直流电流与脉冲电流。测量时，工作电流产生磁场并被霍尔电流传感器感应，随后输出与感应电流成正比的信号。霍尔电流传感器具有非接触测量、测量范围广、响应速度快、测量精度高、抗干扰能力强、体积小等优势，广泛应用在不间断电源、数控机床、微机监测等领域。

3）罗戈夫斯基电流传感器

罗戈夫斯基（Rogowski）电流传感器的基本原理是法拉第电磁感应定律和安培环路定律，用于测量交流电流。罗戈夫斯基电流传感器的外形结构为空心圆环形，因此也被称为罗戈夫斯基线圈或罗氏线圈。罗戈夫斯基电流传感器在测量时对导体、尺寸都没有特殊要求，可以直接安装在被测线路上进行测量，安装方便，且具有较快的瞬间反应能力，常用于高频、大电流测量。值得注意的是，罗戈夫斯基电流传感器在测量时需要与积分器配套使用，以降低环境的电磁干扰，提高测量结果的可靠性与准确性。

4）光纤电流传感器

光纤电流传感器是一种基于磁光晶体的法拉第效应，以光纤为传输介质的新型电流传感器。其原理是，被测电流产生的磁场会产生法拉第旋转角，通过测量这一旋转角可获得被测电流所产生的磁场强度，从而计算得到被测电流幅值。光纤电流传感器具有绝缘性能好、无铁芯饱和、抗干扰能力强、信号衰减小等优点。

3．电流传感器的选型依据

在电力领域，与电压传感器一样，电流传感器也是必备的数据采集设备，电流传感器的选型主要从以下几个方面考虑。

（1）测量范围：被测电流的幅值范围是选择电流传感器的重要依据，当被测电流幅值高于电流传感器测量范围时，易造成电流传感器损坏，因此选择电流传感器时要具有足够大的电流测量的范围。

（2）测量频率：电流传感器应具有足够宽的频率范围，满足被测电流频率在测量范围内的要求。

（3）测量精度：电流传感器应具有足够高的测量精度，保证所测得的电流数据可靠。

（4）抗干扰能力：电流传感器应具有较高的抗干扰能力，在电力变压器的工作环境中会存在一些噪声干扰等不需要测量的成分，电流传感器不能被这部分信号干扰。

（5）功耗：电流传感器应具有较低的功耗，以延长电流传感器的使用时间。

（6）其他：电流传感器应与安装空间适配，且安装方便、价格合理。

例如，在电动汽车充电过程中，充电电流最大幅值不超过 16 A，额定频率通常为 50Hz。由于充电桩的空间较小，因此需要多考虑电流传感器的结构。根据电流幅值，通常采用额定电流大于 1.5 倍充电电流的电流传感器，结合空间要求，电动汽车一般选择芯片式霍尔电流传感器 CH701，电流幅值范围为 5～50A。

4.1.3 氢气传感器

1．电力变压器中的氢气来源

电力变压器油是油浸式电力变压器中常用的绝缘与冷却介质。电力变压器油中溶解的气体可反映其潜在性故障，因此通过传感器获取电力变压器油中溶解气体的数据以评估电力变压器运行状态是目前常用的方法之一。在众多能够溶解在电力变压器油中的气体中，由于氢气最早产生、最易扩散，且氢气传感器具有体积小、安装方便、反应快等优势，得到了广泛的推广和应用。

那么，电力变压器中的氢气从何而来呢？电力变压器中的氢气主要来源于以下两个方面。

第一，由于电力变压器油是由许多不同分子量的碳氢化合物分子组成的混合物，电故障或热故障可以使其中一些碳氢键和碳碳键断裂，生成少量活泼的氢原子和不稳定碳氢化合物的自由基，这些氢原子或自由基通过复杂的化学反应迅速重新化合，形成氢气。

第二，电力变压器油中的水分与铁相互作用与反应也会产生氢气。

2. 氢气传感器的基本概念

氢气传感器是一种可感知氢气，并产生和输出与氢气浓度成正比的电信号的传感装置。氢气传感器与传统的氢气检测方法（气相色谱仪、质谱仪）相比，具有成本低、尺寸小、响应速度快、可在线监测的优势。氢气传感器还要求在常温下对氢气非常敏感且具有很好的选择性，常常作为检测环境中氢气浓度的传感器。因此，出于生产生活中对安全的考虑，选择快速、灵敏、准确的氢气传感器是十分重要且必要的，还能够降低爆炸发生的可能性。

3. 氢气传感器的分类

根据测量原理不同，氢气传感器主要有催化燃烧型、热导型、电化学型、半导体型、光纤型等几种类型。部分常用的氢气传感器如图 4.1.3 所示。

（a）催化燃烧型氢气传感器 　　　（b）热导型氢气传感器 　　　（c）电化学型氢气传感器

图 4.1.3　部分常用的氢气传感器

1）催化燃烧型氢气传感器

催化燃烧型氢气传感器是一种高温气体传感器，其工作原理主要是利用催化燃烧产生的热效应，不仅可用于氢气检测，还可以用于其他可燃性气体检测。这种传感器内部有一个由检测元件和补偿元件配对组成的测量电桥。当检测区域的温度达到设定温度时，氢气在检测元件载体表面和催化剂的共同作用下发生无焰燃烧，载体温度升高，从而导致载体内部的热电阻阻值发生相应改变，测量电桥就失去平衡，输出一个与氢气浓度成正比的电信号，实现对氢气浓度的检测。

2）热导型氢气传感器

热导型氢气传感器则利用了不同气体热导系数的差异进行工作。热导型氢气传感器热丝的电阻可随温度变化而变化。当电流通过热导型氢气传感器的热丝时，热丝被加热，检测氢气时，由于氢气的热传导作用会将热丝的一部分热量带走，导致热丝的温度下降。在这个动态的过程中，热丝的电阻值和热丝内部的电流发生变化，热导型氢气传感器便会输出相应的电信号且该电信号与氢气浓度有一定的比例关系，从而实现对氢气浓度的检测。

3）电化学型氢气传感器

电化学型氢气传感器（燃料电池）由工作电极、反电极和电解质构成。环境中的待测氢气在工作电极和反电极上发生氧化还原反应，并释放电荷形成电流或电位差，产生的电流大小或电位差与氢气浓度成正比，通过测试电流/电压大小即可判定氢气浓度的高低。

4）半导体型氢气传感器

半导体型氢气传感器的工作原理是半导体敏感材料表面吸附氢气后会改变半导体材料的物理特性。氢原子与半导体敏感材料之间发生电子转移，使半导体材料的电导率发生变化，通过测定半导体电导率的变化就可以获取氢气浓度。目前，SnO_2半导体材料的应用最为广泛。

5）钯合金薄膜型氢气传感器

钯合金薄膜型氢气传感器主要利用了钯对氢气的专一靶向催化作用。这种催化作用可使氢气分子分解为氢原子，并溶解扩散至钯合金薄膜晶格中，从而改变钯合金薄膜电阻率，根据钯合金薄膜电阻率变化与氢气浓度之间的关系，就可以检测氢气的浓度。钯合金薄膜型氢气传感器具有工艺简单、成本低、灵敏度高、响应时间短，以及可在室温下工作等优点，因而受到广泛关注，被认为是目前最先进的氢气传感技术。

6）光纤型氢气传感器

光纤型氢气传感器的工作原理是将光纤与氢敏材料结合，当氢气与氢敏材料发生反应之后，改变了光纤的物理特性，从而导致光纤中透射光的光学特性发生变化。通过检测与输出光相对应的物理量的变化来测量氢气浓度。光纤型氢气传感器具有本质安全、耐腐蚀、适合遥感、抗干扰能力强等突出优势。

4．氢气传感器的选型依据

氢气是易燃易爆的气体，氢气传感器选型主要从以下几个方面考虑。

（1）测量范围：氢气传感器的测量范围应包括防止氢气燃烧爆炸的标准值。氢气的爆炸极限（LEL%）是4%～75%VOL。根据不同的工作场景，氢气量程的选择也不同，包括0～4%VOL、0～10%VOL、0～100%VOL。

（2）测量精度：氢气传感器应具有足够高的测量精度，保证所测量的结果精准可靠。

（3）响应时间：氢气传感器应具有足够快的响应速度，保证能够及时获得氢气浓度参数。

（4）恢复时间：氢气传感器应具有足够快的恢复速度，保证能够及时恢复状态。

（5）其他：氢气传感器应与安装空间适配，且安装方便、价格合理。

近年来，氢燃料汽车发展迅速。为了保障氢燃料汽车运行安全，氢气传感器是强制性必须装载的。由于氢燃料汽车的空间较小、安全性要求较高，因此选型主要考虑的因素有启动和响应速度快（启动时间<1s，响应速度<2s）、精度高（在 1%～4%VOL 浓度检测范围内，精度要达到±10%）、体积小、寿命长（8～15 年）。

【小思考】

油浸式电力变压器与干式电力变压器有什么区别？

🔍 拓展阅读

陈永伟：用匠心守护核电之芯

核电站是大国重器，也是一个国家制造业水平和科技创新能力的集中体现。陈永伟，中国广核集团运营公司首席维修技师，他负责的就是核电站这大大小小一万多个仪表的维修测量工作。

反应堆堆芯是核电站的心脏，其传感器维护更换工艺非常复杂，有 67 道不可逆的工序，如果有一个工序操作失误，就可能导致近百万元的设备损失。其中，传感器膜片的精准定位是反应堆堆芯维护最为重要的工艺。由于膜片处于封闭状态，肉眼无法观察，只能通过两根高度差只有 0.5mm 的小针来盲操作。在盲操作过程中，陈永伟两只手需协调精准配合，一只手缓慢改变充水软管的高度变化，通过高度的微小变化来实现膜片位置的微小移动，另一只手则需要用小针进行膜片的精准定位。这个精度要求是 0.1～0.2mm，这考验的是耐心和技术。

在不断地学习摸索中，陈永伟从一个维修技师逐渐成长为创新能手。他所发明的 16 项自动化、智能化创新工具，已经应用于 20 多台核电机组，通过科技创新创造的价值超过 2 亿元。

【任务计划】

根据任务资讯及收集整理的资料填写任务计划单。

任务计划单

项　目	采集电力变压器运行数据（工业采集板卡）		
任　务	电力变压器传感器选型	学　时	2
计划方式	分组讨论、资料收集、技能学习等		

序 号	任 务	时 间	负责人
1			
2			
3			
4			
5	完成采集电力变压器运行数据的传感器选型		
6	任务成果汇报展示		
小组分工	根据传感器类型、功能参数和数量，选择至少 3 家品牌传感器进行比较分析，并落实到具体的同学，在规定的时间点进行检查		
计划评价			

【任务实施】

根据任务计划编制任务实施方案，并完成任务实施，填写任务实施工单。

任务实施工单

项 目	采集电力变压器运行数据（工业采集板卡）		
任 务	电力变压器传感器选型	学 时	
计划方式	分组讨论、合作实操		
序 号	实施情况		
1			
2			
3			
4			
5			
6	任务成果展示、汇报		

【任务检查与评价】

完成任务实施后，进行任务检查与评价，可采用小组互评等方式，具体任务评价单如下。

任务评价单

项 目	采集电力变压器运行数据（工业采集板卡）
任 务	电力变压器传感器选型
考核方式	过程考核
说 明	主要评价学生在项目学习过程中的操作方式、理论知识、学习态度、课堂表现、学习能力等

续表

评价内容与评价标准				
序　号	内　容	评价标准		成绩比例
		优	良	合　格	
1	基本理论掌握	掌握电力变压器传感器选型依据与方法	熟悉电力变压器传感器选型依据与方法	了解电力变压器传感器选型依据与方法	30%
2	实践操作技能	熟练使用各种查询工具收集和查阅电力变压器传感器相关资料，快速完成电力变压器传感器选型，了解相关传感器的工作原理	较熟练使用各种查询工具收集和查阅电力变压器传感器相关资料，快速完成电力变压器传感器选型	会使用各种查询工具收集和查阅电力变压器传感器相关资料，快速完成电力变压器传感器选型	30%
3	职业核心能力	具有良好的自主学习能力、分析和解决问题的能力	具有较好的自主学习能力、分析和解决问题的能力	能够主动学习并收集信息，具备一定的分析和解决问题的能力	10%
4	工作作风与职业道德	具有严谨的科学态度和工匠精神，能够严格遵守"6S"管理制度	具有良好的科学态度和工匠精神，能够自觉遵守"6S"管理制度	具有较好的科学态度和工匠精神，能够遵守"6S"管理制度	10%
5	小组评价	具有良好的团队合作精神和沟通交流能力，热心帮助小组其他成员	具有较好的团队合作精神和沟通交流能力，能帮助小组其他成员	具有一定团队合作能力，能配合小组其他成员完成项目任务	10%
6	教师评价	包括以上所有内容	包括以上所有内容	包括以上所有内容	10%
合　计					100%

【任务练习】

1．电压传感器与电流传感器在功能上有什么区别？

2．除了采集电力变压器的运行数据，氢气传感器还可用于什么地方？

任务 4.2　工业采集板卡选型

【任务描述】

传感器和数据采集板卡选型

根据电力变压器运行数据采集的需求，小组成员查找资料了解工业采集板卡，讨论并确定工业采集板卡的参数、性能、型号，确定其通信方式，并向 A 公司采购部提供针对本项目的工业采集板卡，采购人员根据清单表上的要求进行采购。

【任务单】

根据任务描述，需要完成工业采集板卡的解析和调研分析，在本次工作任务中，需要先完成资料查询及收集、分析及对比等工作。具体任务要求请参照下面的任务单。

任务单

项　目	采集电力变压器运行数据（工业采集板卡）	
任　务	工业采集板卡选型	
任务要求		任务准备
1．明确任务要求，组建小组，3～5人一组。 2．完成工业采集板卡类型、品牌、型号、网络和功能等资料收集。 3．整理分析资料		1．自主学习。 （1）常用的工业采集板卡。 （2）工业采集板卡的典型应用和发展趋势。 2．设备工具。 （1）硬件：计算机。 （2）软件：办公软件
自我总结		拓展提高
		通过工作过程和工作总结，提高团队分工协作能力、资料收集和整理能力

【任务资讯】

4.2.1　工业采集板卡基本原理

采集板卡是计算机和外部信号设备之间的信号转换装置，其功能是将传感器获得的各种模拟信号转换为计算机能够识别的数字信号。随着制造业提质升级、不断发展，采集板卡已经被广泛应用在电力、水利、化工、制造等领域，这些应用于工业领域的采集板卡也被称为工业采集板卡，其外观如图4.2.1所示。

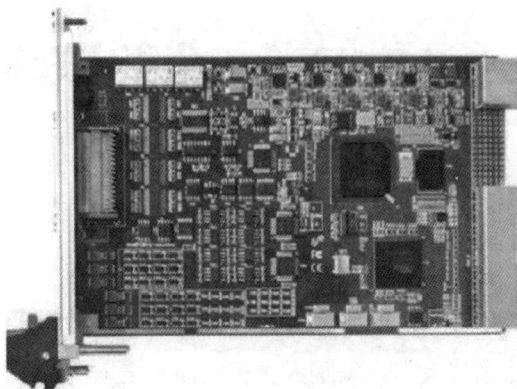

图4.2.1　工业采集板卡外观

【小提示】

模拟信号是指用连续变化的物理量表示的信息，数字信号指自变量是离散的、因变量也是离散的信号。电力变压器中的电压信号、电流信号的幅度和相位都是连续变化的电信号，因此它们都属于模拟信号。

工业采集板卡的基本结构框图如图 4.2.2 所示，主要包括了信号调理电路、A/D 转换、微控制器、通信接口等，其可将待测量的模拟信号转变为计算机可识别的数字信号。

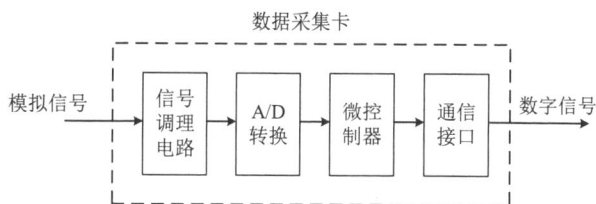

图 4.2.2　工业采集板卡的基本结构框图

1．信号调理电路

位于前端的信号调理电路通常包含放大功能、衰减功能、隔离功能、多路复用功能和滤波功能。

1）放大功能

如果信号的幅值过低，会给后续处理带来困难，甚至会出现信号传输后，真实信号已经被现场噪声信号干扰而难以辨认的情况。因此，在工程上通常采用放大信号的方式解决信号幅值过小的问题。信号放大的处理步骤必须放置于信号采集后，不能在信号传输了一段距离后才进行放大，因为在信号传输过程中，原始信号会被噪声干扰，如果此时再放大，噪声也会随之一起放大，难以有效降低噪声的干扰。

2）衰减功能

与放大功能相对应的是衰减功能。当原始信号的幅值超出数据采集设备的测量范围时，必须先将信号的幅值降低，这样信号才可被工业采集板卡有效采集。衰减前后信号里的信息相对值不会发生改变，只是将信号的整体电平幅值降低。

一般情况下，工业采集板卡的输入信号幅值均有一定范围，如本书选用的工业采集板卡，其模拟信号输入范围为-10～+10V。当输入电压超过这个范围时，工业采集板卡上的芯片将达到饱和状态，而通过程序所读取到的电压也将一直维持在最高数值，即+10V 或-10V，如果此时计算机认为该数值是测量结果，会产生很大的测量误差。因此，当测量信号幅值已经超过了工业采集板卡的测量范围时，必须先将测量信号的范围缩减到工业采集板卡可以测量的范围。

3）隔离功能

在采集的信号中常常混有噪声信号，这会对正常信号产生干扰。若要测得精准的信号，需对测量的信号进行隔离处理。一般情况下，在信号线上加隔离网可以阻断干扰噪声，提高信噪比。一些价格较高的设备的隔离处理已经做得相当完善，即使同时有多个信号被采集到工业采集板卡，或者电位不同也不会造成干扰。从安全角度讲，将前端采集电路与后级数据处理电路进行隔离，可以防止被测对象产生瞬态的高压信号，还可保证后级电路不受损害。此外，当数据采集装置与采集信号使用不同的参考地时，参考地之间会产生接地回路，造成信号采集不准确，而使用隔离式信号调理功能能够消除这种回路影响，保证信号准确采集。

4）多路复用功能

工业采集板卡通常会同时采集多个信号，一个设备有多个数模转换器，一个数模转换器又含有多个通道，当数模转换器对某一个通道的信号进行数模转换后，再切换到下一个通道开展信号采集，从而相继对所有已用到的通道进行循环转换。

5）滤波功能

滤波是信号调理中的重要步骤之一。在实际的数据采集过程中获得的信号包含了工作现场所有的信号成分，但并不是所有的信号都被用于分析，不同的使用者针对不同的应用领域有不同的需求范围。因此，需要使用滤波器先过滤掉不需要的信号，保留使用者分析所需的部分。

2．A/D 转换

A/D 转换即模数转换，是整个采集系统的核心部分。当采集外界模拟信号时，因为输入的模拟信号是在时间上连续不断变化的信号，无法直接被计算机识别，此时需要 A/D 转换模块经过采样、保持、量化、编码四个过程将模拟信号转化为数字信号。其主要类型如下。

1）积分型

积分型 A/D 转换的工作原理是先将输入电压转换成时间（脉冲宽度信号）或频率（脉冲频率），然后由定时器/计数器获得数字值。其优点是用简单电路就能获得高分辨率，但缺点是由于转换精度依赖于积分时间，因此转换速率极低。初期的单片 A/D 转换器大多采用积分型，现在逐次比较型已逐步成为主流形式。

2）逐次比较型

逐次比较型 A/D 转换由一个比较器和 D/A 转换器通过逐次比较逻辑构成，从 MSB 开始，按顺序对每一位将输入电压与内置 D/A 转换器输出进行比较，经 n 次比较而输出数字值，因此电路规模属于中等。逐次比较型 A/D 转换的优点是速度快、功耗低。逐次比较型

A/D 分辨率低（<12 位）的产品价格便宜，相对地，当产品分辨率较高（>12 位）时，产品价格也高。

3）并行比较型/串并行比较型

并行比较型 A/D 转换采用多个比较器，仅做一次比较而实行转换，又称快速型。由于转换速率极高，n 位的转换需要 $2n-1$ 个比较器，因此电路规模较大，价格昂贵，只适用于视频 A/D 转换器等速度特别高的领域。

串并行比较型 A/D 转换在结构上介于并行比较型和逐次比较型之间。最典型的是由两个 $n/2$ 位的并行比较型 A/D 转换器配合 D/A 转换器组成的半快速型，其用两次比较实行转换。还有分成三步或多步实现 A/D 转换的，叫作分级型，而从转换时序角度又可称为流水线型，现代的分级型中还加入了对多次转换结果作数字运算而修正特性等功能。这类 A/D 转换速度比逐次比较型高，电路规模小于并行比较型。

3．微控制器

微控制器是将微型计算机的主要部分集成在一个芯片上的单芯片微型计算机，被广泛应用于各个领域，如电机控制、条码阅读器/扫描器、消费类电子、工业控制与自动化等。

1）现场可编程逻辑门阵列

现场可编程逻辑门阵列（FPGA）是在可编程阵列逻辑（PAL）、通用阵列逻辑（GAL）等可编程器件的基础上进一步发展的产物。FPGA 器件属于专用集成电路中的一种半定制电路，是可编程的逻辑列阵，能够有效解决原有的器件门电路数较少的问题。FPGA 的基本结构包括可编程输入输出单元、可配置逻辑块、数字时钟管理模块、嵌入式块 RAM、布线资源、内嵌专用硬核、底层内嵌功能单元。由于 FPGA 具有布线资源丰富、可重复编程、集成度高和成本低的特点，在数字电路设计领域得到了广泛的应用。

2）嵌入式单片机

嵌入式单片机（STM32）也就是嵌入式微控制器，是以微控制器为核心控制单元的嵌入对象体系中的专用计算机系统，应用十分广泛，如意法半导体公司基于 ARM Cortex-M 内核推出的 STM32 系列单片机，因其具有性能高、成本低、功耗低、覆盖面广等优势，在智能制造、智慧车联、智能家电等领域具有巨大的应用潜力。

4.2.2　工业采集板卡的分类

工业采集板卡的种类丰富，其分类方法也有很多种，主要如下。

（1）根据用途分类，工业采集板卡可分为工业采集板卡、视频采集卡、图像采集卡、工业图像采集卡、医疗专用图像采集卡、交通专用图像采集卡、专业图像采集卡、工业检测图像采集卡、机器视觉专用采集卡、流媒体采集卡等。

（2）根据接口类型分类，工业采集板卡可分为 PCI 采集卡、PXI 采集卡、USB 采集卡、CAN 采集卡等。

① PCI 采集卡。PCI 总线的数据采集卡可直接插在 IBM-PC/AT 或与之兼容的计算机内的任一 PCI 插槽中，构成在工业生产、质量检测、实验研究等领域进行数据采集、波形分析和处理的系统。

② PXI 采集卡。PXI 采集卡适用于当前各种自动测试系统高速数据的自动采集场合，其具有双通道数据采集功能，同时还具有多种触发功能，能够满足不同用户的测试需求。该采集卡具有采样速度高、存储容量大、体积小、系统配置简洁、用户界面友好，稳定性、重复性和可靠性高等特点。

③ USB 采集卡。USB 采集卡是一款专业级的视频采集设备，采用高速 USB3.0 接口设计，支持四路视频输入，可以通过视频 S 端子或 Video 端子来接入视频。USB 采集卡具有体积小、功能强劲、携带方便、即插即用、支持热插拔、性能稳定、不需要外接电源、兼容性好等优点。此外，还具有 USB3.0 高速接口，可捕捉高品质动态及静态画面，可供内置 USB3.0 接口的便携式计算机使用。USB 采集卡如图 4.2.3 所示。

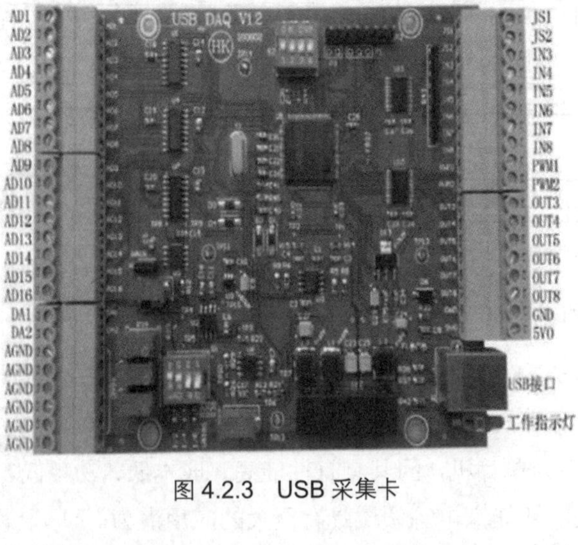

图 4.2.3　USB 采集卡

④ CAN 采集卡。CAN 采集卡的 CAN 总线数据收发由 CAN 控制器和 CAN 收发器完成。这种接口的采集卡广泛应用在汽车行业中，而且在工业控制、机器人、医疗器械、传感器等领域发展迅速。

（3）根据处理信号类型分类，工业采集板卡可分为模拟量输入采集板卡、模拟量输出采集板卡、开关量输入采集板卡、开关量输出采集板卡、脉冲量输入采集板卡、多功能采集板卡等。其中，多功能采集板卡可以集成多个功能，如此类采集板卡中的数字量输入/输出采集板卡将模拟量输入和数字量输入/输出集成在同一采集板卡上。

（4）根据采样频率分类，工业采集板卡可分为高速采集板卡和低速采集板卡。高速采集板卡就是采样频率/采样率比较高的工业采集板卡，低速采集板卡就是采样频率/采样率比较低的工业采集板卡。通常情况下，10MS/s 以上的采样率可称为高速工业采集板卡。当然，在不同的应用领域，高速采集板卡与低速采集板卡的分类标准有所不同，比如在机械振动领域，1MS/s 采样率可以视为高速数据采集；而在雷达信号处理领域，1GS/s 及以上的采样率才可归到高速数据采集范畴。

（5）根据采集通道数量分类，工业采集板卡可分为 2 通道采集卡、4 通道采集卡、8 通道采集卡和 16 通道采集卡等。通道数量决定着采集信号的数量，通道数量越多，工业采集板卡的价格也越昂贵。

4.2.3　工业采集板卡的选型

1. 工业采集板卡的选型依据

选择工业采集板卡时，工作人员需要全面分析应用场景的具体需求，充分了解各类工业采集板卡的特点、适用的开发平台及开发难度等，再从工业采集板卡的通道数、分辨率、精度等参数指标来选择工业采集板卡型号。

1）通道数

通道数指可同时采集模拟量的个数。例如，在振动信号采集和分析中，若需要检测 3 个不同物理位置的振动幅值，就需要在 3 个不同位置安装振动传感器，每个传感器都会输出自己位置的振动信号，那么工业采集板卡就至少需要 3 个 A/D 转换器来满足振动信号采集的要求。目前，工业采集板卡通常只有 1 个 A/D 转换器，因此可以通过使用模拟开关来分时采集不同通道的数据。

2）分辨率

工业采集板卡的分辨率即采样数据最低位所代表的模拟量的值，通常是指该设备中 A/D 转换器的分辨率，大多数数据采集设备采用逐次比较型 A/D 转换器，分辨率一般有 8 位、10 位、12 位和 16 位。目前，大多数的工业采集板卡都具有 12 位和 16 位两种分辨率。当分辨率为 n 位时，表明可以分辨满量程电压的 $1/2^n$，当分辨率是 16 位时，表明最小可分辨满量程电压的 $1/65\,536$（$1/2^{16}$）。

3）精度

精度是指工业采集板卡在满量程范围内任意一点的输出值相对于其理想值之间的偏离

程度。工业采集板卡的精度受卡上放大倍数的影响比较大，尽管工业采集板卡的精度指标在设计时都很高，如 12 位 A/D 采集卡的精度通常为满程电压（FSR）的 0.01%+1LSB，但在实际检测过程中，其受到很多因素影响，如外部电磁干扰信号、电源干扰和传感器噪声等。在这些影响因素的限制下，检测精度往往达不到理想水平。

4）板载 FIFO

先入先出队列（First Input First Output，FIFO）主要用作数据高速传输中的缓冲器。采集板卡是否具有 FIFO，对数据传输的速度影响很大。目前，尽管 A/D 转换器的采样速率较高，但工业采集板卡采集到数据后无法及时传输到计算机中，A/D 转换的高速转换就没有发挥优势。具有 FIFO 的工业采集板卡在采集时利用 FIFO 来作为数据输出的缓冲，等到采集到一定的数量后再批量传输到计算机，提高传输速率的同时，也可以大大节省计算机的资源，保证采样数据的连续性。

5）输入方式

目前，工业采集板卡都设计了单端输入和差分输入两种方式供用户选择。

（1）单端输入（Single-ended Inputs）。单端输入是指输入信号（如传感器的输出信号）的负端接在基准地上，而正端接在工业采集板卡输入端的输入测量方式。在单端输入情况下，所有输入端的负端是共地的，采集卡只需要一个引脚连接在输入信号的正端即可。在多通道输入的情况下，如果不同输入信号之间是完全独立的，即信号源是无源器件（如热电偶信号，不需要对热电偶进行供电）或信号源是使用独立电源供电，使用单端输入则可以获得更好的精度。

（2）差分输入（Differential Inputs）。差分输入指输入信号（如传感器的输出信号）的正负两端分别接在工业采集板卡的输入正端和输入负端的测量方式。不同的通道具有不同的输入正、负端。采用差分输入时，工业采集板卡的输入阻抗很高，几乎不吸收电桥的电流，使两个电桥和工业采集板卡都能处于正常工作状态。此时，输入工业采集板卡的共模电压必须小于工业采集板卡的输入电压，否则将产生很大的测量误差。如果外部电桥信号分别使用独立的电源供电，由于干扰和浮地电压的影响，很可能在两个独立供电电桥上产生较大的电位差，尽管这种电位差难以形成稳定电流，但在很多瞬间会超出工业采集板卡的输入电压范围，进而导致数据采集的误差，甚至可能损坏工业采集板卡（当浮地电压差高于最大输入电压时）。因此，当外部传感器使用独立电源供电时，建议工业采集板卡采用单端输入方式，这不仅可以提高数据采集的精度，也可避免浮地电压给工业采集板卡带来的危害。

6）采样频率

采样频率是指单位时间内从连续信号中提取并组成离散信号的采样个数，其倒数是采样周期。

7）数据传输方式

数据传输方式是指工业采集板卡将采集到的数据传输给计算机的方式，主要有如下两种。

（1）软件读取。计算机通过软件发出 A/D 采样指令，待采样结束后读取采样结果。该方式的数据传输速率较慢且会占用较多的计算机资源，但由于其程序简单，常常用于采样速率要求较低和计算机负荷不重的情况。

（2）中断方式。计算机采用中断方式接收工业采集板卡的采集结果。这种方式占用计算机的资源较少，是一种高效的数据传输方式，适合高速连续的数据采集和处理。

8）增益

工业采集板卡的增益是指工业采集板卡在 A/D 转换前对电压放大的倍数。为了对小信号进行采集，很多工业采集板卡在 A/D 转换前设计有程控制放大器，以充分使用 A/D 转换器的分辨率。增益与电压输入范围可直接进行换算，如果一个工业采集板卡的可设定增益为 0.5、1、2、4、8，那么对应的可设定输入电压范围为+10V、+5V、+2.5V、+1.25V、+0.625V。

9）触发模式

触发模式是指启动工业采集板卡 A/D 转换方式，一般有 3 种模式可供选择。

（1）内部软件触发（Internal Software Trigger）：在这种触发模式下，计算机通过调用 DLL 中的函数，或直接读写工业采集板卡的寄存器来完成 A/D 转换的启动。

（2）内部定时触发（Internal Pacer Trigger）：由内部时钟发生器定时启动 A/D 转换，这种方式结合中断传输可完成数据的高速和连续采集。

（3）外部触发（External Trigger）：使用外部脉冲或电平信号启动 A/D 转换。外部触发常用于采集瞬间的数据。例如，采集压力机冲击过程中模具的受力情况时，可以设定在上模块运行到某个位置时给出一个触发信号，启动 A/D 转换，这样就可以准确地采集到所需要的信号。一些工业采集板卡还具有提前触发、对中触发和之后触发的功能。

2．PCI-1710 工业采集板卡介绍

通过对比选型，本书选择研华公司的 PCI-1710 工业采集板卡，其外形结构如图 4.2.4 所示。这是一款使用 PCI 总线的多功能工业采集板卡，具有更先进的电路设计、更高的质量和更多的功能。PCI-1710 工业采集板卡符合 PCI 规格 Rev2.1 标准，支持即插即用，安装方便。PCI-1710 工业采集板卡常用在工业数据采集上，其配有 PCL-10168 屏蔽电缆，这种电缆是双绞线结构，并且将模拟信号线和数字信号线分开屏蔽，将信号间的交叉干扰降到最低，降低了模拟信号的输入噪声，解决了电磁干扰与电磁屏蔽问题。

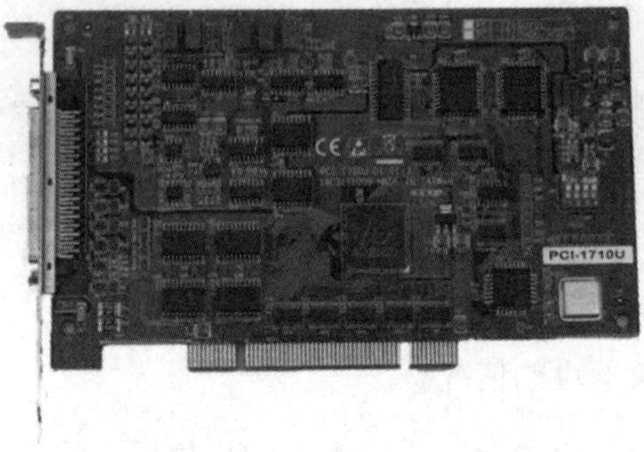

图 4.2.4　PCI-1710 工业采集板卡

PCI-1710 工业采集板卡的主要特点如下。

（1）16 路单端或 8 路差分模拟量输入，或者组合方式输入。

（2）12 位 A/D 转换器，采样率可达 100kS/s。

（3）板载 4K 采样 FIFO 缓冲器。

（4）每个输入通道的增益可编程。

（5）自动通道/增益扫描。

（6）板载 4K 采样 FIFO 缓存。

（7）2 路 12bit 模拟量输出。

（8）可编程计数器/定时器。

【小思考】

双绞线结构为什么具有抗电磁干扰的作用？

4.2.4　工业采集板卡的数据交互接口

1. PCI 总线

PCI 总线是一种高性能局部总线，可满足外设间及外设与主机间高速数据传输的需求，是计算机的标准总线之一。PCI 总线常用于数字图形、图像和语音处理，以及高速实时数据采集与处理等对数据传输速率要求较高的场景中的数据传输。其主要特点如下。

（1）分时复用，即地址总线与数据总线可以分时复用，这样既可以节省接插件的引脚数，实现高效传输，也便于在突发状况下实现数据传输。

（2）即插即用，即当工业采集板卡插入系统时，系统会自动对工业采集板卡所需资源进行分配，如基地址、中断号等，并自动寻找相应的驱动程序，免去了复杂的手动配置步骤。

（3）中断共享，硬件上采用电平触发的办法实现中断；软件上则采用中断链的方法实现中断共享。

研华 PCI-1710 工业采集板卡所配备的 PCI 总线如图 4.2.5 所示。

图 4.2.5　研华 PCI-1710 工业采集板卡所配备的 PCI 总线

2. CPCI 总线

紧凑型 PCI（Compact Peripheral Component Interconnect，CPCI）总线是国际工业计算机制造者联合会提出的一种总线标准，主要用于高性能工业计算机。CPCI 总线是标准 PCI 总线的工业版本，其中央处理器（CPU）及外设与标准 PCI 一样，且所用的芯片、防火墙和相关软件都是相同的。因此，在操作系统、驱动和应用程序上都没有显著区别。但在耐用性、抗震性和散热性等方面，CPCI 总线更优于 PCI 总线。

CPCI 总线的出现不仅让如 CPU、硬盘等许多原先基于 PC 的技术和成熟产品能够延续应用，也由于在接口等地方做了重大改进，使得采用 CPCI 总线的服务器、工控计算机等拥有了高可靠性和高密度的优点。CPCI 总线是基于 PCI 电气规范开发的高性能工业总线，适用于 3U（Unit，1U=4.445cm）和 6U 高度的电路插板设计。CPCI 总线电路插板从前方插入机柜，I/O 数据的出口可以是前面板上的接口或机柜的背板。它的出现解决了多年来电信系统工程师与设备制造商面临的棘手问题，如传统电信设备总线 VME 与工业标准 PCI 总线不兼容问题。CPCI 总线是在 PCI 总线的基础之上改造而成的，主要具有三方面的特点：一是仍然采用 PCI 局部总线技术；二是改善了散热条件、提高了抗振动冲击能力，符合电磁兼容性要求；三是采用 2mm 密度的针孔连接器，具有气密性、防腐性，进一步提高了可靠性和负载能力。

CPCI 总线具有高开放性、高可靠性、可热插拔的特点，使该技术广泛应用在通信、网络、计算机、实时系统控制、产业自动化、实时数据采集、军事系统等需要高速运算，以及智能交通、航空航天、医疗器械、水利等需要模块化，高可靠性，长期使用的应用领域。

3. PCIe 总线

PCIe（Peripheral Component Interconnect Express）总线是英特尔公司提出的总线和接口标准，旨在全面取代现行的相关标准，最终实现总线标准的统一。

在概念方面，PCIe 总线是 PCI/PCI-X 总线的高速串行替换。PCIe 总线基于点到点拓扑，单独的串行链路将每个设备连接到根系统（主机）。由于其共享总线拓扑，可对单个方向上的 PCI 总线进行仲裁（在多个主机的情况下），并且一次限制为一个主机。在总线协议方面，PCI-Express 总线通信封装在数据包中。PCIe 总线端口的事务层打包和解包数据与状态消息流量，电信号和总线协议的根本差异是需要使用不同的机械外形尺寸和扩展连接器。

PCIe 总线的主要优势就是数据传输速率高，2022 年发布的 PCIe 6.0 单通道可达 8GB/s 的传输速率，PCIe 6.0×16 双向可达 256 GB/s，在相关领域中具有广阔的应用前景。

4. PC/104 总线

PC/104 总线是一种工业计算机总线，其实质是一种紧凑型的 IEEE-P996 标准（PC 和 PC/AT 工业总线标准）总线。采用 PC/104 总线标准的采集板卡又叫 PC/104、PC/104+和 PCI-104 模块，其标准尺寸为 90mm×96mm，这样紧凑的尺寸使得 PC/104、PC/104+和 PCI-104 模块成了嵌入式系统应用的理想产品。其主要特点如下。

（1）开放且高可靠性的工业规范：PC/104、PC/104+和 PCI-104 模块在电气特性和机械特性上可靠性极高、功耗低、产生热量少。板卡与板卡之间通过自堆栈进行可靠连接，抗震能力强。全世界有超过 200 家公司使用这些开放的规范来生产和销售各种 PC/104 模块。

（2）模块可自由扩展：PC/104 模块具有灵活的可扩展性。它允许工程师互换及匹配各种功能卡，可随系统的需求而升级 CPU 的性能。增加系统的功能和性能只需通过改变相应的模块即可实现。

（3）低功耗：总线驱动电流为 4mA 时即可使模块正常工作，低功耗有利于减少元件数量。各种插卡广泛采用 VLSI 芯片、低功耗的 ASIC 芯片、门阵列等，其存储采用大容量固态硬盘（SSD）。

（4）堆栈式连接：这种结构取消了主板和插槽，可以将所有的 PC/104 模块板利用板上的叠装总线插座连接起来，有效减少整个系统所占的空间。

（5）丰富的软件资源：与 PC 系统兼容的操作系统、开发工具、应用软件都可以在 PC/104 模块中运行，可直接利用 PC 系统中丰富的软件资源，从而减少购买软件、学习软件、培训等方面的成本。此外，在许多 PC/104 模块的设计中，已经成功应用了大量的实时操作系统。

（6）复杂程度降低：通过使用 PC/104、PC/104+和 PCI-104 模块，用户可以将精力集中于末端系统设计及功能设计上，减少花费在处理 CPU 及其外围器件之间的复杂接口关系上的时间，响应速度快。

5．ISA

工业标准结构总线（Industrial Standard Architecture，ISA）是 8/16bit 的系统总线，最大传输速率仅为 8MB/s，但允许多个 CPU 共享系统资源。由于兼容性好，在 20 世纪 80 年代，ISA 是应用最广泛的系统总线，但传输速率过低、CPU 占用率高、占用硬件中断资源等缺陷使它逐渐被淘汰。

6．USB

通用串行总线（Universal Serial Bus，USB）是一种新兴的接口标准的数据通信方式，具有数据传输快、即插即用、快速识别等优势（见图 4.2.6）。目前，USB3.0 的最大传输带宽已经达到了 500MB/s，且支持待机、休眠和暂停等电源管理机制。

图 4.2.6   USB 3.0

🔍 拓展阅读

全新模块化分布式数据采集模块 iDAQ

随着测试测量市场的快速发展，各个领域出现了快速增长的测试测量技术需求，如电动汽车、5G 通信和新型电池等领域。对此，研华公司发布了新的分布式测试测量数据采集模块——iDAQ 系列。

（1）模块化设计，灵活性好。每个 iDAQ 模块只有一种功能，如数字输入、模拟输入甚至 IEPE 输入。可以为 iDAQ 系统选择不同的模块组合和规格，以满足不同的测试和测量场景。

（2）支持热插拔，维护非常简单。

（3）精确的时间同步和简化的布线。iDAQ-900 系列机箱通过背板提供快速总线接入，实现 iDAQ 各模块之间的连接。每个 iDAQ 模块都可以通过总线使用相同的时钟和触发器事件进行同步。

（4）坚固的设计对抗恶劣环境。抗振动（5Grms 随机振动和 30G 冲击测试）、抗 EMC（铝合金外壳）、宽范围的温度运行（−20～60℃）三个因素使 iDAQ 系统坚固耐用。

（5）多个接口，一个 SDK。iDAQ-900 机箱根据安装的模块提供不同的连通性解决方案。例如，iDAQ-934 是带有 4 个 iDAQ 槽的 USB 3.0 机箱，iDAQ-964 是 AMAX 边缘控制器的机箱扩展。

【任务计划】

根据任务资讯及收集整理的资料填写任务计划单。

任务计划单

项 目	采集电力变压器运行数据（工业采集板卡）			
任 务	工业采集板卡选型		学 时	2
计划方式	分组讨论、资料收集、技能学习等			
序 号	任 务		时 间	负责人
1				
2				
3				
4				
5	完成工业采集板卡选型			
6	任务成果汇报展示			
小组分工	讨论工业采集板卡选型任务，充分细化，并落实到具体的同学，在规定的时间点进行检查			
计划评价				

【任务实施】

根据任务计划编制任务实施方案，并完成任务实施，填写任务实施工单。

任务实施工单

项 目	采集电力变压器运行数据（工业采集板卡）	
任 务	工业采集板卡选型	学 时
计划方式	分组讨论、合作实操	
序 号	实施情况	
1		
2		

3	
4	
5	完成工业采集板卡选型
6	任务成果展示、汇报

【任务检查与评价】

完成任务实施后，进行任务检查与评价，可采用小组互评等方式，具体任务评价单如下。

任务评价单

项　　目	采集电力变压器运行数据（工业采集板卡）			
任　　务	工业采集板卡选型			
考核方式	过程考核			
说　　明	主要评价学生在项目学习过程中的操作方式、理论知识、学习态度、课堂表现、学习能力、动手能力等			
评价内容与评价标准				
序　号	内　容	评价标准		成绩比例
		优	良	合　格	

序号	内容	优	良	合格	成绩比例
1	基本理论掌握	掌握工业采集板卡的基本原理、应用场景和选型依据	熟悉工业采集板卡的基本原理、应用场景和选型依据	了解工业采集板卡的基本原理、应用场景和选型依据	30%
2	实践操作技能	熟练使用各种查询工具收集和查阅系统相关资料，快速、准确地分析工业采集板卡类别、参数及工作要求，并完成工业采集板卡选型	能够较熟练使用各种查询工具收集和查阅系统相关资料，快速、准确地分析工业采集板卡类别、参数及工作要求，并完成工业采集板卡选型	会使用各种查询工具收集和查阅工业采集板卡类别、参数及工作要求，并完成工业采集板卡选型	30%
3	职业核心能力	具有良好的自主学习能力、分析和解决问题的能力	具有较好的自主学习能力、分析和解决问题的能力	能够主动学习并收集信息，具备一定的分析和解决问题的能力	10%
4	工作作风与职业道德	具有严谨的科学态度和工匠精神，能够严格遵守"6S"管理制度	具有良好的科学态度和工匠精神，能够自觉遵守"6S"管理制度	具有较好的科学态度和工匠精神，能够遵守"6S"管理制度	10%
5	小组评价	具有良好的团队合作精神和沟通交流能力，热心帮助小组其他成员	具有较好的团队合作精神和沟通交流能力，能帮助小组其他成员	具有一定团队合作能力，能配合小组其他成员完成项目任务	10%
6	教师评价	包括以上所有内容	包括以上所有内容	包括以上所有内容	10%
合　计					100%

【任务练习】

1. 工业采集板卡的应用场景有哪些？

2. 工业采集板卡与单片机的区别是什么？

任务 4.3　电力变压器数据采集（工业采集板卡）

【任务描述】

LabVIEW（Laboratory Virtual Instrument Engineering Workbench）是一种图形化的编程语言开发环境，它广泛地被工业界、学术界和研究实验室所接受，是一个标准的数据采集和仪器控制软件。LabVIEW 常与工业采集板卡配合使用，因此学习并掌握 LabVIEW 的编程语言是十分重要的。

【任务单】

根据任务描述，需要学会使用 LabVIEW 与 PCI-1710 工业采集板卡通信，具体任务要求请参照下面的任务单。

任务单

项　目	采集电力变压器运行数据（工业采集板卡）	
任　务	电力变压器数据采集（工业采集板卡）	
任务要求	任务准备	
1. 明确任务要求。 2. 完成 LabVIEW 的安装。 3. 完成 LabVIEW 与工业采集板卡的通信	1. 自主学习。 （1）LabVIEW 的功能和特点。 （2）LabVIEW 与工业采集板卡的通信要求。 2. 设备工具。 （1）硬件：计算机。 （2）软件：办公软件、LabVIEW	
自我总结	拓展提高	
	通过工作过程和工作总结，认识 LabVIEW，提高工业软件安装和配置的能力	

基于数据采集板卡采集智能装配线环境参数

传感器和数据采集板卡安装与接线

【任务资讯】

4.3.1　PCI-1710 采集板卡接线

1. I/O 接口的定义

PCI-1710 工业采集板卡的引脚定义如图 4.3.1 所示。

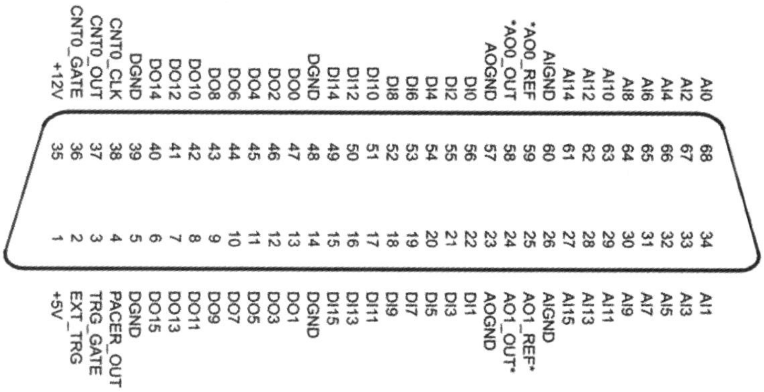

图 4.3.1　PCI-1710 工业采集板卡的引脚定义

PCI-1710 工业采集板卡 I/O 接口的信号描述如表 4.3.1 所示。

表 4.3.1　PCI-1710 工业采集板卡 I/O 接口的信号描述

信号名	参　考	方　向	描　述
AI(0～15)	AIGND	输入	模拟量输入通道 0～15，每个通道对 AI(0～15)都可被配置为两个单端输入通道或一个差分输入通道
AIGND	—	—	模拟量输入接地。这些引脚为单端测量的参考点，是差分测量的偏置电流返回点。三个接地参考（AIGND、AOGND 和 DGND）同时连接到 PCI-1710/1710HG 卡
A0_ REF	AOGND	输入	模拟量输出通道 0 外部参考源。这是模拟量输出通道 0 电路的外部参考输入
A1_ _REF	AOGND	输入	模拟量输出通道 1 外部参考源。这是模拟量输出通道 1 电路的外部参考输入
DI(0.15)	DGND	输入	数字量输入信号
D0(0.15)	DGND	输出	数字量输出信号
DGND	—	—	数字接地。此针脚为+5V$_{DC}$和 I/O 接口的数字量信号提供参考。三个接地参考（AIGND、AOGND 和 DGND）同时连接到 PCI-1710/1710HG 卡

续表

信号名	参　考	方　向	描　述
PACER_OUTA	DGND	输出	脉冲时钟输出。脉冲时钟开启后，此引脚会为每个 A/D 模块采集的脉冲时钟生成一个脉冲。如果 A/D 转换处于脉冲触发模式，则用户可将此信号作为其他应用的同步信号。上升沿（由低到高）信号将触发 A/D 转换
TRG_GATE	DGND	输入	A/D 外部触发时钟。此引脚为外部时钟信号输入门控。当 TRG_GATE 被连接到+5V 时，它将使能外部脉冲信号输入。当 TRG_GATE 被连接至 DGND 时，它将禁止外部脉冲信号输入
EXT_TRG	DGND	输入	A/D 外部触发。此针脚为外部触发信号输入，用于 A/D 转换。上升沿（由低到高）信号将触发 A/D 转换
+12V	DGND	输出	+12 V_{DC} 源
+5V	DGND	输出	+5 V_{DC} 源

2．与计算机主板电路连接

（1）PCI-1710 工业采集板卡与计算机主板装配，其主要步骤如下。

① 关闭计算机，拔下电源线和其他电缆。

② 移除计算机外壳盖。

③ 移除后面板上的插槽盖。

④ 接触计算机表面的金属部分消除身体的静电。

⑤ 将 PCI-1710 工业采集板卡插入 PCI 插槽，要注意工业采集板卡与插槽的引脚对齐后再插入插槽。

⑥ 用螺栓将 PCI 卡托架固定在计算机后面板导轨上。

⑦ 将需要的附件（电缆、接线端子等）连接至 PCI 卡。

⑧ 将计算机外壳盖重新放回并固定，重新连接步骤①中断开的电源线和其他电缆。

⑨ 插上电源线并开启计算机。

将 PCI-1710 工业采集板卡插入计算机主板卡槽如图 4.3.2 所示。

PCI-1710 工业采集板卡安装成功后，可在计算机的"设备管理器"中查看（见图 4.3.3）。从图 4.3.3 中可以发现"PCI-1710 series"处于警告状态，说明此计算机还未安装 PCI-1710 工业采集板卡的驱动。

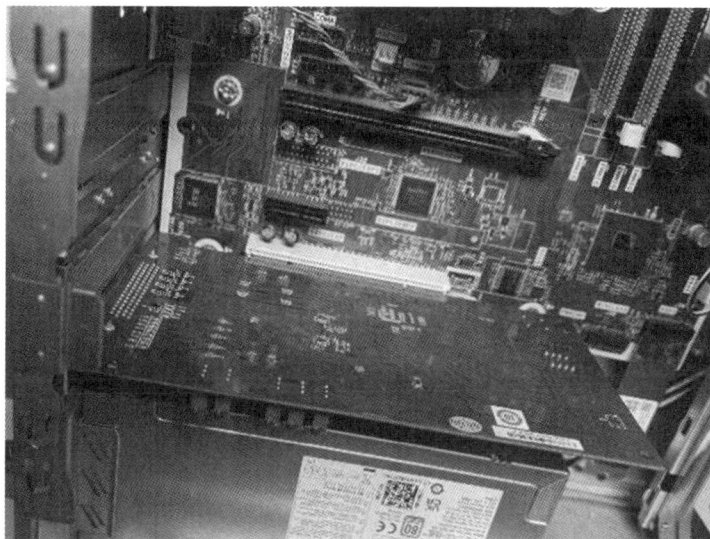

图 4.3.2　将 PCI-1710 工业采集板卡插入计算机主板卡槽

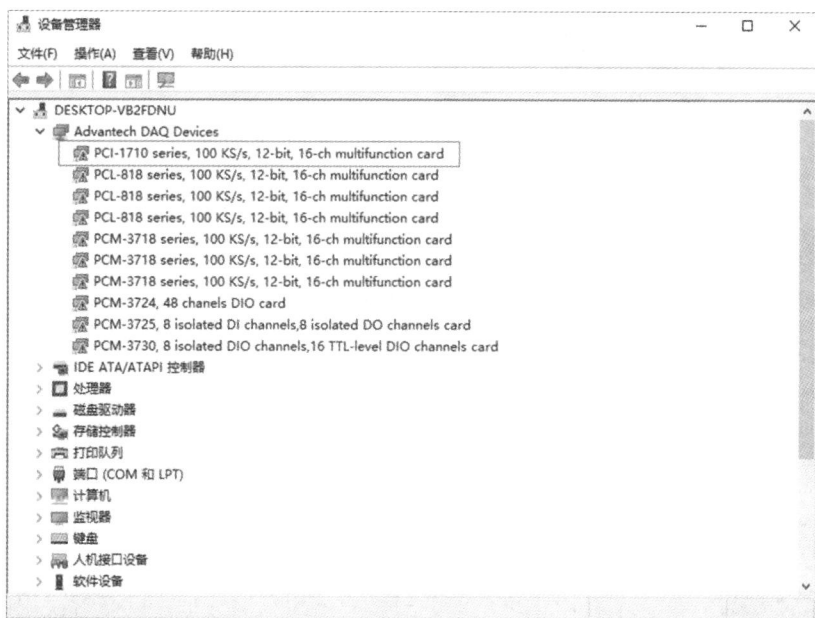

图 4.3.3　PCI-1710 工业采集板卡与计算机装配完成后的设备管理界面

（2）传感器与 PCI-1710 工业采集板卡连接。

PCI-1710 工业采集板卡既支持单端模拟量输入，又支持差分模拟量输入。输入通道的配置可通过软件进行选择，这种方式比通过卡上的跳线选择配置更为简便。采用 PCI-1710 工业采集板卡时，即使通过软件将一个通道设置为单端输入或差分输入，其他通道也可保留原有配置。

本节将以电压采集为例，实现电压传感器与 PCI-1710 工业采集板卡的连接。PCI-1710 工业采集板卡的接线端子板采用 ADAM-3968 型，是 DIN 导轨安装的 68 芯 SCSI 接线端子板，用于各种输入输出信号线的连接。电压传感器输出为两端口，本节采用差分输入的方式与 PCI-1710 工业采集板卡接线端子板连接。电压传感器与接线端子板连接示意图如图 4.3.4 所示。连接后，采用 PCL-10168 型电缆通过插槽连接工业采集板卡与 ADAM-3968 接线端子板。

图 4.3.4　电压传感器与接线端子板连接示意图

【小提示】

差分传输是不同于传统的一根信号线一根地线的做法，差分传输在这两根线上都传输信号，在这两根线上的传输信号就是差分信号。差分信号可用一个数值表示两个物理量之间的差异，因此电压信号属于差分信号，因为一个电压只能是相对另一个电压而言的。

4.3.2　LabVIEW 安装

1. LabVIEW

LabVIEW 拥有一整套工具用于采集、分析、显示和存储数据，以及解决用户编写代码过程中可能出现的问题。经过十余年的发展，如今 LabVIEW 已成为一个具有直观界面、便于开发、易于学习等优势，且具有多种仪器驱动程序和工具的大型仪器开发工具，此外，LabVIEW 集成了满足 GPIB、VXI、RS-232 和 RS-485 协议的硬件及与工业采集板卡通信的功能。LabVIEW 可以完成控制仿真、报表生成、数据管理和一些复杂软件开发等工作，广泛应用于医疗、生物、化工、电力等领域。

LabVIEW 也是一款虚拟仪器（Virtual Instrumentation，VI），可提供与真实物理仪器（如示波器、万用表等）外观类似的外观和操作方式，用于便捷地创建用户界面。LabVIEW 是以 VI 为基本单位设计和构建程序的，一个 LabVIEW 程序又可被称为一个 VI，一个 VI 由前面板和程序框图两部分构成。前面板即图形用户界面（Graphical User Interface，GUI），也就是虚拟仪器的外观。前面板可以提供众多输入控件和显示控件，输入控件包括旋钮、按钮、转盘等输入装置，可以通过编程将鼠标与键盘作为输入设备；显示控件包括图形、指示灯等输出显示装置。程序框图又被称为文本编辑窗口，其作用是编写代码，由于 LabVIEW 使用的是 G（Graphical）语言，所以代码是完全图形化的，其编程过程也可称为编辑 LabVIEW 的图形化程序的过程。框图中主要包含 VI、常量、内置函数和程序执行控制结构等，用连线连接相应的对象、定义对象间的数据流。前面板上的对象对应框图上的终端，这样数据就可以从用户端传递到程序，再回传给用户端。

　　LabVIEW 程序通过 VI 前面板控件的接线端子、连线、函数、循环结构来进行构建，通过后面板的函数来实现。LabVIEW 包含了大量的函数库，如数据采集（Data Acquisition，DAQ）、通用功能接口总线（General-Purpose Interface Bus，GPIB）、串口、数据分析、数据显示、数据存储及互联网网络通信的函数库。LabVIEW 的系统结构框图如图 4.3.5 所示。

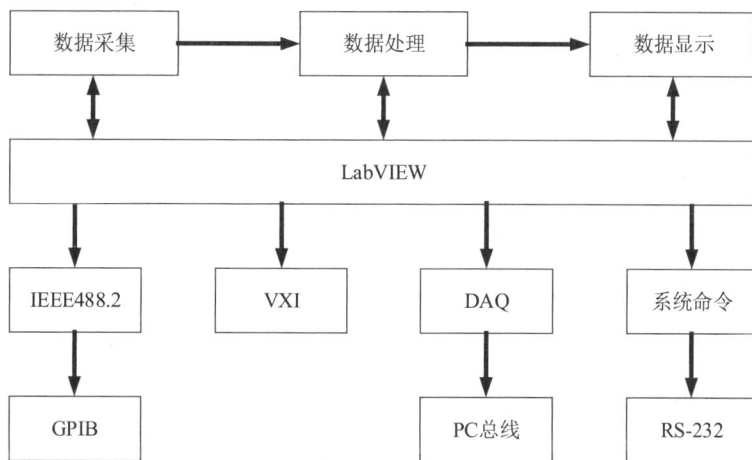

图 4.3.5　LabVIEW 的系统结构框图

　　与传统文本编程语言不同，LabVIEW 采用数据流编程方式，程序框图中节点之间的数据流向决定了虚拟仪器及函数的执行顺序，且一个函数只有收到必要的数据后才可以运行，降低了编程的难度。

【小提示】

　　G 代码执行时遵照的规则是数据流，而不是大多数基于文本的编程语言如 C、C++、JAVA 等。数据流执行模式是由数据驱动的，或者说是依赖于数据的，是程序内节点间的数据流动，而非文本的顺序行，它决定着代码的执行顺序。

2．LabVIEW 的优势

LabVIEW 是一种功能丰富、拓展性好的软件开发工具，其主要优势如下。

（1）LabVIEW 具有跨平台特性，支持 Windows、Mac OS、Linux 等多种计算机操作系统，提高了使用的灵活性。

（2）LabVIEW 拥有强大的扩展函数库，主要包括数据采集、VISA（Virtual Instrument Software Architecture）、GPIB 总线、VXI 总线控制及串行仪器控制。

（3）LabVIEW 可与第三方硬件结合到程序中，可调用 Windows 动态链接库（Dynamic Link Library）和用户自定义的链接库函数。

（4）LabVIEW 采用 G 语言编程，操作简易、快捷、高效，可节省程序开发时间、降低开发成本。

（5）LabVIEW 提供了代码接口节点（Code Interface Node，CIN），可采用 C 语言等其他编程语言编程。

（6）LabVIEW 提供互联接口、信号处理套件、机器视觉与运动、PID（Process Identification）控制、Matlab 接口及各种仪器程序专业开发工具包等。

（7）LabVIEW 支持直接动态数据交换（Dynamic Data Exchange，DDE）、结构化查询语言（Structured Query Language，SQL）、TCP（Transmission Control Protocol）和 UDP（User Datagram Protocol）网络协议。

3．LabVIEW 的配置与安装

（1）计算机硬件配置。

计算机安装 LabVIEW 所需要的系统配置要求如下。

① 处理器：最低配置为 Pentium Ⅲ或 Celeron 866MHz 及以上处理器，推荐配置为 Pentium4 或类似处理器。

② 内存：最小内存为 256MB，推荐内存配置为 512MB。

③ 分辨率：1 024 像素×768 像素。

④ 硬盘空间：至少需要 900MB 的硬盘空间，完全安装则需要 1.2GB 的硬盘空间。

（2）LabVIEW 的安装。

LabVIEW 的安装步骤如下。

① 在 NI 公司官网下载 LabVIEW 安装包，双击 install.exe 进行安装。

② 计算机界面上出现 LabVIEW 安装协议的弹窗，单击"下一步"按钮以安装 NI

Package Manager。NI Package Manager 安装完成后，将通过它安装 LabVIEW 及相关工具包。

③ 计算机界面上会出现 LabVIEW 许可协议的弹窗，选中"我接受上述 2 条许可条件协议"。

④ 依次单击"下一步"按钮，完成安装。安装结束后，重启计算机即可使用。

4.3.3　LabVIEW 与采集板卡通信

1．工业采集板卡驱动安装

研华公司的 PCI-1710 工业采集板卡的驱动安装步骤如下。

（1）下载 PCI-1710 工业采集板卡驱动安装包后，单击安装包，勾选"DAQ"，单击"Next"按钮。

（2）先勾选"All"，然后选择安装位置，单击"Start"按钮开始安装。

（3）等待安装，出现"Finish"按钮，单击此按钮即安装完成（见图 4.3.6）。

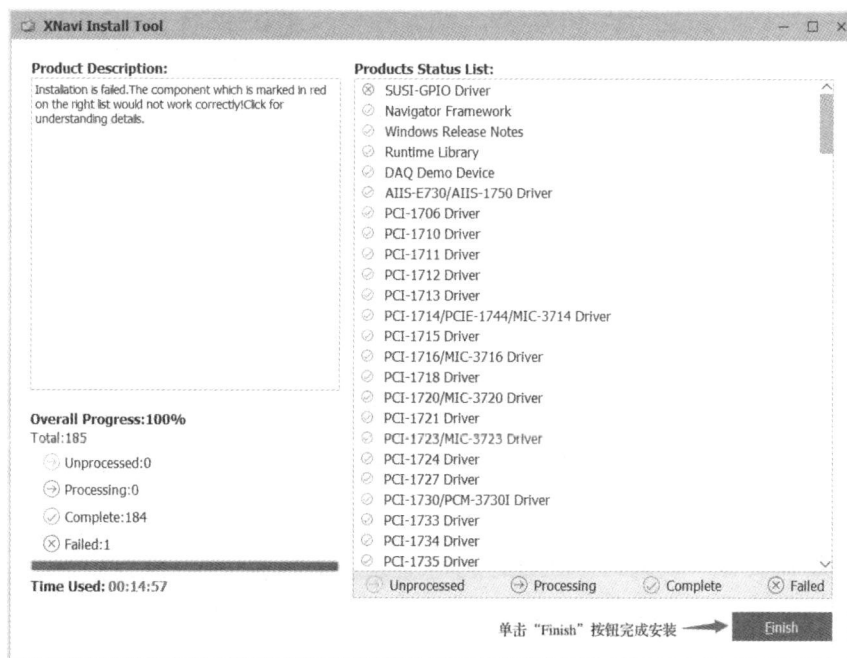

图 4.3.6　等待安装完成

2．测试系统搭建

以电压数据采集为例，详细介绍 LabVIEW 与 PCI-1710 工业采集板卡通信步骤。在通信之前，需要搭建测试系统（见图 4.3.7）。

测试系统主要由信号发生器、电压传感器、PCI-1710 工业采集板卡、LabVIEW 四个部分构成。图 4.3.7 中的箭头方向为测试系统各部分的连接顺序。仓库中电力变压器的一端常接输电线路（10 kV），另一端为市电 220V，测试条件较高，因此采用信号发生器产生模拟的电压信号，同时采用电压传感器采集信号发生器产生的电压信号，并将电压信号传输给 PCI-1710 工业采集板卡，再由 LabVIEW 与 PCI-1710 工业采集板卡通信，从而实现对数据的采集。

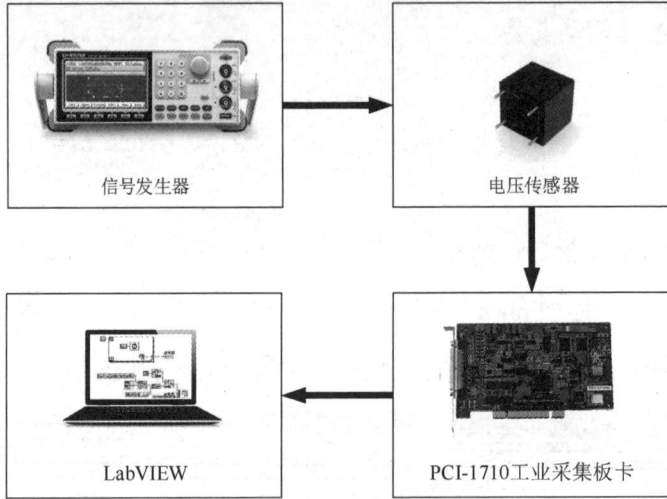

图 4.3.7　测试系统搭建

信号发生器是一种能提供各种频率、波形和输出电平电信号的设备。在测量各种电信系统或电信设备的振幅特性、频率特性、传输特性及其他电参数，以及测量元器件的特性与参数时，常常作为测试的信号源或激励源。

信号发生器可分为正弦信号发生器、低频信号发生器、高频信号发生器、微波信号发生器、扫频和程控信号发生器、频率合成式信号发生器、脉冲信号发生器、函数信号发生器、随机信号发生器、噪声信号发生器等。其中，函数信号发生器能产生三角波、锯齿波、矩形波（含方波）、正弦波等多种波形的信号。

本任务将采用函数信号发生器模拟电力变压器，输出波形为正弦波，频率为 50 Hz，幅值为 4V。电压传感器选择变比为 1∶1 的电压传感器。

3．LabVIEW 与采集板卡的通信程序

在使用 LabVIEW 与 PCI-1710 工业采集板卡通信前，需要在程序框图中检查是否存在研华工业采集板卡的函数库，主要步骤如下。

（1）在 LabVIEW 中创建新项目，找到函数控件中的"测量 I/O"（见图 4.3.8），并单击

"测量 I/O"。

图 4.3.8　测量 I/O

（2）在界面中出现一个 DAQNavi-Data 控件（见图 4.3.9），单击"DAQNavi-Data…"。

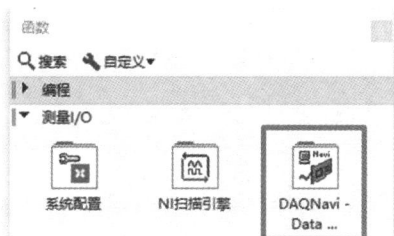

图 4.3.9　研华 DAQNavi-Data 控件

（3）完成上述操作后，就可以打开研华工业采集板卡所配套的函数控件（见图 4.3.10）。

图 4.3.10　研华工业采集板卡所配套的函数控件

接下来，为大家演示编写图 4.3.7 所示的测试系统中的函数信号发生器产生的电压数据采集显示程序，主要步骤如下。

（1）单击图标 ▶ 编程 。编写数据采集程序如图 4.3.11 所示。

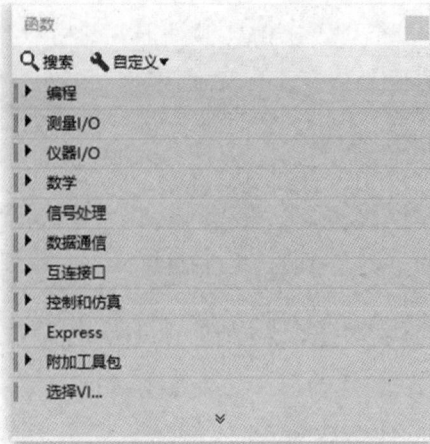

图 4.3.11　编写数据采集程序

（2）单击结构图标 （见图 4.3.12），进入结构函数库。

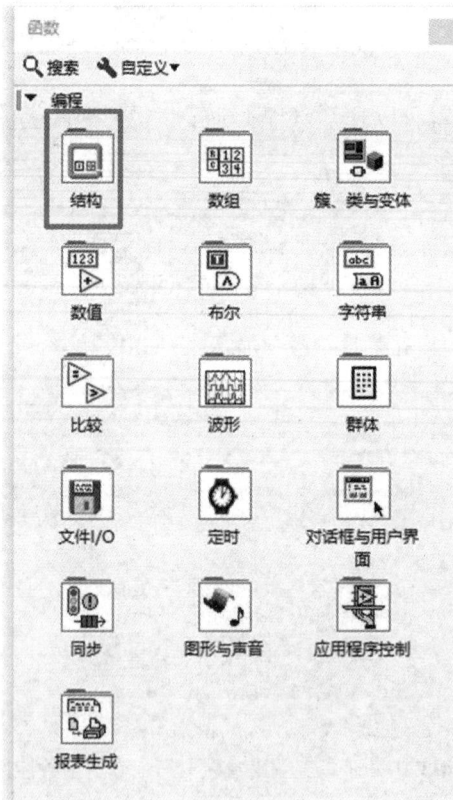

图 4.3.12　单击结构图标

（3）单击 While 循环图标 （见图 4.3.13），在界面中画出框图，当后续控件放入框图内，程序会一直循环。

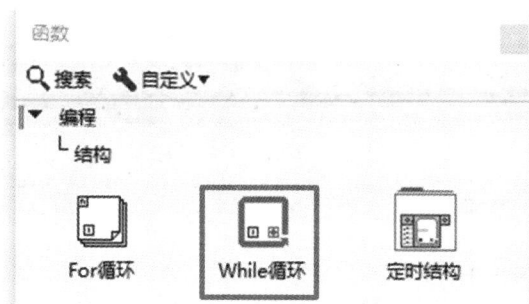

图 4.3.13　While 循环

（4）再次单击"DAQNavi - Data..."（见图 4.3.14），打开 DAQ 函数库。

图 4.3.14　DAQNavi - Data...

（5）将图标拖入循环框中（见图 4.3.15）。

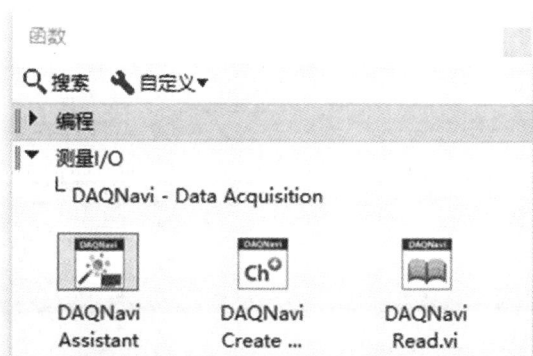

图 4.3.15　将相关图标拖入循环框

（6）选择模拟量输入，如图 4.3.16（a）所示；单击"向后"按钮，随后选择模拟量瞬时读值，继续单击"向后"按钮，如图 4.3.16（b）所示。设备选择"PCI-1710,BID#0"，如图 4.3.16（c）所示，操作完成后单击"完成"按钮。

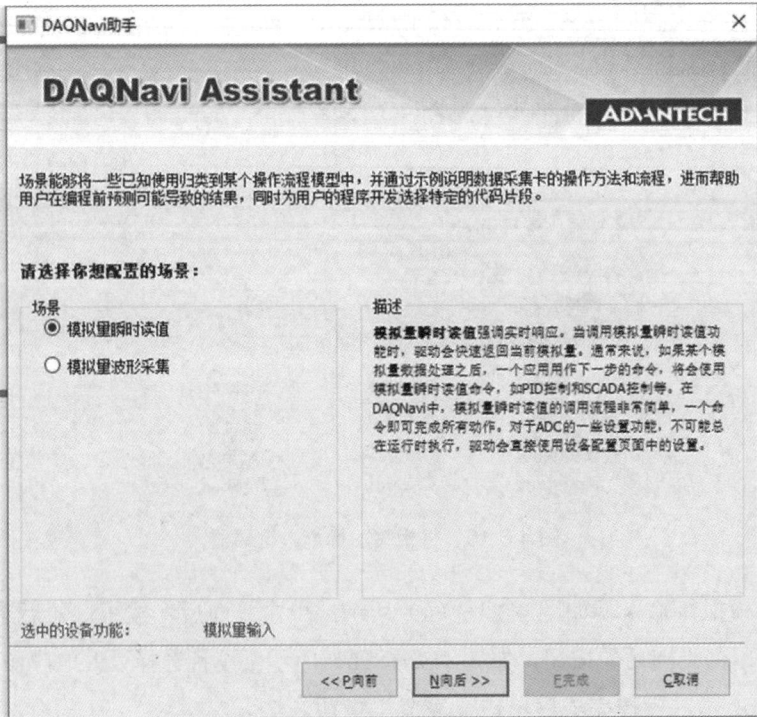

（a）

（b）

图 4.3.16　模拟量输入

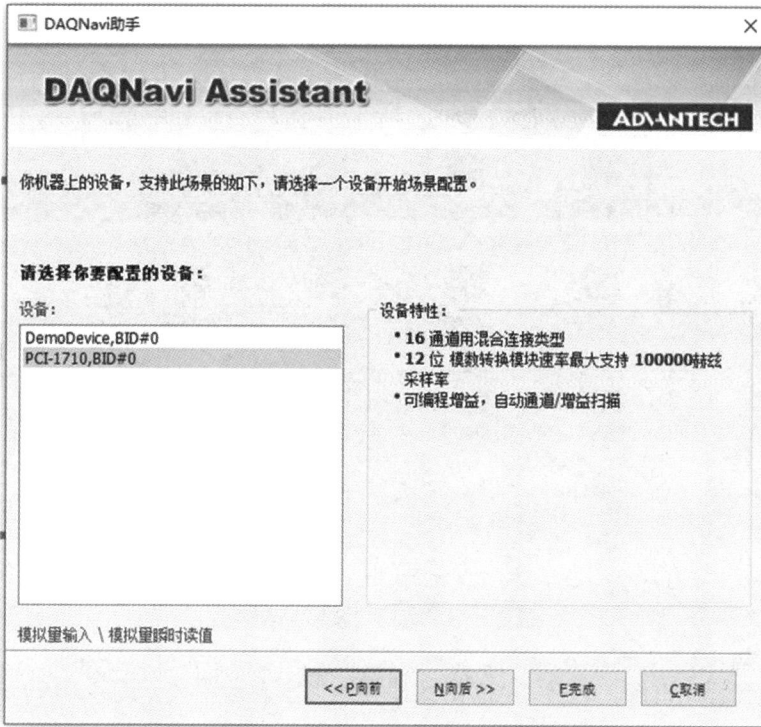

（c）

图 4.3.16　模拟量输入（续）

（7）切换至前面板界面，在界面空白处右击，选择"图形"（见图 4.3.17）。

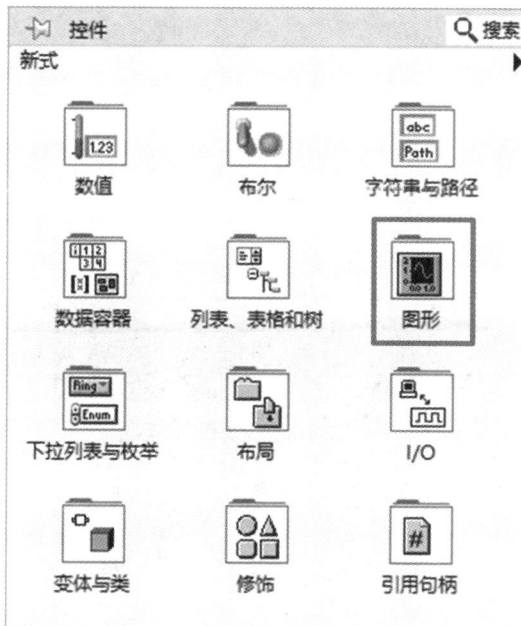

图 4.3.17　选择"图形"

（8）选择"波形图表"（见图 4.3.18）。

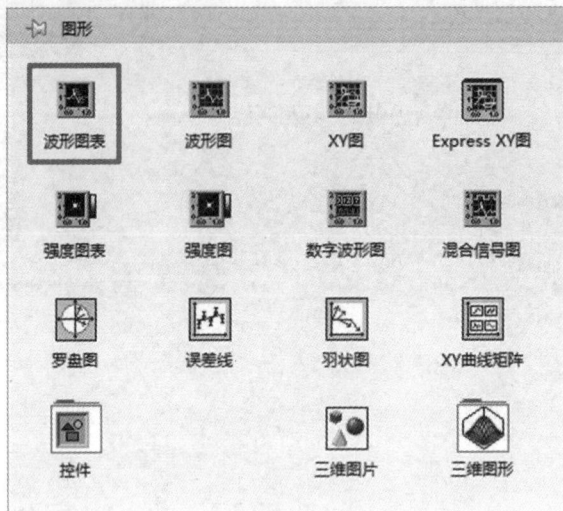

图 4.3.18　选择"波形图表"

（9）切换到程序框图，连接 DAQ 函数库和波形图表框图（见图 4.3.19）。

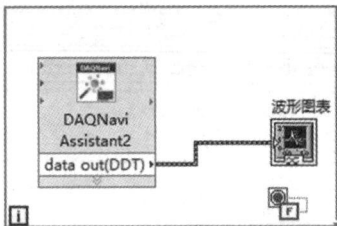

图 4.3.19　程序框连接图

（10）当信号接入完成后，单击"运行"按钮，可以在前面板中看到采集到的电压信号。电压信号采集结果如图 4.3.20 所示。

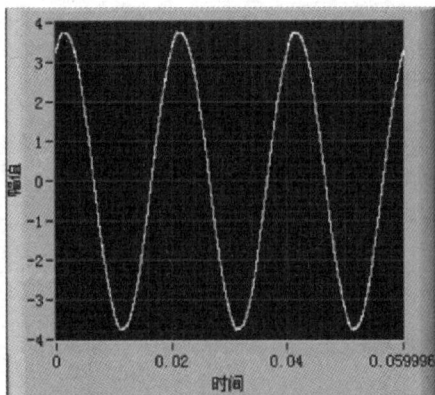

图 4.3.20　电压信号采集结果

拓展阅读

突破！首台国产 50 兆瓦重型燃气轮机完工发运

2022 年 11 月，东方电气集团东方汽轮机有限公司历时 13 年自主研发的首台国产 F 级 50 兆瓦重型燃气轮机成功下线发运。

重型燃气轮机是发电和驱动领域的核心装备，它体现了我国重工业产业的整体能力。这台 F 级 50 兆瓦重型燃气轮机正式交付进入实际应用标志着我国在重型燃气轮机领域实现了从 0 到 1 的突破。该装备共有 2 万多个零部件，工作压力可达 18 个大气压，相当于海底 180 米处的深水压；工作温度超过 1 300 摄氏度，可以 6 000 转/分钟的转速高速旋转。与同功率的火力发电机组相比，F 级 50 兆瓦重型燃气轮机 1 小时发电量超过 7 万千瓦时，每年可减少碳排放超过 50 万吨。

【任务计划】

根据任务资讯及收集整理的资料填写任务计划单。

任务计划单

项　目	采集电力变压器运行数据（工业采集板卡）			
任　务	电力变压器数据采集（工业采集板卡）	学　时		6
计划方式	分组讨论、资料收集、技能学习等			
序　号	任　务		时　间	负责人
1				
2				
3				
4				
5				
6	任务成果汇报展示			
小组分工	讨论 LabVIEW 的操作及其主要任务，充分细化，并落实到具体的同学，在规定的时间点进行检查			
计划评价				

【任务实施】

根据任务计划编制任务实施方案，并完成任务实施，填写任务实施工单。

175

任务实施工单

项　目	采集电力变压器运行数据（工业采集板卡）		
任　务	电力变压器数据采集（工业采集板卡）	学　时	
计划方式	项目实施		
序　号	实施情况		
1			
2			
3			
4			
5	用工业采集板卡采集电力变压器运行数据		
6	制作汇报 PPT 并讲解		

【任务检查与评价】

完成任务实施后，进行任务检查与评价，可采用小组互评等方式，具体任务评价单如下。

任务评价单

项　目	采集电力变压器运行数据（工业采集板卡）		
任　务	电力变压器数据采集（工业采集板卡）		
考核方式	过程考核		
说　明	主要评价学生在项目学习过程中的操作方式、理论知识、学习态度、课堂表现、学习能力、动手能力等		

评价内容与评价标准

序号	内容	评价标准			成绩比例
		优	良	合格	
1	基本理论掌握	掌握工业采集板卡与电压传感器的连接方式、LabVIEW 与工业采集板卡之间的通信和电压数据采集方法	熟悉工业采集板卡与电压传感器的连接方式、LabVIEW 与工业采集板卡之间的通信和电压数据采集方法	了解工业采集板卡与电压传感器的连接方式、LabVIEW 与工业采集板卡之间的通信和电压数据采集方法	30%
2	实践操作技能	熟悉工业采集板卡与传感器的连接方式、LabVIEW 与工业采集板卡之间的通信和电压数据采集方法	掌握工业采集板卡与传感器的连接方式、LabVIEW 与工业采集板卡之间的通信	能够安装和使用 LabVIEW	30%
3	职业核心能力	具有良好的自主学习能力、分析和解决问题的能力	具有较好的自主学习能力、分析和解决问题的能力	能够主动学习并收集信息，具备一定的分析和解决问题的能力	10%

续表

4	工作作风与职业道德	具有严谨的科学态度和工匠精神，能够严格遵守"6S"管理制度	具有良好的科学态度和工匠精神，能够自觉遵守"6S"管理制度	具有较好的科学态度和工匠精神，能够遵守"6S"管理制度	10%
5	小组评价	具有良好的团队合作精神和沟通交流能力，热心帮助小组其他成员	具有较好的团队合作精神和沟通交流能力，能帮助小组其他成员	具有一定团队合作能力，能配合小组其他成员完成项目任务	10%
6	教师评价	包括以上所有内容	包括以上所有内容	包括以上所有内容	10%
合　计					100%

【任务练习】

1. LabVIEW 可以用 C 语言编程吗？

2. 传感器能否直接与工业采集板卡相连接？

【思维导图】

请完成本项目思维导图

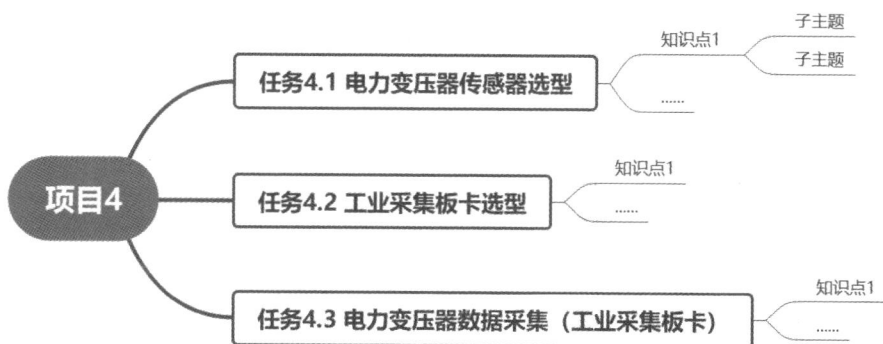

项目4
- 任务4.1 电力变压器传感器选型 —— 知识点1 —— 子主题 / 子主题；……
- 任务4.2 工业采集板卡选型 —— 知识点1；……
- 任务4.3 电力变压器数据采集（工业采集板卡）—— 知识点1；……

【创新思考】

如何使用工业采集板卡采集变压器的温度？

项目 5

采集生产线设备运行数据
（工业网关）

■■■ 职业能力

- 能够正确安装工业网关并完成硬件连接；

- 能够正确安装工业网关软件；

- 能够利用工业网关完成多种设备运行数据采集；

- 能够基于常见设备数据采集需求进行初步方案设计与实施；

- 具有分析问题与解决实际问题的能力。

■■■ 引导案例

  随着工业 4.0 发展推进，智能制造的理念已经深入贯彻到工业生产的各个环节，而大型工业现场往往设备组成复杂多样，供应商不一，为了实现运行设备数据采集和集中控制应用，通常要面临从一个网络环境连接到另一个网络环境的转换需求。工业网关的运用对智能工厂的打造、智能生产的实现及开展智能运行维护都是一个不可缺少的工具。本项目将以某企业生产线数字化改造为例，展示如何利用工业网关实现对生产线设备运行数据的采集。

任务 5.1　工业网关选型及软硬件安装

【任务描述】

重庆某企业计划进一步提升其装配生产线系统的智能化水平，为数字孪生、预测性维护等先进生产方向蓄能。该企业提出系统兼顾当前已有运行设备数据采集基础及后期智能化应用改进的要求，作为项目承接方公司的项目经理，请你充分了解客户需求，提出合适的工业网关数据采集方案，并完成工业网关软硬件安装准备。

【任务单】

根据任务描述，实现生产线中的电机连续运行控制。具体任务要求请参照下面的任务单。

任务单

项　　目	采集生产线设备运行数据（工业网关）	
任　　务	工业网关选型及软硬件安装	
任务要求	**任务准备**	
1. 明确任务要求，组建小组，3～5 人一组。 2. 收集生产线设备运行数据采集需求。 3. 认识工业网关——研华 ECU-1000 系列。 4. 完成研华网关安装和接线	1. 自主学习。 （1）初识工业网关。 （2）工业网关选型。 （3）工业网关软硬件安装。 2. 设备工具。 （1）硬件：计算机、研华网关 ECU-1051 或 ECU-1152、螺丝刀。 （2）软件：Advantech EdgeLink Studio、办公软件	
自我总结	**拓展提高**	
	通过工业网关选型及软硬件安装，提高资料收集能力、知识迁移能力和动手能力	

【任务资讯】

5.1.1　初识工业网关

1. 工业网关介绍

在工业企业数字化升级过程中，设备和系统的数据统一采集通常面临设备及子系统类

工业网关介绍

型繁多、数量庞大、协议复杂开放度不够的问题，为了解决这些问题，市场上出现了各种工业网关。网关在采用不同体系结构或协议的网络之间进行互通时，用于提供协议转换、路由选择、数据交换等网络兼容功能。相比普通网关，工业网关还需应对特定的工业应用环境及工业用户的特殊需求。

工业网关是连接工业设备和工业互联网的核心设备，在工业互联网中起着承上启下的作用。上即工业互联网云平台、制造执行系统（Manufacturing Execution System，MES）、企业资源计划（Enterprise Resource Planning，ERP）管理系统等上层业务应用系统，下即可编程逻辑控制器（PLC）、数控机床（Computer Numerical Control，CNC）、传感器等底层工业现场设备。在工业物联网体系架构中，网关既可位于传感器和设备之间，也可位于云端之间，透过边缘节点可以在近传感器端进行大量分析、过滤。

各类工业网关连接拓扑如图 5.1.1 所示。PLC 网关连接各类 PLC 控制器，采集 PLC 控制信息，实现转发、控制等功能；数控网关采集数控系统和机床的运行状态信息；集散控制系统（Distributed Control System，DCS）网关采集 DCS 的运行状态；机器人网关连接工业机器人。另有振动传感器和温度传感器可连接至网关感知振动、温度信息。网关实现了工业异构设备的互联互通，可以将各种设备信息通过安全网关发送至云端，实现工业现场设备的上云。因此，工业网关是实现工业互联的基础设备。

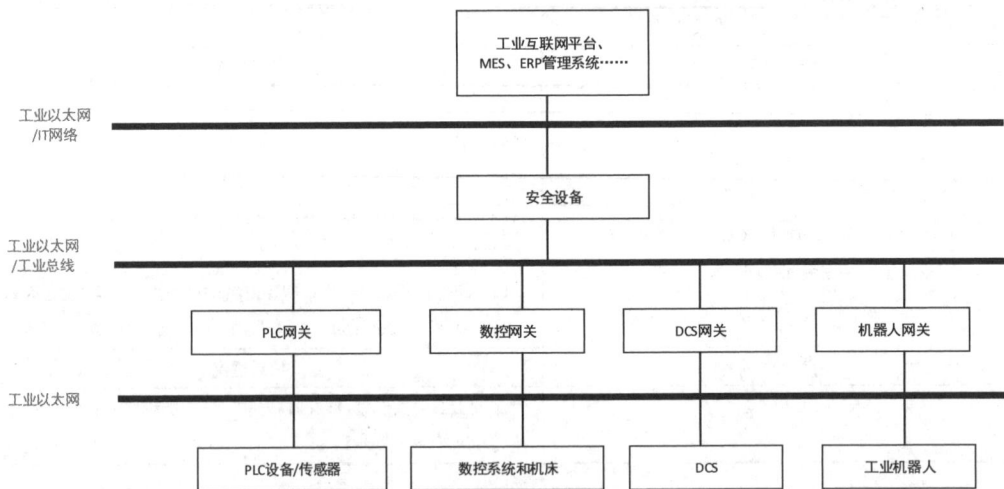

图 5.1.1　各类工业网关连接拓扑

随着技术发展，工业网关不再局限于协议转换的传统功能，工业网关可以实现不同工业生产设备和不同通信网络之间的数据采集、边缘计算等。工业物联网网关、工业智能网关、工业级边缘计算网关等现代化通信设备，成为支撑工业物联网系统、远程智能监测、智能制造的核心终端设备。

2．工业网关分类

根据对市场主流工业网关的调研，工业网关可以从转发通信方式、转发协议、采集对象、边缘计算能力、安全能力、应用行业、采集接口等维度进行分类。

（1）根据转发通信方式维度分，工业网关可分为以太网工业网关、GPRS 工业网关、Wi-Fi 无线上网工业网关、4G 工业网关、NB-IoT 工业网关、LoRa 工业网关。转发通信方式如表 5.1.1 所示。

表 5.1.1　转发通信方式

工业网关类别	通信类型	协　议
以太网工业网关	有线	802.3 等
GPRS 工业网关	广域无线网	GPRS
Wi-Fi 无线上网工业网关	局域无线网	802.11a/b/g/n/ae 等
4G 工业网关	广域无线网	TD-LTE、LTE-FDD 等
NB-IoT 工业网关	广域窄带无线网	NB-IoT
LoRa 工业网关	非授权频段无线网	LoRa

（2）根据转发协议维度分，工业网关可分为 Modbus RTU 工业网关、Modbus TCP 工业网关、OPC UA 工业网关、MQTT 工业网关、HTTPS 工业网关、BACNET 工业网关、IEC104 工业网关等。工业网关具备的物理接口和支持协议如表 5.1.2 所示。

表 5.1.2　工业网关具备的物理接口和支持协议

工业网关类别	具备的转发物理接口	支持协议	典型应用场景
Modbus RTU 工业网关	RS-232/RS-422/RS-485、串口等	Modbus RTU	仪器仪表、传感器等
Modbus TCP 工业网关	以太网接口	Modbus TCP	仪器仪表、传感器等
OPC UA 工业网关	以太网接口	OPC UA	工业 PLC
MQTT 工业网关	以太网接口	MQTT	数控机床、机器人、工业 PLC 等
HTTPS 工业网关	以太网接口	HTTPS	工业 PLC
BACNET 工业网关	RS-232/RS-485、以太网接口、ZigBee	BACNET	智能楼宇
IEC104 工业网关	RS-485、以太网接口	IEC104	智能配电和用电

（3）根据采集对象维度分，工业网关可分为机器人工业网关、数控机床工业网关、PLC 工业网关、仪器仪表工业网关（DCS 工业网关）。机器人工业网关采集工业机器人控制器的运行状态、报警信息、各运动轴的坐标值等信息。数控机床工业网关采集数控系统和机床的信息，包括系统状态、操作模式、报警信息、进给率及倍率、主轴转速及倍率、代码名称、各运动轴的坐标值等信息。PLC 工业网关具有采集各品牌 PLC 的 I/O 量、自动化成套设备及传感器的 I/O 量，以及转换 Modbus 协议、工业以太网协议等功能。仪器仪表工业网关可以采集数字化仪表和各类传感器的数据。

（4）根据边缘计算能力维度分，工业网关可分为透传级工业网关、基本级工业网关、边缘计算级工业网关。其中，透传级工业网关无协议包解析，只支持透明传输；基本级工业网关支持数据采集、协议解析、存储转发、断网续传、远程控制；边缘计算级工业网关在基本级工业网关的基础上，增加了边缘计算、就地报警、边缘控制等功能，一般部署在行业近场端，具有体型小巧、灵活性高、环境适应性强等特点。

（5）根据安全能力维度分，工业网关可分为工业安全网关、边界隔离工业网关。

（6）根据应用行业维度分，工业网关可分为电力行业通信管理机、石油化工功能安全远程终端单元（RTU）、智能楼宇网关等。

（7）根据采集接口维度分，工业网关可分为采集网关、协议网关。

5.1.2　工业网关选型

工业网关作为工业互联网平台与设备层连接的"窗口"，能直接与多种异构设备通信，通过有线、无线多种连接方式连接工业以太网或互联网，与云平台对接，实现将终端设备接入工业互联网平台。工业网关涉及控制层的异构设备，实现起来相对复杂，因此一般需要满足以下指标。

1. 互联接入能力

工业网关首先要解决工业异构设备的互联互通，需要根据具体应用场景支持不同厂家的 PLC、CNC、DCS 等现场控制设备，并提供多种类型标准的工业协议，以传输开关量、模拟量、脉冲量等信号量。国内外标准制定机构已经开始编制相关标准以解决互联问题。CNC 系统的互联互通统一标准如表 5.1.3 所示。目前，国内外数控系统互联互通的标准有 OPC UA 标准、MTConnect 标准和 NC-Link 标准。此外，大部分数控厂商还可采用各自私有的软件开发工具包（Software Development Kit，SDK）实现互联。

表 5.1.3　CNC 系统的互联互通统一标准

主导国家或地区	标准协议	标　准
欧洲	OPC UA	IEC62541
美国	MTConnect	ANSI/MTC1.4
中国	NC-Link	数控机床互联通信协议标准联盟

2. 数据采集能力

数据采集是工业网关的必要功能。首先，要具有足够的点容量，以便接入更多的数据点，并留有一定的冗余，以保证扩展性；其次，要保证传输精度和采集速率，从而确保数据的准确性和实时性。

3．可靠的传输能力

鉴于工业的高可靠性要求，工业网关应满足在恶劣的工业现场环境下工作和日益复杂的工业过程控制要求。工业网关需要坚固耐用、具有较宽的工作温度范围和较强的抗电磁干扰能力等。除此之外，还需要保证数据采集及通信的可靠性，在一定通信速率下，数据丢包率和数据错误率要在允许的误差范围内。

4．断点续传能力

为适应工业现场网络的不确定性，提高工业网关的容错能力，工业网关需要具备一定的数据缓存能力。在遇到网络中断时，工业网关继续准确采集，将数据缓存到非易失设备中，并在网络恢复正常时，把缓存数据通过转发通道补传到云平台。

5．就地报警能力

在网络故障、设备故障等情况下，工业网关应提供基于配置信息和实时数据的就地报警信息，支持开关量、模拟量等多种报警类型。同时，工业网关还可增加智能预警功能。当向设备发送监测数据包，而返回速度达到一定阈值时，设备将进行预警，提醒操作人员关注。

6．边缘计算能力

随着各种硬件的计算能力不断提高，出现了越来越多的边缘计算级工业网关。现场采集的实时数据在工业网关内部进行本地处理、清洗、存储，甚至在本地完成分析和决策，最后将数据上传到云平台。这样减轻了单个传感器和云平台的计算负担，减少了机器与机器之间的沟通流量。

7．远程控制能力

工业网关具有通信状态监控、远程配置、远程故障排查、运行历史数据记录统计、用户权限控制、设备追踪定位等功能；当设备发生故障告警时，云平台可以通过工业网关进行紧急处理，而无须前往现场。

工业设备运行数据来源多样，智能网关集数据采集、协议转换和通信等功能于一体，支持多种通信链路、支持采集工业现场多种工业设备协议，具体采集方案根据工业设备采集需求不同而有变化。

本书选用研华ECU-1000系列工业网关，其外观如图5.1.2所示，具体型号有ECU-1051、ECU-1152等，在稳固的标准RISC平台设计基础上增加了无线通信方式，使用Linux操作系统和开放EdgeLink SDK，具有两个10/100 MB以太网接口，支持以太网有线通信及Wi-Fi、LTE等无线通信方式，兼容工业标准通信协议Modbus及IEC-60870/104等，并且可与

WebAccess 上层软件有效整合。研华推荐将 ECU-1051 用于设施监控、分布式太阳能发电、智能工厂等领域；ECU-1152 的计算性能和接口数量更为优越，研华公司推荐将其用于工业、能源物联网相关分布式监测应用。

图 5.1.2　研华 ECU-1000 系列工业网关外观

5.1.3　工业网关软硬件安装

目前市场上的工业网关可选型号较为丰富，为了更好地提供智能服务，工业网关一般会提供管理配置软件，本节介绍研华网关管理配置软件，以及常见的网关硬件接口。

工业网关配置

1．认识 Advantech EdgeLink Studio

Advantech EdgeLink Studio 是研华网关的管理配置软件，作为连接感知层与网络层的纽带，可以实现感知网络与通信网络，以及不同类型感知网络之间的协议转换，针对不同的客户场景，支持多种通信方式，满足多种 PLC、仪表、行业协议的要求。Advantech EdgeLink Studio 具有以下特点。

（1）设备联网，优化效率，可作为数据采集、数据存储、报警通知、数据报告等功能的汇集点。

（2）远程运维，节省成本，利用 WISE-PaaS/EdgeLink 技术，实现远程监控资产、追踪设备性能、接收报警通知，以及使用移动装置执行系统管理和配置等。

（3）资料上云，标准操作，实现将工业网关获取的数据上传到云端，进行分析和可视化，为设备和数据管理提供参考资料。

2．认识智能网关硬件接口

图 5.1.3 所示为 ECU-1152 智能网关的外部接口定义。ECU-1152 智能网关内置 Mini-PCIe

接口，外有天线，支持 GPRS、3G、4G、Wi-Fi 接入（板载 SIM 卡插槽），具有一个 USB 2.0
接口、两个 10/100MB 以太网接口、一个 Console 接口、六个 RS-232/485 独立串口。

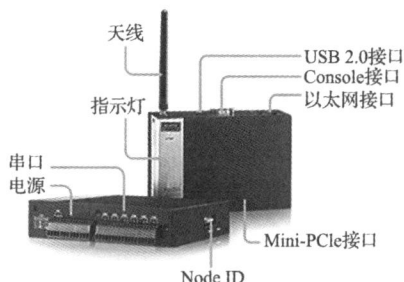

图 5.1.3　ECU-1152 智能网关的外部接口定义

ECU-1152 智能网关（见图 5.1.4）支持 DC 10～30V 的电源输入，可以选择标准 DC 12V
或 DC 24V 电源接入。ECU-1152 配备六个 RS-232/485 独立串口，独立串口（COM）引脚
定义如表 5.1.4 所示，默认设置为 RS-485，用户可以利用板卡背部的跳线帽来选择 RS-232
或 RS-485。

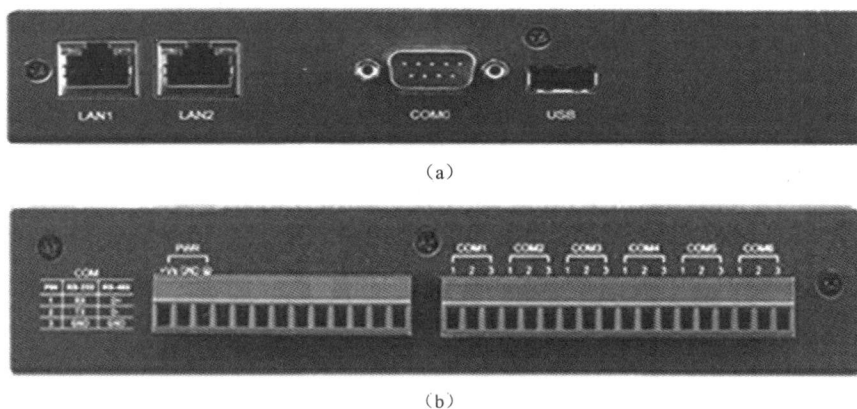

（a）

（b）

图 5.1.4　ECU-1152 智能网关外部接口图示

表 5.1.4　独立串口（COM）引脚定义

PIN	RS-232	RS-485
1	RX	D+
2	TX	D-
3	GND	GND

3．网关工程创建

在计算机上安装 Advantech EdgeLink Studio，利用网线或交换机连接网关 LAN1 端口
和计算机。

设置计算机以太网接口 IP 地址，如取 IP 地址为 192.168.0.88，主机号选取可任意，注意与交换机上其他设备在同一网段，并且没有 IP 冲突。请记住该 IP 网段，后面需设置网关的静态 IP 地址，即访问网关的 IP 地址，其需与本步骤中的计算机 IP 地址在同一网段。连接网关的 IP 设置如图 5.1.5 所示。

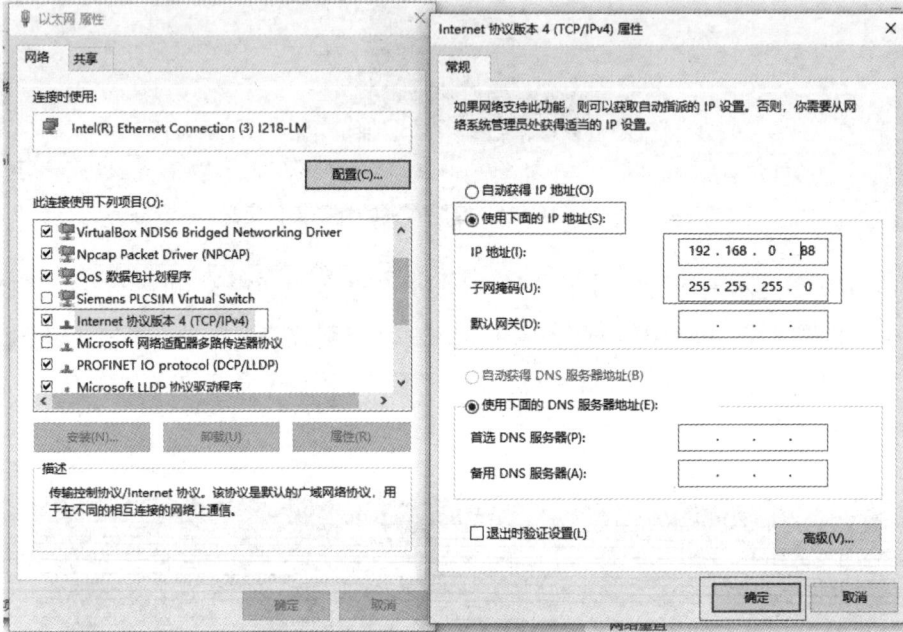

图 5.1.5　连接网关的 IP 设置

双击"Advantech EdgeLink Studio"快捷方式图标，打开网关配置软件；单击"新建工程"，填写工程名、创建人、工程路径等信息。

右击工程名，在弹出的快捷菜单中选择"添加设备"命令，新建一个节点设备，命名为"网关型号"，添加设备后需要进行信息编辑，方法如下：

（1）右击添加设备，填写设备名称。

（2）选择节点类型。

（3）填写密码，初始密码为空，可以在在线页面中修改密码。

（4）节点识别方式分为 Node ID 和 IP 地址。Node ID 指的是网络节点号，一般需要通过拨码开关进行设定，每个网关设备的节点必须不同。图 5.1.6 中的节点识别方式使用 IP 地址，填写的网关 IP 地址应与前文所填的计算机 IP 地址在同一网段，并且没有 IP 冲突，工程下载后该 IP 设置生效。

（5）填写对应的 Node ID 值或 IP 地址。

（6）选择设备所在时区。

（7）填写设备描述，可以为空。

（8）单击"应用"按钮完成编辑，此时工程已建立。

图 5.1.6　新建设备通过 IP 地址识别

注意在第（4）步中，研华网关的节点识别方式有 Node ID 和 IP 地址两种可选。这里补充以 Node ID 为设备识别方式的设置方法，ID 号与网关侧面拨码开关数字相对应（拨码开关对应二进制数据，共有 8 位，左边 1 为高位，右边 8 为低位，对应 0~255 个设备），如设置 Node ID 为 2，转换为 8 位二进制数据为 00000010，所以应该将低位第二位（标号7）拨码为 ON（见图 5.1.7），否则在线搜索设备时会搜不到。

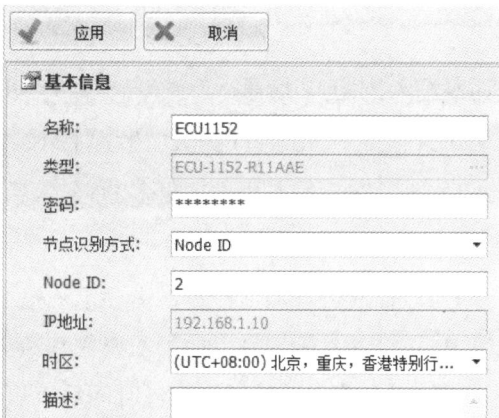

图 5.1.7　新建设备通过 Node ID 识别

4．网关工程网络设置

网关支持有线及无线两种传输方式与其他设备通信，网关工程中可进行网络配置（见图 5.1.8）。网络设置除了 LAN 和 Wi-Fi，还包括 OpenVPN、L2TP/IPsec、PPPOE、桥接等多种网络环境的设置。

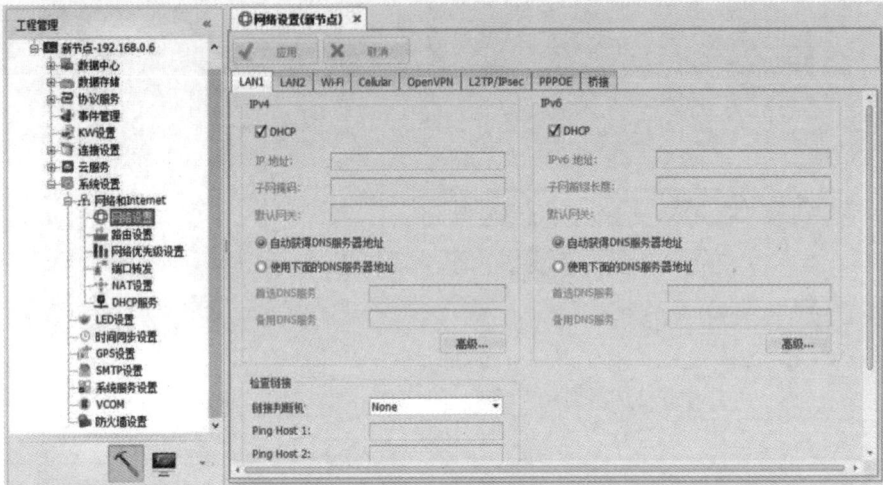

图 5.1.8　网络设置

本项目以网关有线连接为例进行说明，LAN1 用于采集设备数据，LAN2 用于向外传输采集到的数据。LAN 支持 IPv4 和 IPv6 两种网络模式设定，在这两种模式下均可设定为 DHCP 方式或固定 IP 方式。

1）LAN1 网络设置（网口设备数据采集用）

若计算机的网线与网关的 LAN1 在同一局域网，则网关工程对 LAN1 页面进行 IP 设置。LAN1 网络设置如图 5.1.9 所示。

（1）单击"LAN1"选项卡。

（2）勾选"DHCP"复选框，或者不勾选，而是写入固定 IP 信息。

（3）DNS 设置。当选择"使用下面的 DNS 服务器地址"时，除了输入"首选 DNS 服务器"和"备用 DNS 服务器"，还可以单击"高级"按钮，在新窗口中维护更多 DNS 信息，包括添加、删除、修改、排序，排在前面的 DNS 服务器将优先使用。

（4）设置网络检查链接信息。可使用 Ping IP/URL 模式进行网络检查，需要用户至少输入一个 Ping 的目标地址。设备会每隔一段时间 Ping 这些目标地址。如果需要在判断链接断开后重启设备，则可以勾选"重启设备"复选框，设备将在链接断开一段时间后重启。

（5）单击"应用"按钮保存。

图 5.1.9 LAN1 网络设置

2）LAN2 网络设置（接外网）

单击"LAN2"选项卡，与 LAN1 进行同样设置，IP 地址根据实际网络部署。一般情况下勾选"DHCP"复选框自动匹配外网。LAN2 网络设置如图 5.1.10 所示。

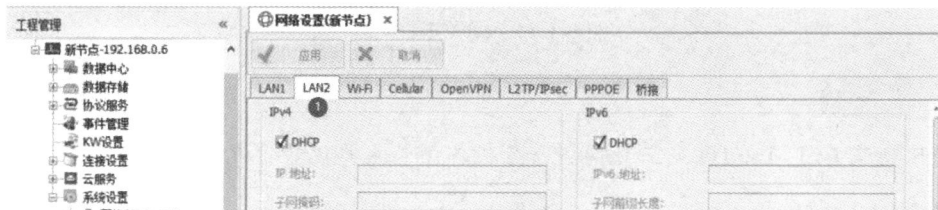

图 5.1.10 LAN2 网络设置

5．网关工程下载

完成设备识别和网络设置后，将配置信息下载到相应网关上。在下载网关工程时，如在左边工程管理树形图中单击工程名，对话框会将工程所有的设备带出并进行批量下载；如单击单一设备单元再单击"下载工程"按钮，对话框仅会带出该设备单元，并仅对单一设备单元进行工程下载。网关工程下载如图 5.1.11 所示。

（1）选中设备。

（2）单击"下载工程"按钮。

（3）下载前可以设置下载完毕后是否重启设备，当有些设定需要重启设备才能生效时，可以勾选"下载后重启设备"复选框。

（4）单击"下载"按钮，开始下载。

（5）下载完毕后，会在下载进度处出现当前下载进度，完成后，单击"关闭"按钮，结束本次下载。

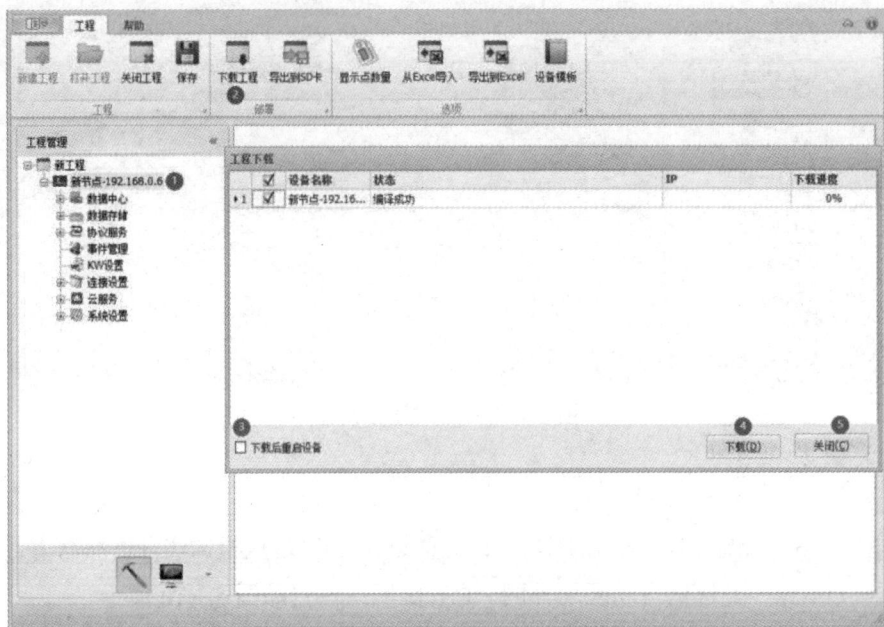

图 5.1.11　网关工程下载

【小思考】

对比研华 ECU-1000 系列三款网关，分析各型号主要优势特点。

🔍 拓展阅读

联想 Edge AI 网关荣获 2022 年度德国红点设计大奖

联想 Edge AI 网关是一款部署在网络边缘侧的融合 AI 算法的智能网关，是边缘计算不可或缺的硬件，荣获 2022 年度德国红点设计大奖。联想的技术团队充分利用在 AI 技术上的积累，将智能化的边缘计算设备应用到各行各业的场景中，构建起了"软硬件+AI 平台+行业应用+服务+品牌+营销+超过 10 000 个大联想行业合作伙伴"的商用 IoT 开放生态体系。

在硬件层面，联想全局部署边缘计算产品，包括工控机、边缘计算网关、边缘服务器等，既能发挥强大的硬件优势，也能量身定制，解决多场景、碎片化的难题。例如，具有防尘、小巧、安全坚固、易拆卸等优势的联想 Edge AI 网关，就是在结合行业特有场景后开发的定制型产品。

在软件层面，联想自主研发的企业级人工智能平台——联想大脑，为行业用户提供云—边—端全场景及全生命周期的 AI 方案构建、部署和运行支持。尤其是 Edge AI 平台，以场景+AI 的理念，支持一站式构建边缘智能方案，提供包括硬件选型、模型适配、方案生成、在线仿真测试、远程部署实施、运维升级等全流程支持。

【任务计划】

根据任务资讯及收集整理的资料填写任务计划单。

任务计划单

项　目	采集生产线设备运行数据（工业网关）			
任　务	工业网关选型及软硬件安装	学　时	4	
计划方式	分组讨论、资料收集、合作实操			
序　号	任　务	时　间	负责人	
1				
2				
3				
4	研华网关软硬件安装，网关工程下载和测试			
5	任务成果展示、汇报			
小组分工				
计划评价				

【任务实施】

根据任务计划编制任务实施方案，并完成任务实施，填写任务实施工单。

任务实施工单

项　目	采集生产线设备运行数据（工业网关）		
任　务	工业网关选型及软硬件安装	学　时	
计划方式	分组讨论、合作实操		
序　号	实施情况		
1			
2			
3			
4			
5			
6	完成工业网关软硬件安装，网关工程下载和测试		

【任务检查与评价】

完成任务实施后，进行任务检查与评价，可采用小组互评等方式，任务评价单如下。

任务评价单

项 目	采集生产线设备运行数据（工业网关）			
任 务	工业网关选型及软硬件安装			
考核方式	过程评价			
说 明	主要评价学生在项目学习过程中的操作方式、理论知识、学习态度、课堂表现、学习能力、动手能力等			
评价内容与评价标准				
序 号	内 容	评价标准		成绩比例
		优	良	合 格	
1	基本理论掌握	掌握远程工业网关的分类、关键性能参数及远程工业网关选型	熟悉远程工业网关的分类、关键性能参数及远程工业网关选型	了解远程工业网关的分类、关键性能参数及远程工业网关选型	30%
2	实践操作技能	熟练使用各种查询工具收集和查阅系统相关资料，快速完成工业网关软件安装和硬件连接	较熟练使用各种查询工具收集和查阅系统相关资料，能完成工业网关软件安装和硬件连接	会使用各种查询工具收集和查阅系统相关资料，经协助能完成工业网关软件安装和硬件连接	30%
3	职业核心能力	具有良好的自主学习能力、分析和解决问题的能力	具有较好的学习能力、分析和解决问题的能力	能够主动学习并收集信息，具有分析和解决部分问题的能力	10%
4	工作作风与职业道德	具有严谨的科学态度和工匠精神，能够严格遵守"6S"管理制度	具有良好的科学态度和工匠精神，能够自觉遵守"6S"管理制度	具有较好的科学态度和工匠精神，能够遵守"6S"管理制度	10%
5	小组评价	具有良好的团队合作精神和沟通交流能力，热心帮助小组其他成员	具有较好的团队合作精神和沟通交流能力，能帮助小组其他成员	具有一定团队合作能力，能配合小组其他成员完成项目任务	10%
6	教师评价	包括以上所有内容	包括以上所有内容	包括以上所有内容	10%
合 计				100%

【任务练习】

请尝试采用 Wi-Fi 接入方式完成网关与外网连接并进行测试。

任务 5.2　以太网通信设备数据采集（工业网关）

【任务描述】

工业设备运行数据来源多样，可根据设备和现场需求，借助工业网关实现基于多种通信链路、多种工业设备协议的组合数据采集方案。本任务要求基于智能装配生产线系统实训装置（包含 PDM100 设备和 PDM200 设备两部分）先将运行数据经传感器检测送至 I/O 模块或 PLC 采集，再利用工业网关采集以太网连接的 I/O 模块和 PLC 设备，并完成相关网关工程配置。

【任务单】

根据任务描述，利用工业网关完成生产线设备运行数据采集。具体任务要求请参照下面的任务单。

任务单

项　　目	采集生产线设备运行数据（工业网关）	
任　　务	以太网通信设备数据采集（工业网关）	
任务要求		任务准备
1. 熟悉网关工程配置方法。 2. 熟悉生产线系统组成。 3. 利用工业网关采集 I/O 模块（网口）数据。 4. 利用工业网关采集 PLC 数据		1. 自主学习。 （1）工业网关数据采集系统组网。 （2）工业网关采集 I/O 模块数据。 （3）工业网关采集 PLC 数据。 2. 设备工具。 （1）硬件：计算机、PDM100 设备（ECU-1051、ADAM-6024）、PDM200 设备（S7-1200 1215C）。 （2）软件：Advantech EdgeLink Studio、博途 V16
自我总结		拓展提高
		通过工作过程和工作总结，提高团队协作、调试能力，以及技术迁移能力

【任务资讯】

5.2.1　工业网关数据采集系统组网

工业设备运行数据来源多样，可根据设备和现场需求，借助工业网关实现基于多种通信链路、多种工业设备协议的组合数据采集方案。在工业领域，传感器、电机、气动装置等不能直接接入互联网，一般会构建由控制系统、采集系统、监视系统、制造系统等组成工业网络，利用工业相关通信协议实现互联互通，并通过工业网关经计算机网络接入云服务。常见的组网形式有星形、总线型、树形等。工业网关数据采集装置系统组网示意图如图 5.2.1 所示。

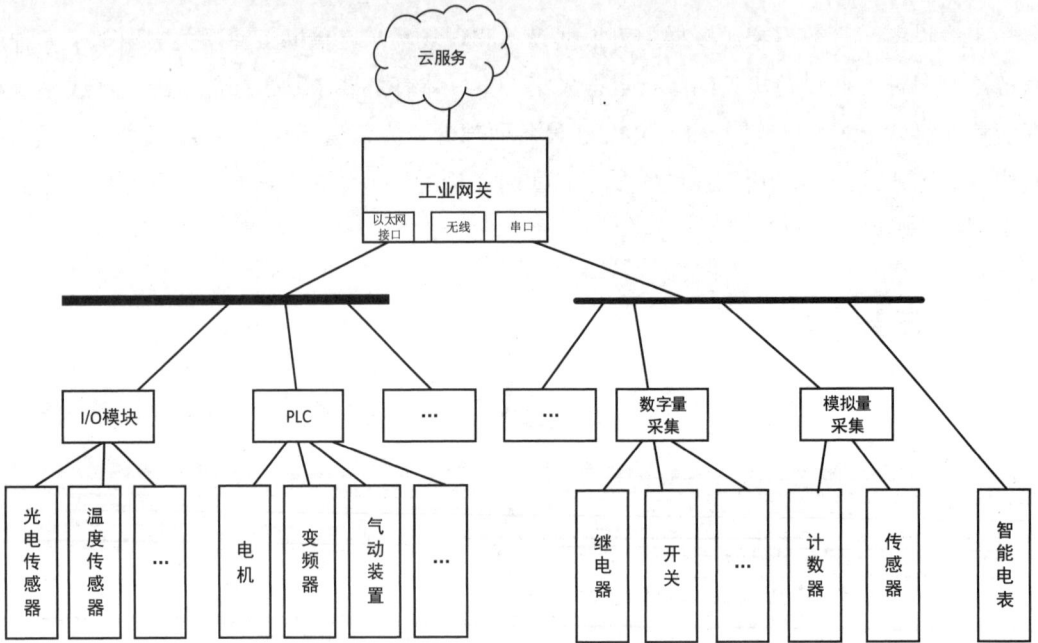

图 5.2.1　工业网关数据采集装置系统组网示意图

本任务基于由 PDM100 设备（维护平台及对象模块）和 PDM200 设备（S 形流水产线）模拟的生产线系统，介绍利用工业网关采集以太网接口设备运行数据的方法。在本任务中，PDM100 设备维护平台内置网关、I/O 模块、交换机、电源等，网关型号为 ECU-1051，内置 I/O 模块为 ADAM-6024。

PDM100 设备维护平台的前面板设有信号输入接口，用于连接对象模块传感器输出，接口分为 AI 模拟接口和 DI 数字接口，AI 模拟接口分为电流、电压接口，DI3、AI5 接口预留，DI 数字接口为 PNP 接口；后面板设有电源输入接口，以及有线、无线通信接口。图 5.2.2 所示为 PDM100 设备维护平台的内置接线示意图，ECU-1051 有两个网口，其中 LAN1 连接至交换机，LAN2 连接至后面板的 WLAN；I/O 模块连接至后面板的 LAN（I/O 模块）；交换机连接至后面板的 LAN1、LAN2、LAN3。

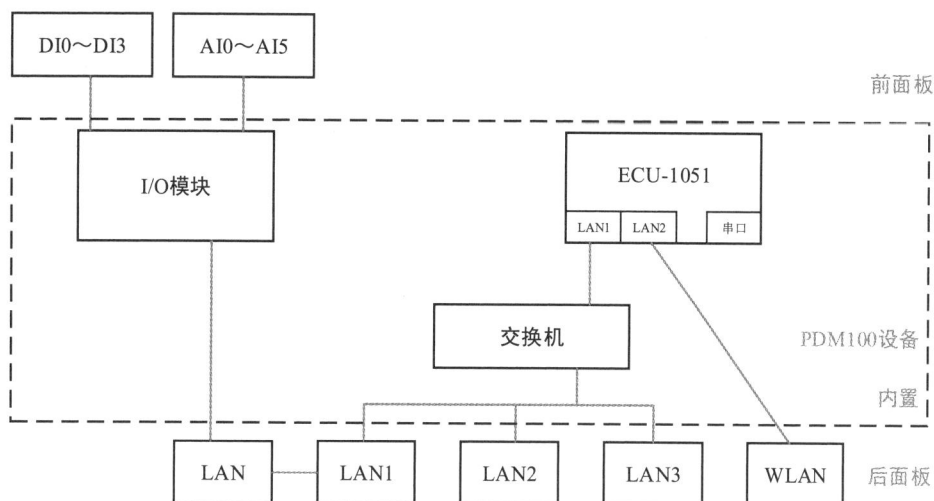

图 5.2.2　PDM100 设备维护平台的内置接线示意图

PDM200 设备主要为 S 形流水线，控制 CPU 采用 S7-1200 系列 PLC，型号为 1215C DC/DC/DC。S 形流水线采用三相交流电机传动，由变频器控制，从流水线的左前方开始分别为上料站、加工站、监测站 1、装配站、监测站 2、仓储站（见图 5.2.3）。

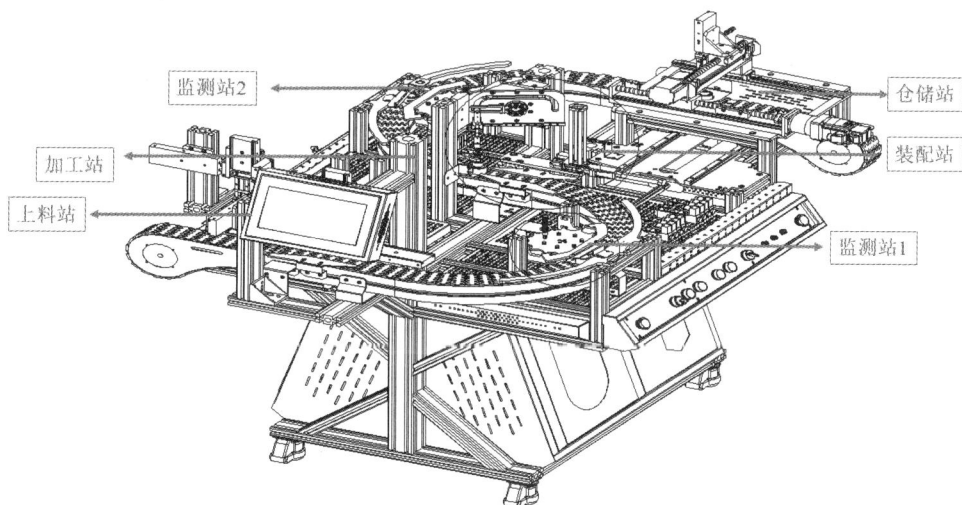

图 5.2.3　PDM200 设备组成示意

5.2.2　利用工业网关采集 I/O 模块（网口）数据

1. I/O 模块采集传感器数据

网关采集 IO 模块数据

传感器将检测到的设备运行数据送至 I/O 模块 ADAM-6024 进行采集，具体步骤详见本书项目 1。

2．内置网关的软件配置

下面完成使用内置网关 ECU-1051 采集 I/O 模块数据的软件配置。

1）建立网关工程

建立网关工程，建立新节点（见图 5.2.4），"类型"选择对应网关型号，IP 地址填入网关 IP 地址。

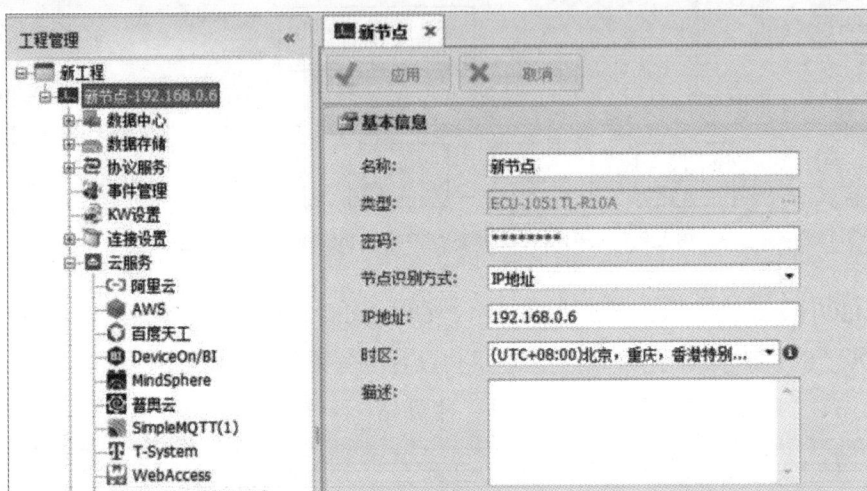

图 5.2.4　建立新节点

2）添加 I/O 模块设备

右击"TCP"网口，在弹出的快捷菜单中选择"编辑"命令，在打开的界面中编辑具体网口信息。网口信息编辑如图 5.2.5 所示。

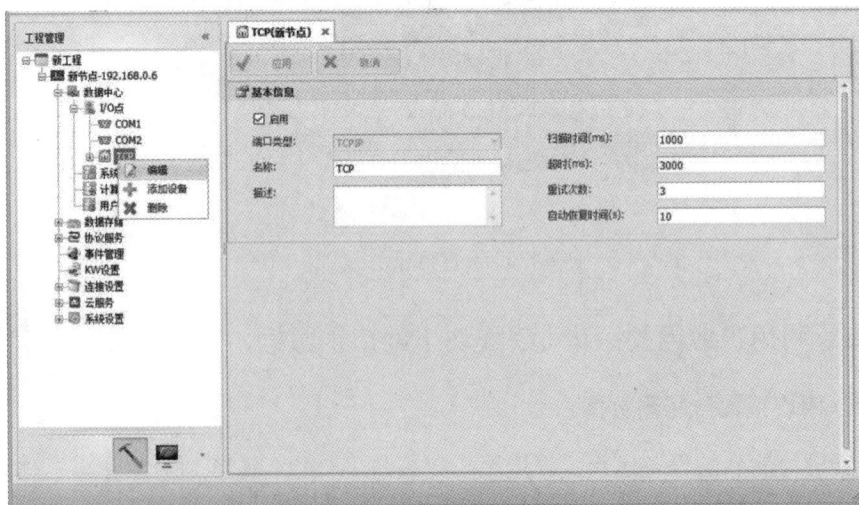

图 5.2.5　网口信息编辑

　　注意：该 TCP 端口为软件端口，数量并不局限于网关具有的实体端口数目，可以依据应用需求添加，注意区分各个 TCP 设备之间的单元号、TCP/IP 地址及端口号。

　　右击"TCP"网口，在弹出的快捷菜单中选择"删除"命令，即可删除该网口。

　　右击"TCP"网口，在弹出的快捷菜单中选择"添加设备"命令，该功能支持配置以太网通信设备具体信息。添加网口新设备如图 5.2.6 所示。

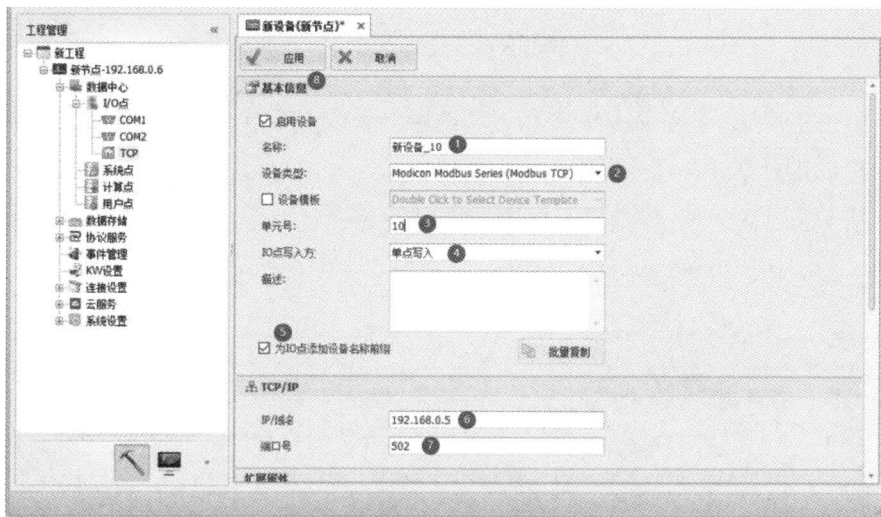

图 5.2.6　添加网口新设备

　　（1）在"名称"输入框中输入设备名称，建议在设备名称后面添加设备编号，如"新设备_10"。

　　（2）在"设备类型"下拉列表中选择设备满足的通信协议，如"Modcon Modbus Series（Modbus TCP）"。

　　（3）在"单元号"输入框中输入设备编号，如"10"，该单元号对于设备识别具有唯一性，请注意区分。

　　（4）在"IO 点写入方"下拉列表中选择"单点写入"。

　　（5）勾选"为 IO 点添加设备名称前缀"复选框。

　　（6）在"TCP/IP"下的"IP/域名"输入框中输入 I/O 模块 IP 地址。

　　（7）在"TCP/IP"下的"端口号"输入框中输入 I/O 模块端口号，如"502"。

　　（8）单击"应用"按钮。

　　3）添加 I/O 点并进行设置

　　添加新设备后软件会自动打开添加 I/O 点页面（见图 5.2.7），在此页面中设置 I/O 点，也可双击"I/O 点"或右击"I/O 点"并在弹出的快捷菜单中选择"编辑"命令进行设置。

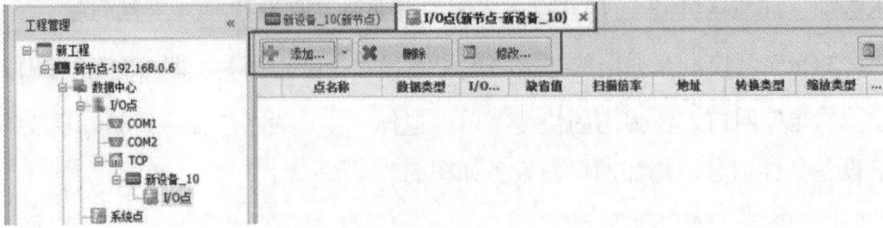

图 5.2.7　添加新 I/O 点

（1）单击"添加"按钮添加一个新点。选中一个或多个点，单击"删除"按钮或"修改"按钮可以进行删除或修改操作。

（2）填入点名称、选择数据类型、选择转换类型、选择点地址、设置最高量程和最低量程、设置缺省值、设置扫描倍率等，I/O 点设置示意图如图 5.2.8 所示。

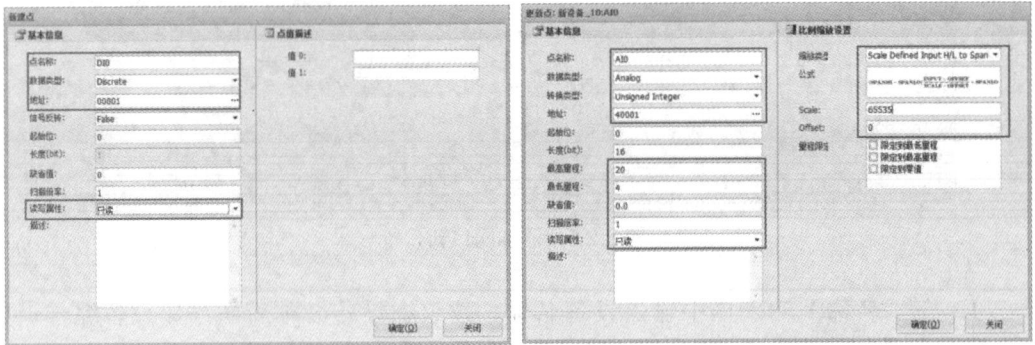

（a）数字量　　　　　　　　　　　　　　（b）模拟量

图 5.2.8　I/O 点设置示意图

经 I/O 模块 ADAM-6024 采集的数据点有数字量 DI0、DI1，以及模拟量 AI0、AI1、AI2、AI3、AI4、AI5。数字量对应地址为 00001、00002，模拟量对应地址为 40001～40006。

在设置 I/O 点时，量程可填写对应通道的量程，如电流信号 4～20mA，如图 5.2.8（b）所示；亦可填写所连接传感器的量程，以方便操作人员直接观察运行数据。

"读写属性"设为"只读"。设置缩放类型，仅模拟量具备缩放特性，考虑到远程 I/O 模块的模拟量为 16bit，所以"比例缩放设置"中的"缩放类型"选择"Scale Defined Input H/L to Span"，其中范围（Scale）为 65 535，偏移量（Offset）为 0。

（3）单击"确定"按钮，成功添加点，此时在列表中可以看到添加的点。

（4）单击"关闭"按钮取消添加或修改。

（5）继续添加需要的点。完成 I/O 点添加如图 5.2.9 所示。

图 5.2.9　完成 I/O 点添加

如需要删除新建的网口设备，只需在设备名称上右击，在弹出的快捷菜单中选择"删除"命令即可。

4）确认网络设置并下载工程

在系统设置中确认网络设置，具体内容参见 5.1.3 节。建议 LAN1 的 IP 地址与建立工程时的节点 IP 地址一致，与交换机连接的网口是设置在同一网段的；LAN2 或 Wi-Fi 为连接外网的网段，可以采用 DHCP 模式自动获取。网络设置确认后下载工程如图 5.2.10 所示。

图 5.2.10　网络设置确认后下载工程

若下载不成功，则核对网关 IP 地址与工程的节点 IP 地址是否一致。修改网关地址可在页面左上角依次单击"在线"→"搜索设备"，在搜索到的设备上右击（见图 5.2.11），在弹出的快捷菜单中选择"设置 IP"命令，在"设置 IP"对话框中选择需要修改的网口并输入新 IP 地址和新子网掩码。

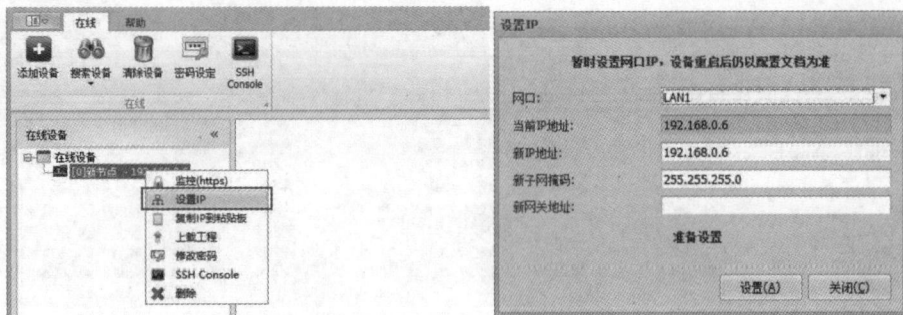

图 5.2.11　网关 IP 地址修改方法

5）远程登录

通过"SSH Console"可直接登录在线设备。研华网关的底层系统是 Linux，用户可以通过单击"SSH Console"，进入 Putty 软件，根据需要键入 Linux 指令就可以对设备进行操作。

依次单击"在线"→"搜索设备"，在搜索到的设备上右击，在弹出的快捷菜单中选择"SSH Console"命令（见图 5.2.12）。

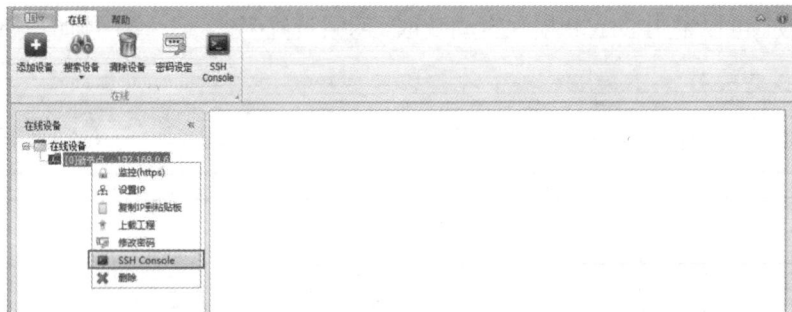

图 5.2.12　进入 SSH Console

输入用户名和密码后可远程登录在线设备。网关默认输入用户名为"root"，密码设置为无。常用的一些 Linux 指令有 ping + IP 地址（查看网络连接状态，按 Ctrl+C 组合键停止）、ifconfig（查看网络配置）等，远程登录在线设备并查看网络连接状态如图 5.2.13 所示，输入 ping 8.8.8.8，验证网络是否连接正常。

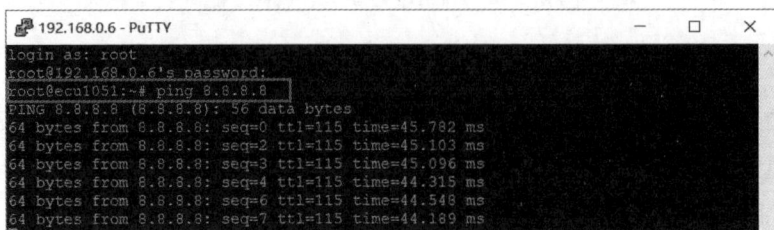

图 5.2.13　远程登录在线设备并查看网络连接状态

6）在线监控

在线监控主要有以下几项功能：

（1）监控设备上所有的点，包含点值、在线状态及时间戳；

（2）提供系统信息，包含 GPRS 状态、image 信息并支持在线升级 image。

网关软件提供了 Tag 点的获取和设置功能，不同的 Tag 点类型对应不同的标签页，分别是系统点、IO 点、User 点和计算点（见图 5.2.14）。系统点可读取系统点当前值；IO 点支持 IO 点的读取和设置，选择希望修改的行，这时在点表单的上方出现对应点的名称，在对应点的空白处填入希望修改的数值，但对只读属性的数据无法修改数值；User 点支持用户自定义点的读取和设置；计算点支持计算点的读取。

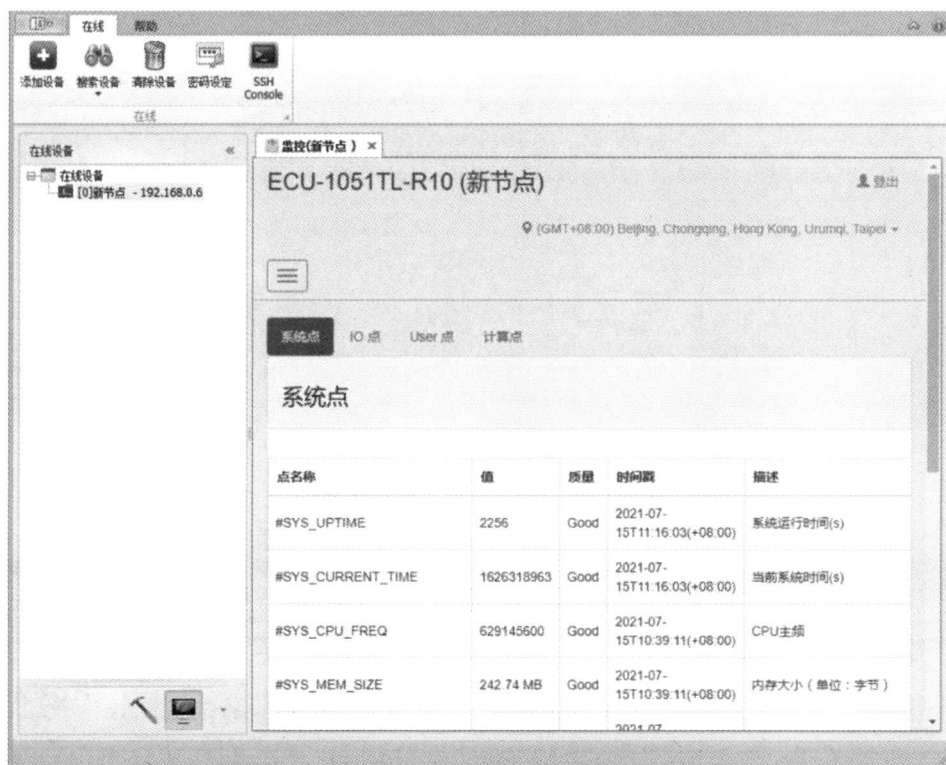

图 5.2.14　在线监控 Tag 点类型

搜索到网关设备之后，双击在线设备的 IP 地址进入登录界面（见图 5.2.15），输入密码 00000000，进入在线监控界面。

依次单击"点"→"IO 点"，验证数据是否传送到网关。有数值且质量显示"Good"表示网关采集 I/O 模块数据成功（见图 5.2.16）；质量显示"Device Error"表示设备没有与网关连接成功。

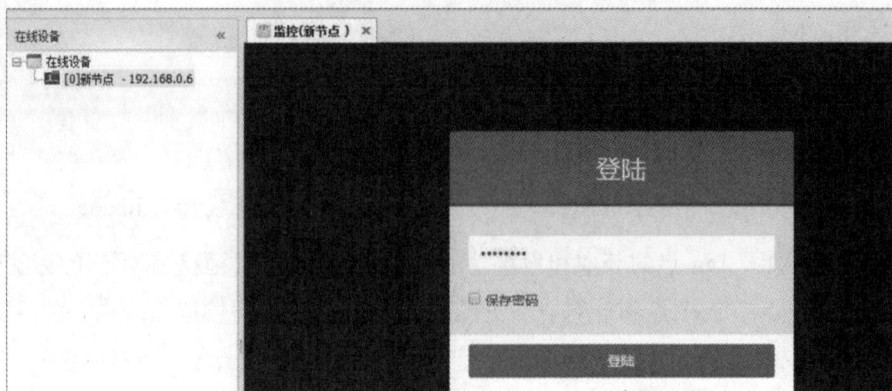

图 5.2.15 监控节点状态[①]

图 5.2.16 I/O 点数值采集结果查看

5.2.3 利用工业网关采集 PLC 数据

1. 采集 PLC 数据

本书项目 2 任务 2.3 已通过 PLC 利用 OPC 通信将 PDM200 设备的电机运

利用网关采集
PLC 数据的方法

行参数上传到 KEPServer,本节在此基础上进一步完成工业网关 ECU-1051 利用 OPC UA
通信采集运行数据的过程,在此期间需要安装 UaExpert 工具获取数据地址。

2. 网关工程配置

1)添加 PLC 设备

打开网关工程,单击"数据中心"找到"TCP"之后右击,在弹出的快捷菜单中选择

---

① 图中的"登陆"应为"登录"。

"添加设备"命令，该功能支持配置以太网通信设备具体信息。添加网口新设备如图 5.2.17
所示。

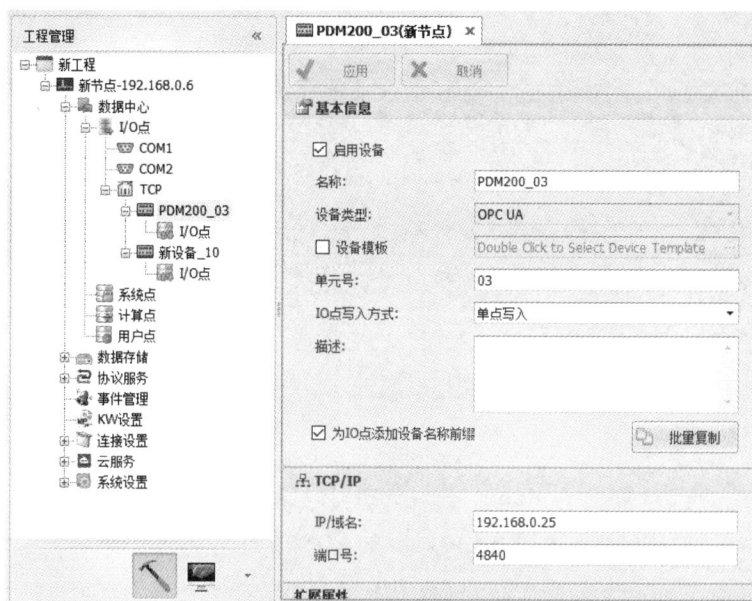

图 5.2.17　添加网口新设备

（1）在"名称"输入框中输入设备名称，建议设备名称后面添加设备编号，如
"PDM200_03"。

（2）在"设备类型"下拉列表中选择设备满足的通信协议，如"OPC UA"。

（3）在"单元号"输入框输入设备编号，如"03"。

（4）在"IO 点写入方式"下拉列表中选择"单点写入"选项。

（5）勾选"为 IO 点添加设备名称前缀"复选框。

（6）在"TCP/IP"的"IP/域名"输入框中输入 PLC 的 OPC UA 服务器 IP 地址。

（7）在"TCP/IP"的"端口号"输入框中输入 PLC 的 OPC UA 服务器端口号。

（8）单击"应用"按钮。

2）添加 I/O 点并进行设置

添加新设备后软件会自动打开 I/O 点页面（见图 5.2.18），在此页面中设置 I/O 点，也
可双击"I/O 点"或右击"I/O 点"并在弹出的快捷菜单中选择"编辑"命令进行设置。

（1）在 I/O 点页面中单击"添加"按钮添加一个新点。选中一个或多个点，单击"删
除"按钮或"修改"按钮可以进行删除或修改操作。

（2）填入点名称、选择数据类型。

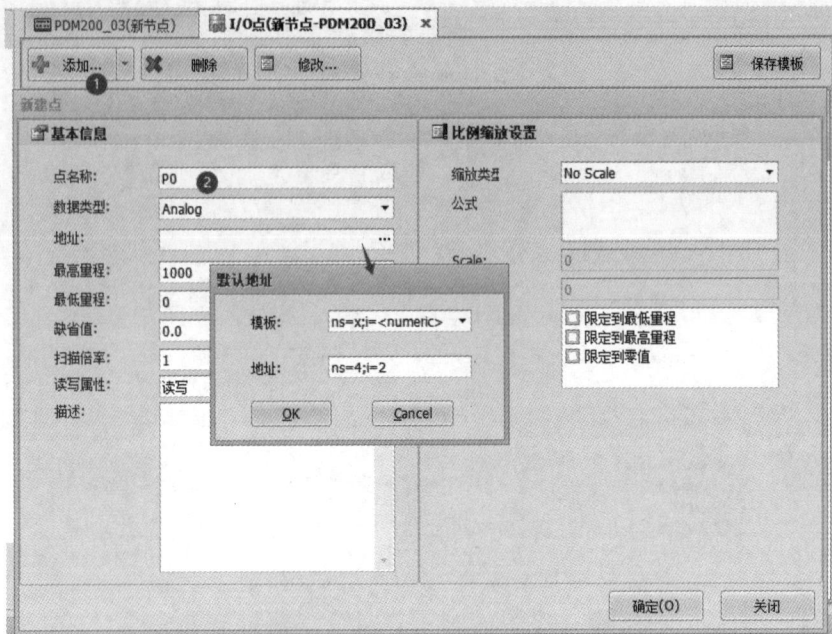

图 5.2.18 I/O 点设置示意

（3）获取 PLC 采集数据的地址，需要采用 UaExpert 工具连接 OPC UA Server。打开 UaExpert，在项目左侧右击 "Servers"，在弹出的快捷菜单中选择 "Add" 命令，添加服务器（见图 5.2.19）。

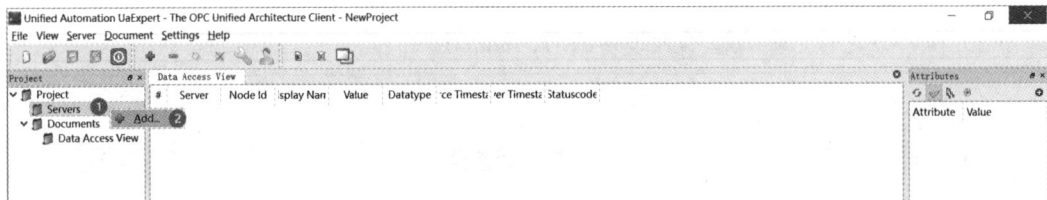

图 5.2.19 添加 UaExpert 服务器入口

打开 "Add Server" 对话框，在 "Custom Discovery" 下单击 "Double click to Add Server"，在弹出的 "Enter URL" 对话框内输入 S7-1200 的 OPC UA 服务器地址，该地址须与 PLC 中运行的工程设置一致，如 192.168.0.25:4840，单击 "OK" 按钮。服务器地址填写如图 5.2.20 所示。

添加成功后单击服务器地址行，展开浏览 S7-1200 OPC UA Server，先选择对应的安全策略，如 "None-None（uatcp-uasc-uabinary）---无安全设置"，默认 "Anonymous" 访问，然后单击 "OK" 按钮确认（见图 5.2.21）。

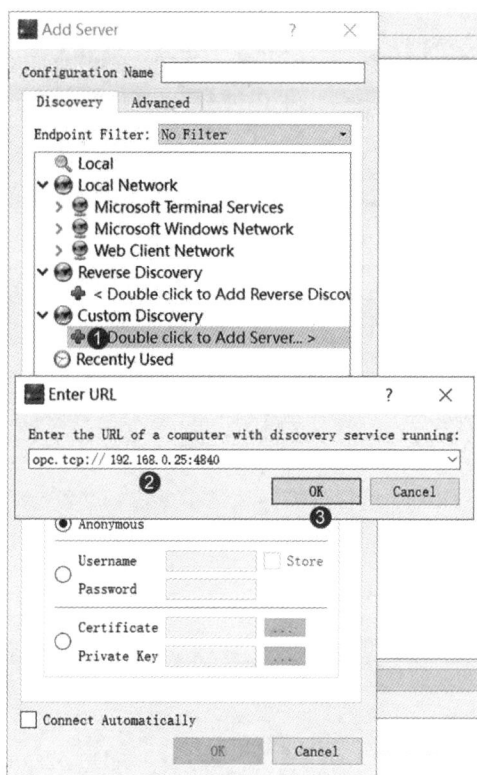

图 5.2.20 服务器地址填写

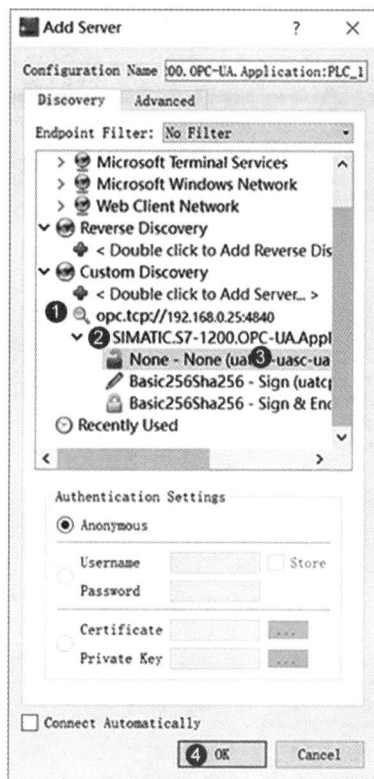

图 5.2.21 S7-1200 OPC UA Server 安全策略设置

S7-1200 OPC UA Server 添加成功后，左侧"Servers"下会显示服务器信息，选中该服务器右击，然后选择"Connect"选项（见图 5.2.22），连接服务器，首次连接需要通信双方进行证书验证，UaExpert 会弹出证书验证窗口，依次单击"Trust Server Certificate"→"Continue"即可。

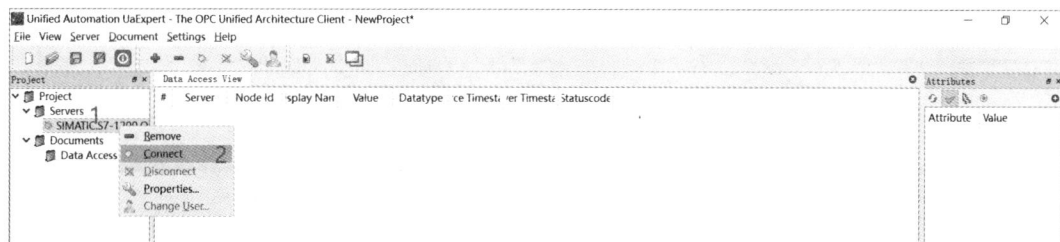

图 5.2.22 UaExpert 连接服务器

证书验证成功之后，在地址空间窗口浏览 S7-1200 OPC UA Server 支持的信息。单独选择某个节点可以在"Attributes"窗口查看该节点的属性（见图 5.2.23），其中 NodeId 对应的 value 值"ns=4;i=2"就是网关工程需填写的数据地址。还可将节点变量拖曳到"Data Access View"窗口中查看数值和状态，通信正常则显示"Good"（见图 5.2.24）。

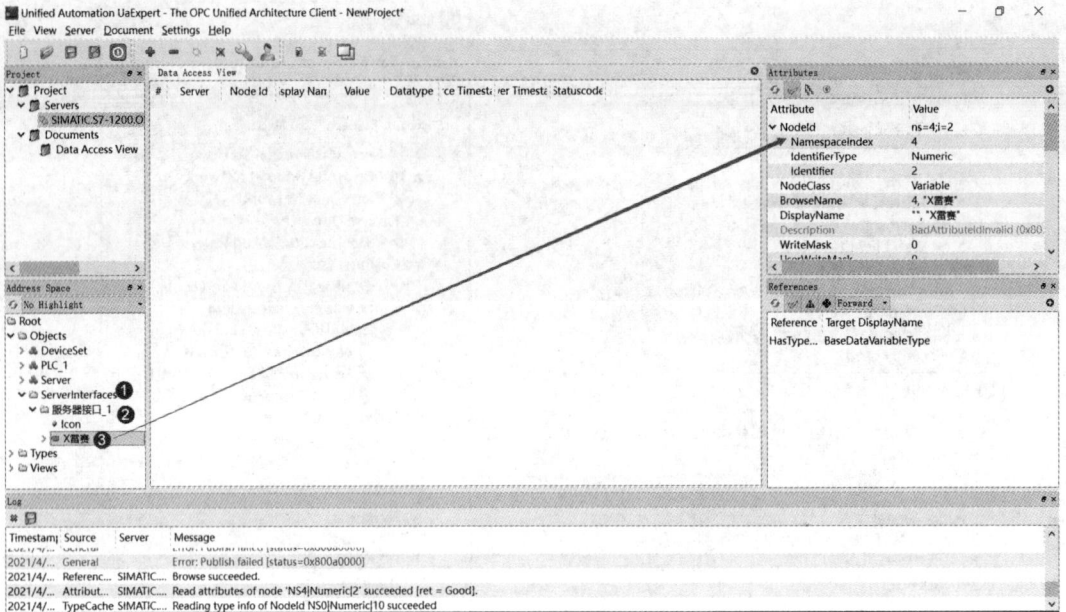

图 5.2.23　节点属性查看

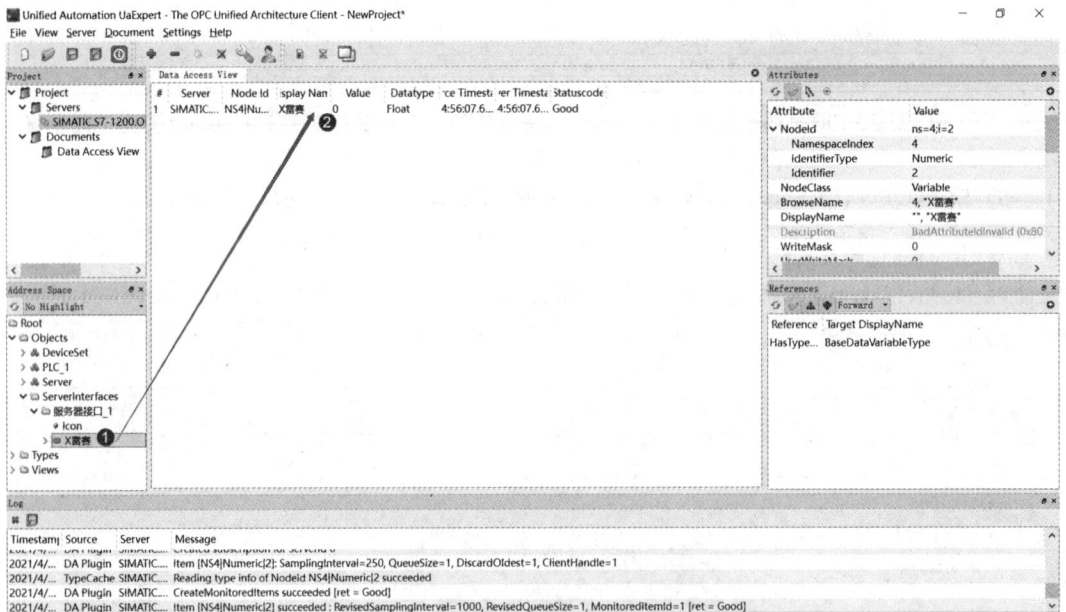

图 5.2.24　节点数值和通信状态查看

（4）继续设置最高量程、最低量程、缺省值、扫描倍率、读写属性、描述等信息。完成 I/O 点设置如图 5.2.25 所示。

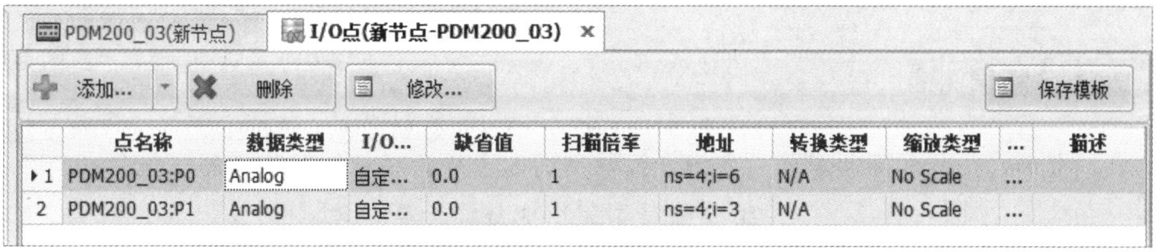

	点名称	数据类型	I/O...	缺省值	扫描倍率	地址	转换类型	缩放类型	...	描述
1	PDM200_03:P0	Analog	自定...	0.0	1	ns=4;i=6	N/A	No Scale	...	
2	PDM200_03:P1	Analog	自定...	0.0	1	ns=4;i=3	N/A	No Scale	...	

图 5.2.25　完成 I/O 点设置

3）确认网络设置

操作同上节。

4）数据转发/云服务设置

云平台数据采集实现

如有数据转发需求，可通过云服务实现。研华网关支持接入云服务（见图 5.2.26），需根据具体平台规定进行设置。

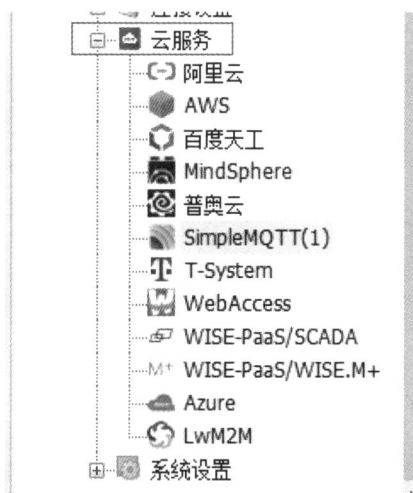

图 5.2.26　云服务设置入口

5）下载工程并查看数据

操作同上节。

【小提示】

网关设备和计算机使用交换机连接在同一个局域网下，可搜索设备找到网关的 IP 地址。

【小思考】

用同一个网关采集不同类型设备（如本任务中的 I/O 模块和 PLC 设备）运行数据时的设备单元号可以一样吗？请动手实践验证一下吧。

拓展阅读

中华人民共和国教育部、中华人民共和国人力资源和社会保障部等联合举办
2022 金砖国家职业技能大赛

2022 金砖国家职业技能大赛是 2022 年中国作为主席国在金砖国家合作机制下举办的第一届职业技能大赛，旨在提升金砖国家职业院校师生在创新、协调、组织、合作等方面的能力，整体推进金砖国家国际化高质量技能型人才培养。本次大赛对标世界技能大赛，聚焦高端制造、数字经济、新产业、新业态、新技术等重点领域设置了 26 个赛项，通过"以赛代培""以赛促学""以赛促训""以赛促改"，搭建技术技能竞赛国际交流平台。

2022 金砖国家职业技能大赛工业互联网赛项紧跟工业互联网技术的最新发展趋势，涉及边缘层设备安装维修和数据采集、边缘计算技术、设备上云技术、设备运维数据分析等核心知识和技能。该赛项重点考核设备接线与调试、PLC 与组态应用、工业网络、数据上云配置、云平台搭建与算法管理五大模块的应用与开发。通过竞赛，全面检验学生工业互联网技术应用开发的工程实践能力和创新能力；加强学生对工业互联网技术相关知识的理解、掌握和应用；培养学生的动手实操能力、团队协作能力、创新意识和职业素养；促进理论与实践相结合，增强技能型人才的就业竞争力，提高学生的就业质量和就业水平。

【任务计划】

根据任务资讯及收集整理的资料填写任务计划单。

任务计划单

项　目	采集生产线设备运行数据（工业网关）		
任　务	以太网通信设备数据采集（工业网关）	学　时	4
计划方式	分组讨论、资料收集、技能学习等		
序　号	任　务	时　间	负责人
1			
2			
3			
4	网关工程下载，在线监控		
5	任务成果展示、汇报		
小组分工	讨论生产线监控数据处理所涉及的环节及其主要任务，充分细化，并落实到具体的同学，在规定的时间点进行检查		
计划评价			

【任务实施】

根据任务计划编制任务实施方案，并完成任务实施，填写任务实施工单。

任务实施工单

项　目	采集生产线设备运行数据（工业网关）		
任　务	以太网通信设备数据采集（工业网关）	学　时	
计划方式	分组讨论、合作实操		
序　号	实施情况		
1			
2			
3			
4			
5			
6			

【任务检查与评价】

完成任务实施后，进行任务检查与评价，可采用小组互评等方式，任务评价单如下。

任务评价单

项　目	采集生产线设备运行数据（工业网关）			
任　务	以太网通信设备数据采集（工业网关）			
考核方式	过程评价+结果考核			
说　明	主要评价学生在项目学习过程中的操作方式、理论知识、学习态度、课堂表现、学习能力、动手能力等			
评价内容与评价标准				
序号	内容	评价标准		成绩比例
		优	良	合　格	
1	基本理论掌握	掌握工业网关软件和硬件安装方法、采集以太网通信设备数据的网关工程配置方法及原理	熟悉工业网关软件和硬件安装方法、采集以太网通信设备数据的网关工程配置方法	了解工业网关软件和硬件安装方法、采集以太网通信设备数据的网关工程配置方法	30%

续表

2	实践操作技能	熟练使用各种查询工具收集和查阅设备相关文档资料,快速、准确地分析系统结构和功能,完成网关软件和硬件安装、网关采集远程I/O 模块数据、网关采集PLC 数据,在线监测数据准确	较熟练使用各种查询工具收集和查阅设备相关文档资料,快速地分析系统结构和功能,完成网关软件和硬件安装、网关采集远程I/O 模块数据、网关采集PLC 数据	会使用各种查询工具收集和查阅系统相关文档资料,能分析系统功能需求,经协助可完成网关软件和硬件安装、网关采集远程I/O 模块数据、网关采集PLC 数据	30%
3	职业核心能力	具有良好的自主学习能力、分析和解决问题的能力	具有较好的学习能力、分析和解决问题的能力	能够主动学习并收集信息,具有分析和解决部分问题的能力	10%
4	工作作风与职业道德	具有严谨的科学态度和工匠精神,能够严格遵守"6S"管理制度	具有良好的科学态度和工匠精神,能够自觉遵守"6S"管理制度	具有较好的科学态度和工匠精神,能够遵守"6S"管理制度	10%
5	小组评价	具有良好的团队合作精神和沟通交流能力,热心帮助小组其他成员	具有较好的团队合作精神和沟通交流能力,能帮助小组其他成员	具有一定团队合作能力,能配合小组其他成员完成项目任务	10%
6	教师评价	包括以上所有内容	包括以上所有内容	包括以上所有内容	10%
合 计					100%

【任务练习】

请重画实训装置内生产运行设备和多种数据采集工具的组网拓扑,分析其拓扑和改进空间。

任务5.3　串口通信设备数据采集(工业网关)

【任务描述】

本节利用工业网关串口直接连接具有串口的运行设备进行数据采集,如智能电表、I/O模块等,请完成相关网关工程配置。

【任务单】

根据任务描述实现利用工业网关串口完成生产线设备运行数据采集的目的。具体任务要求请参照下面的任务单。

任务单

项　目	采集生产线设备运行数据（工业网关）	
任　务	串口通信设备数据采集（工业网关）	
任务要求		**任务准备**
1．熟悉串口及其通信协议。 2．利用工业网关采集智能电表数据。 3．利用工业网关采集串口 I/O 模块数据。		1．自主学习。 （1）认识串口通信。 （2）利用工业网关采集智能电表数据。 （3）利用工业网关采集串口 I/O 模块数据。 2．设备工具。 （1）硬件：计算机、ECU-1152、单相多功能智能电表 LD-C81 YH-5A00、ADAM-4017。 （2）软件：Advantech EdgeLink Studio、AdamApax .NET Utility
自我总结		**拓展提高**
		通过工作过程中的问题总结，提高团队分工协作能力和动手操作能力

【任务资讯】

5.3.1　认识串口通信

1．串口

串行接口（Serial Interface）简称串口，也称串行通信接口，是采用串行通信方式的扩展接口，多用于工控和测量设备及部分通信设备。串行通信是将数据字节分成一位一位的形式在一条传输线上逐个传送的通信方式，其特点是尽管比按字节传输的并行通信慢，但串行通信的通信线路简单且传输距离长。

最重要的串口通信参数是波特率、起始位、数据位、停止位和奇偶校验位，两个通信端口的这些参数必须匹配。

（1）波特率：表示每秒传送的 bit（0 或 1）的个数，单位是 bit/s。波特率为 9 600 表示每秒传送 9 600 个 bit，发送每个 bit 的时间为 1/9 600s，约为 0.1ms。

（2）起始位：起始位使数据线处于逻辑 0 状态，提示接收器数据传输即将开始。

（3）数据位：数据位一般为 8bit 一字节的数据（也有 5bit、6bit、7bit 的情况）。

（4）停止位：停止位在最后，用来表示一个字符传送的结束，它对应逻辑 1 状态。

（5）奇偶校验位：让原有数据序列中（包括将要加上的一位）1 的个数为奇数或偶数。

串行通信的传输方向有单工、半双工和全双工三种。单工是指数据传输仅能沿一个方向，不能实现反向传输。半双工是指数据传输可以沿两个方向，但需要分时进行，如 RS-485。全双工是指数据可以同时进行双向传输，如 RS-232。

工业设备串口调试时会遇到 UART 口、COM 口、RS-232、RS-485 等多种说法，一般说到的串口、UART 口、COM 口指的是物理接口（硬件），而 RS-232、RS-422 与 RS-485 是指串口连接标准，其对接口的电气特性做出规定，不涉及接插件、电缆或协议。

UART 口，即通用异步收发器（Universal Asynchronous Receiver/Transmitter）口，用于异步的高速串行通信，通常是将并行输入成为串行输出的芯片，集成在主板上，嵌入式系统中提到的串口一般是指 UART 口。UART 口的电平标准包含 TTL 电平和 RS-232 电平。TTL 电平定义 0～0.5V 为低电平（逻辑 0），2.4～5V 为高电平（逻辑 1）。RS-232C 是电子工业协会（Electronic Industries Association，EIA）规定的异步传输标准接口，同时对应着电平标准和通信协议（时序），其电平标准为 3～15V 对应逻辑 0，-15～-3V 对应逻辑 1。

COM 口，有别于 USB 的"通用串行总线"和硬盘的"SATA"。一般见到的 COM 口有两种物理标准：DB9（D 型 9 针）和 4 针。4 针串口在电路板上很常见，经常还带有杜邦插针，有时候有第 5 针。COM 口一般采用 RS-232 和 RS-485 这两种电气标准。RS-485 采用平衡发送和差分接收方式实现通信，发送端将电平信号转换成差分信号 A、B 两路输出，经过线缆传输之后在接收端将差分信号还原成电平信号，抗干扰能力比 RS-232 强，更适合长距离传输。RS-485 两线电压差为-6～-2V 表示逻辑 0，两线电压差为 2～6V 表示逻辑 1。

2. 串口通信协议

串口设备由于通信速率、抗干扰能力等方面的因素，一般采用相对轻量的通信协议。在工控领域，串口通信协议多采用 Modbus，也可采用自定义的通信协议。

Modbus 是使用串行方式进行通信的应用层协议标准，免费使用，已成为工业领域广受欢迎的通信协议。Modbus 家族包括 Modbus RTU 协议、Modbus ASCII 协议和 Modbus TCP 协议，三个协议都活跃在工业通信领域。Modbus RTU 协议和 Modbus ASCII 协议常用在基于 RS-485 或 RS-232 的串口通信中，而 Modbus TCP 协议则常用在基于以太网的通信中。

Modbus 采用主/从（Master/Slave）方式通信，从机不主动发送命令或数据，按主设备查询—从设备回应的一问一答形式通信。Modbus 协议主设备查询—从设备回应模式如图 5.3.1 所示。采用一对多的方式连接，一个主设备最多可以支持 247 个从设备。总线网络中任意一个节点发送的数据都能被这条总线中的其他节点接收到，由于多个节点共用信道，因此此种网络必须规定信道分配方式，确定节点之间使用信道的优先顺序。

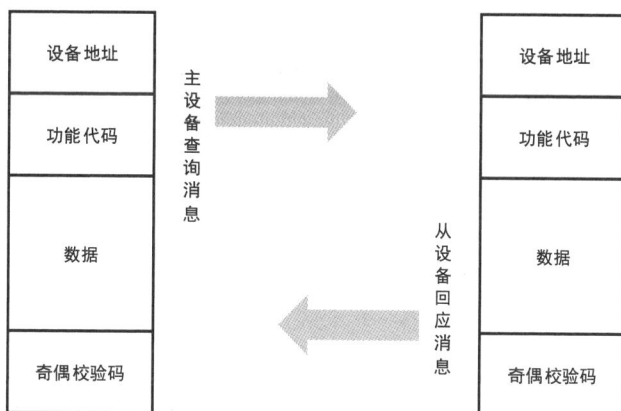

图 5.3.1　Modbus 协议主设备查询—从设备回应模式

5.3.2　利用工业网关采集智能电表数据

1．连接智能电表串口

本节以使用 ECU-1152 采集智能电表信息为例，介绍利用网关采集串口设备数据的网关工程配置。单相多功能智能电表连接示意图如图 5.3.2 所示。所采用的单相多功能智能电表 LD-C81YH-5A00 主要对电气线路中的电压、电流、功率、电能等参数进行实时测量与显示，具有一路 RS-485 通信，支持 Modbus-RTU 协议。

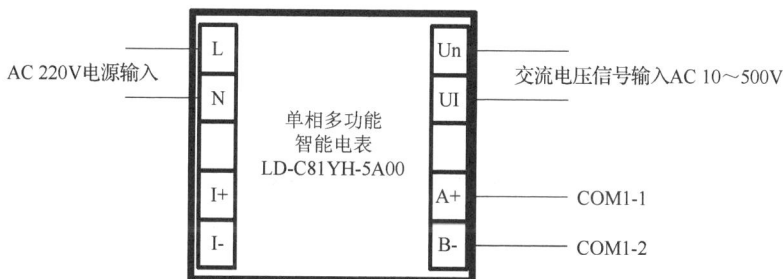

图 5.3.2　单相多功能智能电表连接示意图

2．网关工程配置

1）建立工程，启动 COM 口

新建网关工程，在"数据中心"→"I/O 点"下，启动 COM1 口并设置相应参数，这里 COM1 口设定的串口参数需要与后面在 COM1 口下添加的设备具体通信参数一致，单相多功能智能电表 LD-C81YH-5A00 的通信参数设置可查看厂家提供的说明。COM1 口设置如图 5.3.3 所示。

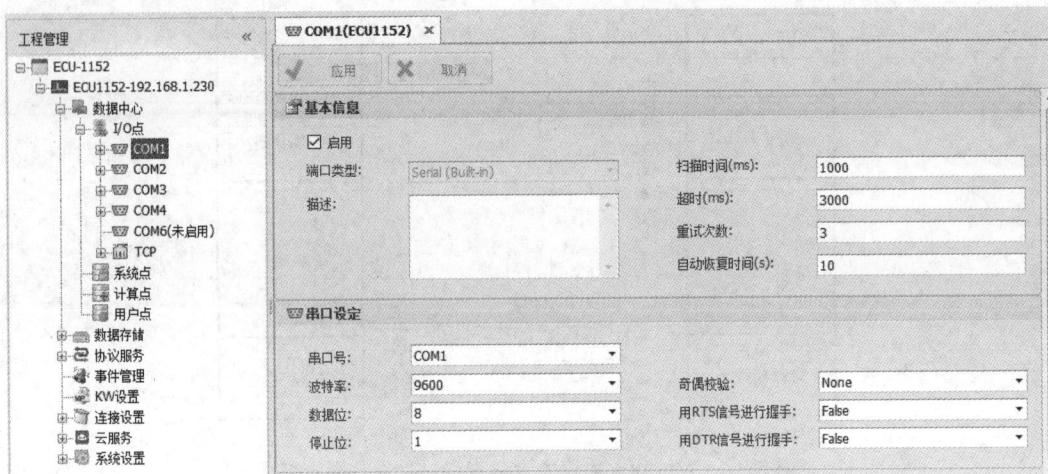

图 5.3.3　COM1 口设置

2）添加设备

右击"COM1"，在弹出的快捷菜单中选择"添加设备"命令，填写设备名称，如"PowerMeter"，选择设备类型，采用 Modbus RTU 通信。设置完成后单击"应用"按钮添加设备（见图 5.3.4）。

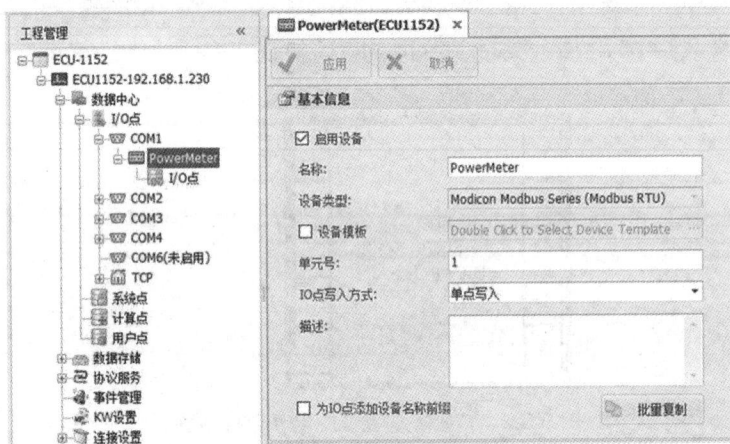

图 5.3.4　添加设备

3）添加 I/O 点并进行设置

添加新设备后软件会自动打开添加 I/O 点页面，也可在左边工程管理下找到添加的设备，双击设备下 I/O 点或右击 I/O 点选择"编辑"功能进行设置。

（1）单击"添加"按钮添加一个新点。选中一个或多个点，单击"删除"按钮或"修改"按钮可以进行删除、修改操作。

（2）填入点名称、选择数据类型、选择转换类型、选择地址、设置最高量程和最低量程、设置缺省值、设置扫描倍率、填写描述信息。此处地址模拟量选择模板 40001，数字量选择模板 0001，具体地址需查询智能电表厂家提供的通信点表，电能参数对应地址为 416386，添加 I/O 点如图 5.3.5 所示，单击"OK"按钮返回，继续填写其他参数。

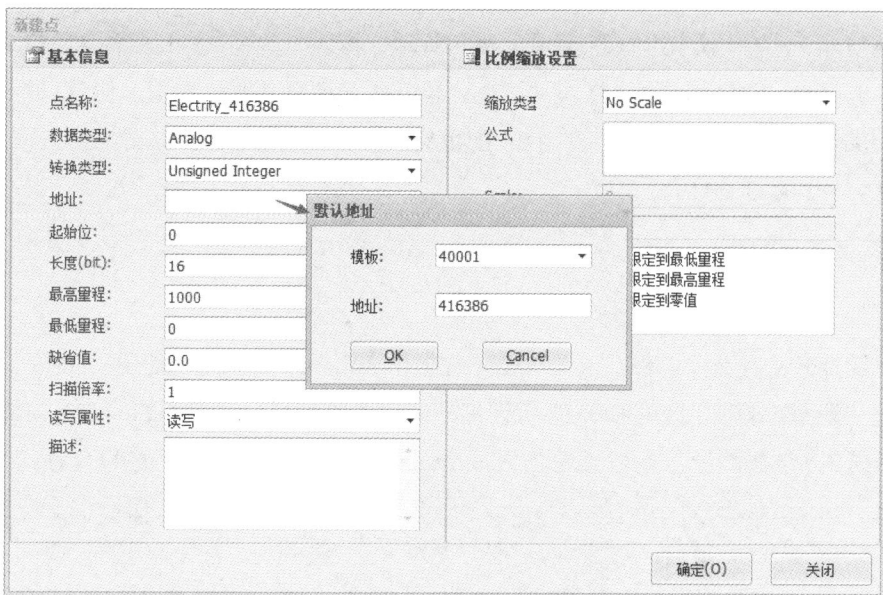

图 5.3.5　添加 I/O 点

（3）单击"确定"按钮，I/O 点添加完成如图 5.3.6 所示。

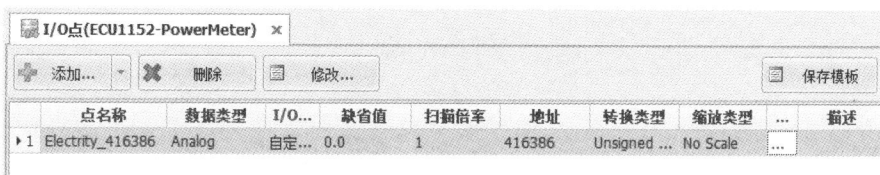

图 5.3.6　I/O 点添加完成

（4）可按照同样的方法继续添加其他监控点。

4）确认网络设置并下载工程

进入系统设置查看网络设置，具体内容参见 5.1.3 节。建议 LAN1 的 IP 地址与建立工程时的节点 IP 地址一致，与交换机连接的网口是设置在同一网段的；LAN2 或 Wi-Fi 为连接外网的网段，可以采用 DHCP 模式自动获取。

5）在线监控

先单击"在线设备"，然后单击"搜索设备"，搜索在线的网关设备，双击在线设备的 IP 地址进入登录界面，输入密码 00000000，进入在线监控查看 I/O 点的值。

5.3.3　利用工业网关采集串口 I/O 模块数据

1．连接 I/O 模块串口

本任务以 ECU-1152 为例，介绍利用工业网关采集串口 I/O 模块数据。

ADAM-4017 是一款 16 位、8 通道的模拟量输入模块，具有 RS-485 数字通信功能。在配置网关工程前，首先初始化 I/O 模块 ADAM-4017 并配置其通信参数，协议（Protocol）选择 Modbus，地址号（Address）设为 2；配置完成后，将 ADAM-4017 的 DATA+、DATA-接入 ECU-1152 的 COM3 口。

2．网关工程配置

1）建立工程，启用 COM 口

新建或打开已有网关工程，依次单击"数据中心"→"I/O 点"，启用 COM3 口并设置相应参数（见图 5.3.7）。这里 COM3 口设定的串口参数需要与将要添加的 I/O 模块通信参数一致，研华 I/O 模块通信参数可通过 Adam Apax .NET Utility 软件配置和查看。

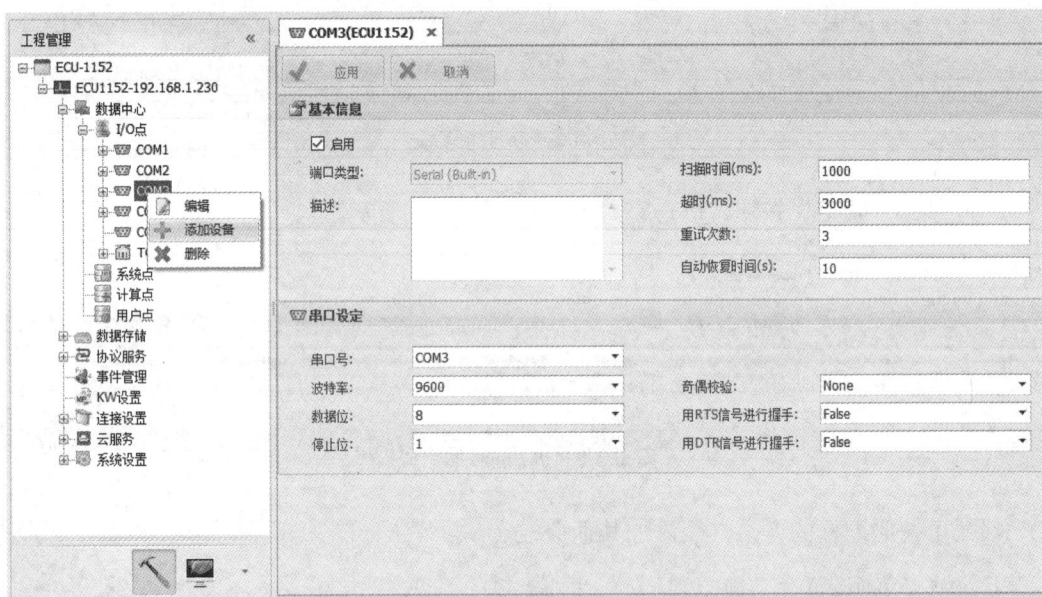

图 5.3.7　启用 COM 口

2）添加设备

右击 COM3 口，在弹出的快捷菜单中选择"添加设备"命令，填写设备名称，如 ADAM-4017，选择设备类型为"Modicon Modbus Series (Modbus RTU)"（见图 5.3.8），单元号需与 ADAM-4017 模块通信参数配置时填写的地址（Address）一致，前文已设定为 2。

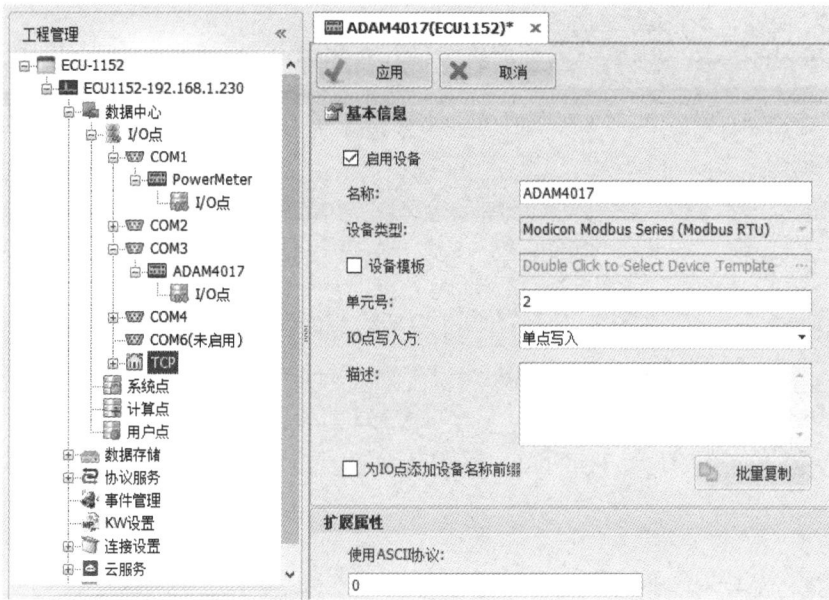

图 5.3.8　添加设备①

3）添加 I/O 点并设置

添加新设备后软件会自动打开添加 I/O 点页面，也可在左边工程管理下找到添加的设备，双击设备下 I/O 点或右击 I/O 点选择"编辑"功能进行设置。

（1）单击"添加"按钮添加一个新点。选中一个或多个点，单击"删除"按钮或"修改"按钮可以进行删除或修改操作。

（2）填入点名称、选择数据类型、选择转换类型、选择地址。此处地址需要根据采集通道查看 ADAM-4017 的说明书，表 5.3.1 所示为 ADAM-4017 的 Modbus 寄存器分配表，从表 5.3.1 中可以看出，当采集接在 ADAM-4017 通道 1 的数据时，地址填写 40002。新建 I/O 点如图 5.3.9 所示。

表 5.3.1　ADAM-4017 的 Modbus 寄存器分配表（截自研华官网说明书）

地　址	通　道	属　性
40001	0	可读 R
40002	1	可读 R
40003	2	可读 R
40004	3	可读 R
40005	4	可读 R
40006	5	可读 R

---

① 图中的 ADAM4017 应写为"ADAM-4017"。

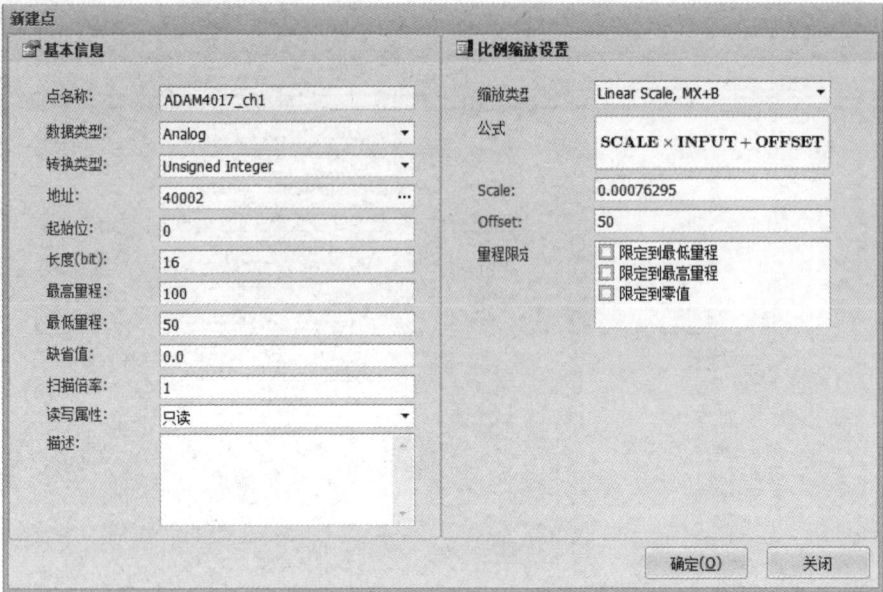

图 5.3.9　新建 I/O 点

（3）设置最高量程和最低量程、缺省值、扫描倍率，如图 5.3.9 所示，继续填写描述信息。

（4）单击"确定"按钮，新建 I/O 点完成。

（5）按照同样的方法，继续添加其他监控点，添加完成界面如图 5.3.10 所示。

	点名称	数据类型	I/O点...	缺省值	扫描倍率	地址	转换类型	缩放类型	读写...	描述
▶ 1	ADAM4017_ch1	Analog	自定义...	0.0	1	40002	Unsigned ...	Linear Scal...	只读	
2	ADAM4017_ch2	Analog	自定义...	0.0	1	40003	Integer	Linear Scal...	只读	
3	ADAM4017_ch3	Analog	自定义...	0.0	1	40004	Unsigned ...	Linear Scal...	只读	
4	ADAM4017_ch4	Analog	自定义...	0.0	1	40005	Unsigned ...	Linear Scal...	只读	
5	ADAM4017_ch5	Analog	自定义...	0.0	1	40006	Unsigned ...	No Scale	只读	
6	ADAM4017_ch6	Analog	自定义...	0.0	1	40007	Unsigned ...	Linear Scal...	只读	

图 5.3.10　添加完成界面

4）确认网络设置

操作同 5.3.2 节。

5）数据转发/云服务设置

依次单击"系统设置"→"云服务"，完成数据转发和云服务接入相关设置。

6）下载工程

在线监测 I/O 点的值。

【小提示】

网关设备和计算机使用交换机连接在同一个局域网下，可搜索设备找到网关的 IP 地址。

【小思考】

在实际工程中还有数字量采集需求，如研华的 ADAM-4150 具有 7 通道 DI 输入及 8 通道 DO 输出，请结合前文串口模拟量采集和网口数字量采集及产品手册，尝试总结串口 DI 量的 I/O 点配置方法。

拓展阅读

《2022 中国大数据产业生态地图暨中国大数据产业发展白皮书》发布

2020 年 4 月，工业和信息化部发布《工业和信息化部关于工业大数据发展的指导意见》，提出要加快数据汇聚、推动数据共享、深化数据应用、完善数据治理、强化数据安全、促进产业发展等；2021 年 11 月，工业和信息化部又发布了《"十四五"信息化和工业化深度融合发展规划》，提出不断拓展软件在制造业各环节应用的广度和深度，打造软件定义、数据驱动、平台支撑、服务增值、智能主导的新型制造业体系。

激发工业大数据要素价值和搭建工业互联网平台已成为协同驱动工业发展模式数字化变革的有效支撑。工业大数据和工业互联网协同能够实现工业企业的数据互通和业务互联，支撑形成以数据驱动的智能化生产制造，实现供应链和上下游产业的网络化协同，以及实现对业务和设备的数字化管理等制造业发展新模式，引领工业数字化转型。此外，对于电力热力供应、化石能源加工、非金属矿物生产等碳排放强度高和碳排放量大的领域，未来也要充分利用 "数据+平台"优化工业生产制造流程，发挥工业大数据和工业互联网作为实现"碳达峰、碳中和"关键基础设施的重要作用。

【任务计划】

根据任务资讯及收集整理的资料填写任务计划单。

任务计划单

项　　目	采集生产线设备运行数据（工业网关）		
任　　务	串口通信设备数据采集（工业网关）	学　时	2
计划方式	分组讨论、资料收集、技能学习等		
序　　号	任　　务	时　间	负责人
1			
2			

3			
4			
5	完成串口数据采集，任务成果展示、汇报		
小组分工			
计划评价			

【任务实施】

根据任务计划编制任务实施方案，并完成任务实施，填写任务实施工单。

任务实施工单

项　目	采集生产线设备运行数据（工业网关）	
任　务	串口通信设备数据采集（工业网关）	学　时
计划方式	分组讨论、合作实操	
序　号	实施情况	
1		
2		
3		
4		
5		
6		

【任务检查与评价】

完成任务实施后，进行任务检查与评价，可采用小组互评等方式，任务评价单如下。

任务评价单

项　目	采集生产线设备运行数据（工业网关）			
任　务	串口通信设备数据采集（工业网关）			
考核方式	过程考核			
说　明	主要评价学生在项目学习过程中的操作方式、理论知识、学习态度、课堂表现、学习能力、动手能力等			
评价内容与评价标准				
序号	内容	评价标准		成绩比例
		优	良	合格	
1	基本理论掌握	掌握工业网关软件和硬件安装方法、采集串口通信设备数据的网关工程配置方法及原理	熟悉工业网关软件和硬件安装方法、采集串口通信设备数据的网关工程配置方法	了解工业网关软件和硬件安装方法、采集串口通信设备数据的网关工程配置方法	30%

220

2	实践操作技能	熟练使用各种查询工具收集和查阅设备相关文档资料，快速、准确地完成网关串口硬件连接，网关采集智能电表和 I/O 模块的网关工程配置正确，在线监测数据准确	较熟练使用各种查询工具收集和查阅设备相关文档资料，能完成网关串口硬件连接，网关采集智能电表和 I/O 模块的网关工程配置正确	会使用各种查询工具收集和查阅设备相关文档资料，经协助能完成网关串口硬件连接，网关采集智能电表和 I/O 模块的网关工程配置正确	30%
3	职业核心能力	具有良好的自主学习能力、分析和解决问题的能力	具有较好的学习能力、分析和解决问题的能力	能够主动学习并收集信息，具有分析和解决部分问题的能力	10%
4	工作作风与职业道德	具有严谨的科学态度和工匠精神，能够严格遵守"6S"管理制度	具有良好的科学态度和工匠精神，能够自觉遵守"6S"管理制度	具有较好的科学态度和工匠精神，能遵守"6S"管理制度	10%
5	小组评价	具有良好的团队合作精神和沟通交流能力，热心帮助小组其他成员	具有较好的团队合作精神和沟通交流能力，能帮助小组其他成员	具有一定团队合作能力，能配合小组其他成员完成项目任务	10%
6	教师评价	包括以上所有内容	包括以上所有内容	包括以上所有内容	10%
合　计					100%

【任务练习】

请基于图 5.3.11 所示的设备数据采集需求，用 EDU-1152 完成数据采集组网设计并推荐通信协议。

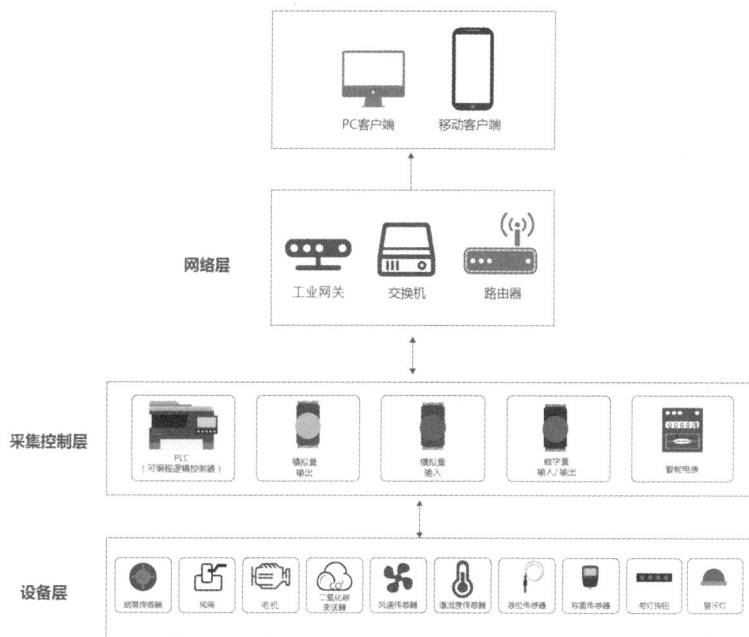

图 5.3.11　设备数据采集需求

【思维导图】

请完成本项目思维导图。

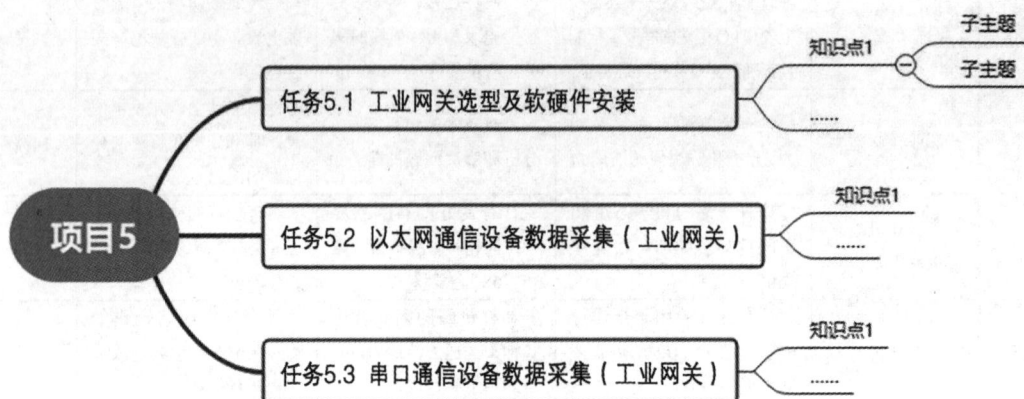

【创新思考】

前面已经完成了对使用工业网关采集生产线设备运行数据的介绍，请思考在工业互联网体系下可以如何利用这些数据。

项目 6

工业数据采集达人挑战

职业能力

- 能阐述工业互联网技术应用平台的系统架构；

- 能认识工业互联网技术应用平台的硬件和软件；

- 熟悉工业数据采集的知识体系；

- 掌握思维导图软件的使用方法；

- 能独立完成新的工业数据采集技术学习；

- 能作为团队成员参与创新创意项目；

- 培养严谨的科学态度和精益求精的工匠精神；

- 提高信息处理、与人交流、解决问题的能力。

引导案例

2022 年，中国信息通信研究院数据显示，我国工业互联网产业规模已超过万亿元大关。目前，国家级、行业级、企业级多层次的工业互联网平台体系初步构建，我国具有一定影响力的工业互联网平台已超过 150 家，连接工业设备超过 7 800 万台（套），服务工业企业超过 160 万家。据中国工业互联网研究院《工业互联网产业人才需求预测报告（2021 年）》测算，预计 2023 年我国工业互联网人才需求总数量约为 235.5 万。

按照"信息通信信息化系统管理员"高级工标准，全国电子实用技术职业技能竞赛信息通信信息化系统管理员（工业互联网技术）赛项结合工业互联网的实际应用，立足职业岗位群，体现专业核心能力与核心知识、涵盖丰富的专业知识与专业技能，突出了网络互联、标识解析、平台建设、数据服务、应用开发、安全防护等特点。工业互联网技术应用平台是该赛项的技术平台，让我们通过对该平台的认知，进一步学习和了解工业数据采集技术，为今后的创新创业奠定基础。

任务 6.1　工业互联网技术应用平台数据采集

【任务描述】

在本任务中，要求对工业互联网技术应用平台的系统架构有清晰的认识，明确其硬件组成和软件功能，了解工业网络的通信及实现方式。请根据"工业互联网技术应用平台数据采集"任务单完成对智能装配生产线的整体认知。

工业互联网技术
应用平台认知

【任务单】

根据任务描述，完成对智能装配生产线的认知。具体任务要求请参照下面的任务单。

任务单

项　目	工业数据采集达人挑战	
任　务	工业互联网技术应用平台数据采集	
任务要求		任务准备
1. 明确任务要求，组建小组，3～5人一组。 2. 收集工业互联网技术应用平台手册或说明。 3. 理解工业互联网技术应用平台手册或说明。 4. 理解基于 Modbus 与自由口通信的工业数据采集和处理。 5. 完成对工业数据的采集及处理		1. 自主学习。 (1) 工业互联网技术应用平台的架构、硬件和软件组成。 (2) 工业网络通信。 2. 设备工具。 (1) 硬件：计算机、工业互联网技术平台。 (2) 软件：办公软件
自我总结		拓展提高
		通过工作过程和工作总结，认识工业互联网技术应用平台，熟悉工业数据采集和网络通信

【任务资讯】

6.1.1　工业互联网技术应用平台介绍

工业互联网技术应用平台通过各类工业互联网设备搭建各种工业互联网技术应用场

景，采集设备层的工业数据，经过网络层数据传输，实现应用层的数据展示及数据处理。工业互联网技术应用平台如图 6.1.1 所示。

图 6.1.1　工业互联网技术应用平台

1．硬件组成

1）仿真工作站

工作站不仅作为现场数据存储器在工业现场被频繁使用，还作为某个产线或某个生产区域的集中数据存储区进行工作。工业互联网技术应用平台一共有四个数据采集工作站，分别对应物流管理、能耗监测、生产管理、仓储管理等实际工业场景应用（见图 6.1.2）。

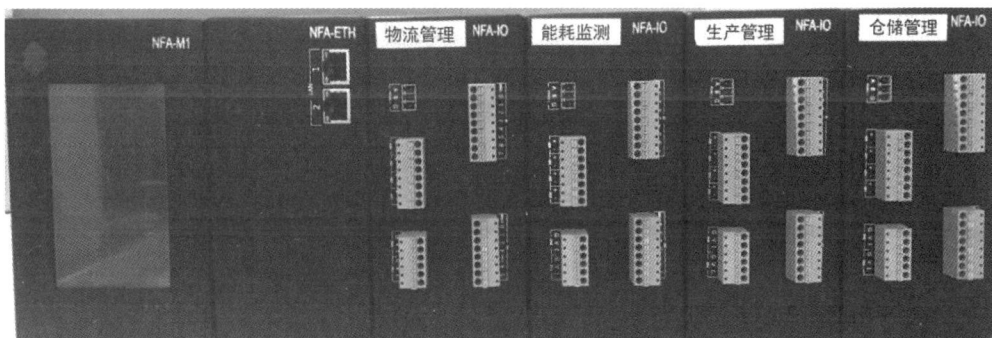

图 6.1.2　仿真工作站

2）智能仪表

智能电表提供电压、电流、频率等电能数据，温湿度传感器提供温度、湿度等环境数据。智能仪表如图 6.1.3 所示。

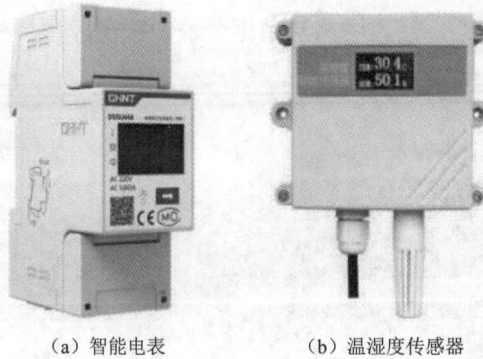

（a）智能电表　　　　　　（b）温湿度传感器

图 6.1.3　智能仪表

3）网络模块

工业互联网技术应用平台网络模块来搭建三层网络架构。其中 AP 管理器作为核心层设备，光纤收发器作为汇聚层设备，8 口交换机作为接入层设备，通过网络搭建，实现应用层与现场设备层网络连接、数据传输。网络模块如图 6.1.4 所示。

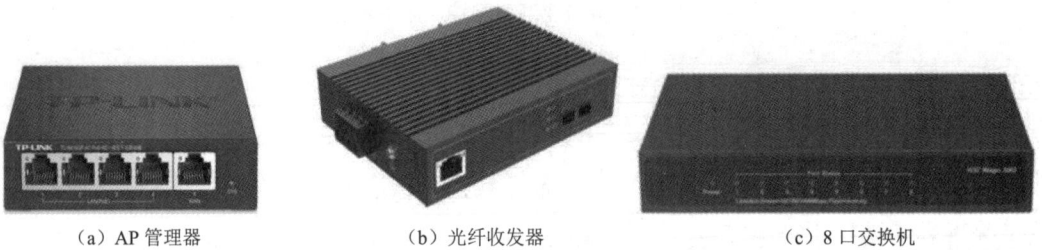

（a）AP 管理器　　　　　　（b）光纤收发器　　　　　　（c）8 口交换机

图 6.1.4　网络模块

4）网关模块

工业互联网技术应用平台网关模块来搭建基于 Modbus 总线的通信网络，实现应用层与现场设备层的网络连接、数据传输。网关模块如图 6.1.5 所示。

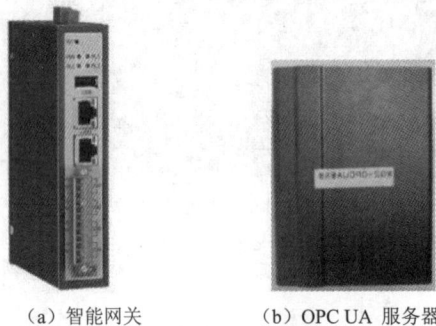

（a）智能网关　　　　　　（b）OPC UA 服务器

图 6.1.5　网关模块

5）工业通信模块

工业互联网技术应用平台工业通信模块来搭建基于 Cat-1 模块、LoRa 模块的无线通信网络。其中 Cat-1 模块采集温湿度传感器数据，LoRa 模块采集 PLC 能耗数据，实现应用层与现场设备层网络连接、数据传输。网络模块如图 6.1.6 所示。

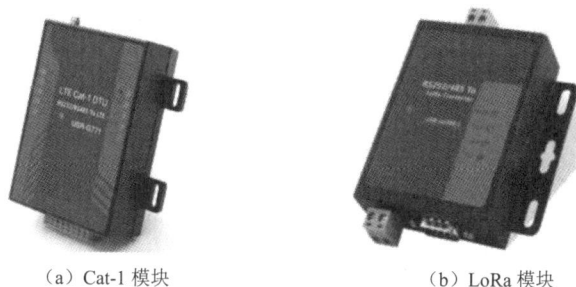

　　　（a）Cat-1 模块　　　　　　　　　（b）LoRa 模块

图 6.1.6　网络模块

6）工业控制模块

工业互联网技术应用平台使用工业控制模块来实现具体场景下的工业控制。其中，人机界面提供可视化操作，与 PLC 进行数据交互；按钮、指示灯提供输入输出信号，通过 PLC 程序开发，实现具体的工业控制，控制风扇、电磁阀、电动推杆等执行机构。工业通信模块如图 6.1.7 所示。

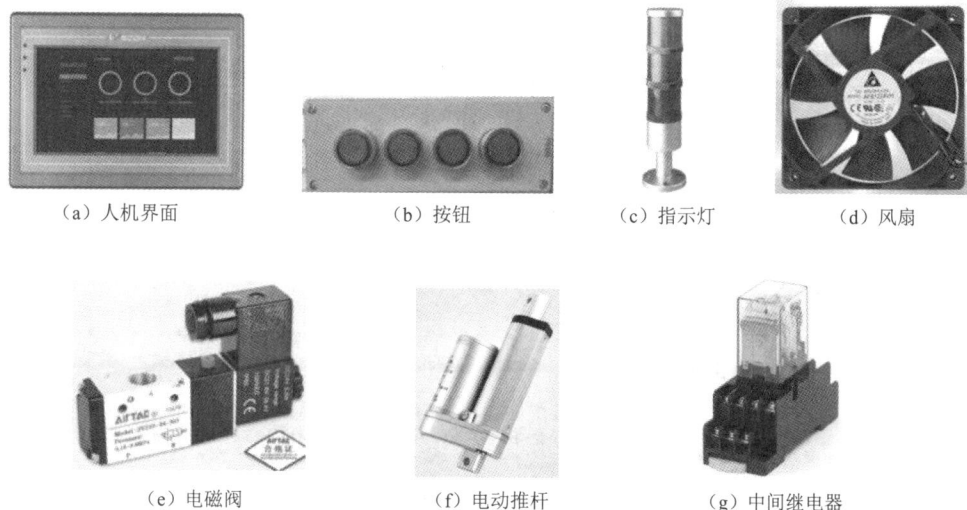

（a）人机界面　　　　（b）按钮　　　　（c）指示灯　　　　（d）风扇

（e）电磁阀　　　　（f）电动推杆　　　　（g）中间继电器

图 6.1.7　工业通信模块

2．应用软件

- Advantech EdgeLink Studio：研华科技开发的网关配置工具，可以离线界面化配置通信及网络，对单个或多个智能网关进行集成平台化管理。

- STEP 7 MicroWIN SMAR：西门子 S7-200 Smart PLC 的编程软件。

- ForceControl：北京三维力控科技有限公司开发的通用型人机可视化监控组态软件，是国内率先以分布式实时数据库技术作为内核的自动化软件产品。

- PIStudio：福州富昌维控电子科技有限公司开发的人机界面组态软件。

- Unity3D：一个跨平台的浏览器/移动游戏软件框架，用于工业数字孪生开发和应用。

- UaExpert：一个全功能的 OPC UA 客户端，能够支持多个 OPC UA 配置文件和相关功能。

- MySQL：关系型数据库管理系统，是一个完全基于硬盘进行数据存取的数据库，其使用的 SQL 语言是用于访问数据库的最常用标准化语言。

- Redis：一个开源的高性能键值对的内存数据库，是一个 NOSQL 类型数据库，可以用作数据库、缓存、消息中间件等。

- MongoDB：一个基于分布式文件存储的数据库，介于关系数据库和非关系数据库之间，其面向集合存储，容易存储对象类型的数据，且完全索引。

- Eclipse：基于 Java 的可扩展开发平台，其包含一个框架和一组服务，用于通过插件组件构建开发环境。

【小提示】

智能网关是工业数据采集的核心通信设备，支持 Modbus/RTU、 Modbus/TCP、IEC-60870/104、DL_645 等多种协议，可将各类传感器、执行机构、I/O 模块组成一个局部网络，通过 GPRS、Wi-Fi、4G、5G 等多种方式将局部网络与工业互联网云平台连接，实现工业数据的采集、传输和上云。

【小思考】

关系数据库和非关系数据库有什么区别？

6.1.2 工业数据采集及处理

使用西门子 S7-200 Smart 用于工业数据采集，在保证数据传输速率的同时，逻辑编程处理数据，实现传输数据轮询传送，减少数据传输过程中的数据冗余。

项目分析：项目要求先将能耗工作站作为串口通信从站，S7-200 Smart 作为主站采集能耗工作站数据，然后处理数据，最后将处理后的数据循环发送给 LoRa 终端做数据通信应用。

1. 硬件组态

双击"STEP 7-MicroWIN SMART"应用程序，进入编程界面，双击左侧的 CPU ST40

图标，修改系统配置。CPU 模块选择"CPU ST20（DC/DC/DC）"，SB 模块选择"SB CM01（RS485/RS232）"，设置 IP 地址为"192.168.1.15"，子网掩码为"255.255.255.0"，默认网关为"192.168.1.1"，RS-485 地址为"1"，波特率为"9.6Kbps"（见图 6.1.8）。

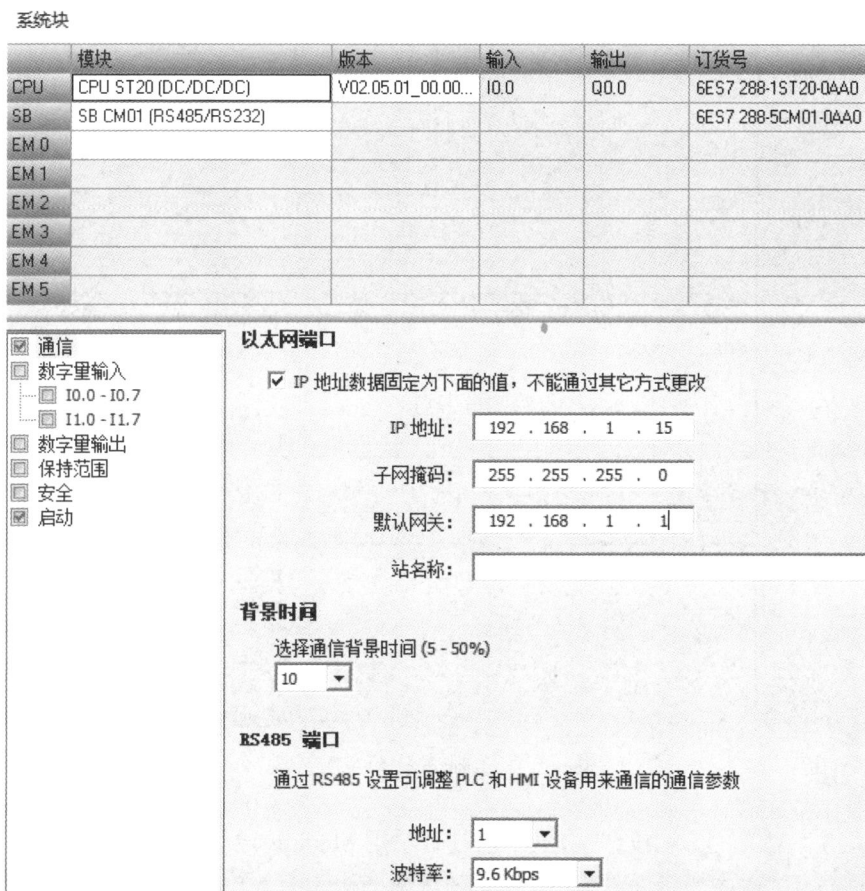

图 6.1.8　S7-200 Smart 硬件组态

2．程序设计

STEP 7-MicroWIN SMART 的程序分为主程序、子程序和中断程序。主程序 MAIN（OB1）是必须具有的。子程序 SBRX（X 为流水号，0、1、2 等）和中断程序 INTX（X 为流水号）根据需要由设计人员增加。根据前面的项目分析，按模块化设计原则，分别设计了 Modbus 主站子程序、数据处理子程序和轮询发送子程序。

1）Modbus 主站子程序

Modbus 主站子程序使用了"MBUS_CTRL"和"MBUS_MSG"指令，如图 6.1.9 所示。

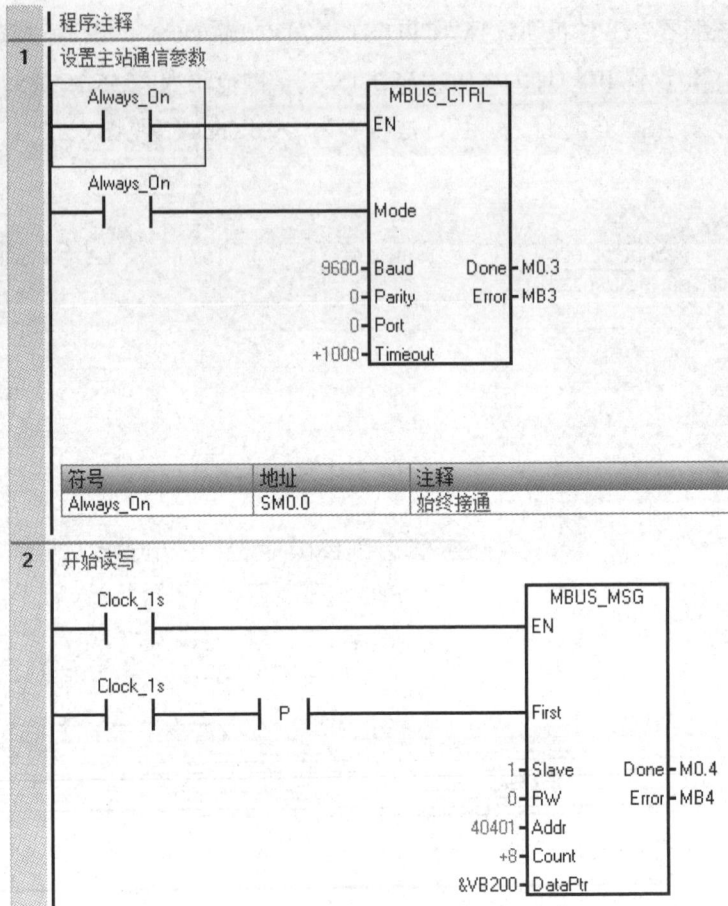

图 6.1.9　Modbus 主站子程序

"MBUS_CTRL"指令用于初始化、监视或禁用 Modbus 通信。"MBUS_CTRL"指令参数说明如表 6.1.1 所示。该程序采用 Modbus 模式，波特率为 9 600Kbps，无奇偶校验，端口 1，超时时间为 1 000ms。

表 6.1.1　"MBUS_CTRL"指令参数说明

参　数	数据类型	名　称	参　数	数据类型	名　称
EN	Bool	程序块使能，高电平工作	Port	Byte	端口，0（CPU 集成的 RS-485）、1（CM01 信号板上的 RS-485 或 RS-232）
Mode	Bool	模式，1（Modbus 协议）、0（PPI 系统协议）	Timeout	Word	超时时间，单位为 ms
Baud	DWord	波特率	Done	Bool	指令完成时，输出 1
Parity	Byte	奇偶校验，0（无奇偶校验）、1（奇校验）和 2（偶校验）	Error	Byte	故障代码

"MBUS_MSG"指令启动对 Modbus 从站的请求并处理响应。"MBUS_MSG"指令参数说明如表 6.1.2 所示。程序说明，Modbus 从站地址为 1，读取数据，Modbus 起始地址为 40401，读取数据数量为 8 字节，间接地址指针为&VB200。

表 6.1.2　"MBUS_MSG"指令参数说明

参　数	数据类型	名　称	参　数	数据类型	名　称
EN	Bool	程序块使能，高电平工作	Count	INT	读取或写入的数据数量。 对于地址 0XXXX 和 1XXXX，单位是位； 对于地址 3XXXX 和 4XXXX，单位是字
First	Bool	上升沿接通，程序发送请求	DataPtr	DWord	间接地址指针，指向 CPU 中与读/写请求相关数据的 V 存储器
Slave	Byte	Modbus 从站设备地址	Done	Bool	程序已发送请求并接收响应后，Done 输出为 0；响应完成或指令因错误中止时，Done 输出为 1
RW	Byte	消息读写，0（读取）、1（写入）	Error	Byte	故障代码
Addr	DWord	Modbus 起始地址。 离散量输出（线圈）为 00001 至 09999； 离散量输入（触点）为 10001 至 19999； 输入寄存器为 30001 至 39999； 保持寄存器为 40001 至 49999 和 400001 至 465535	—	—	—

2）数据处理子程序

根据 Modbus 主站子程序，数据采集之后存储在 VB200 为起始地址的 8 个字的数据寄存器中。数据处理子程序如图 6.1.10 所示。首先，用"MOV_R"指令将收到的数据临时存储在 VD300 为起始地址的数据存储器内部（注意，这里的 VD200 和 VD204 之间的地址差为 4 字节）。

由于能耗工作站寄存器存储数据高位在前，低位在后，而在 S7-200 Smart 中为低位在前，高位在后，对传输的数据位进行高低字节转换，并存储到自由口通信的对应地址。

3）轮询发送子程序

轮询发送子程序是通过自由口通信协议将处理后的数据发送到 LoRa 终端，轮询发送子程序如图 6.1.11 所示。

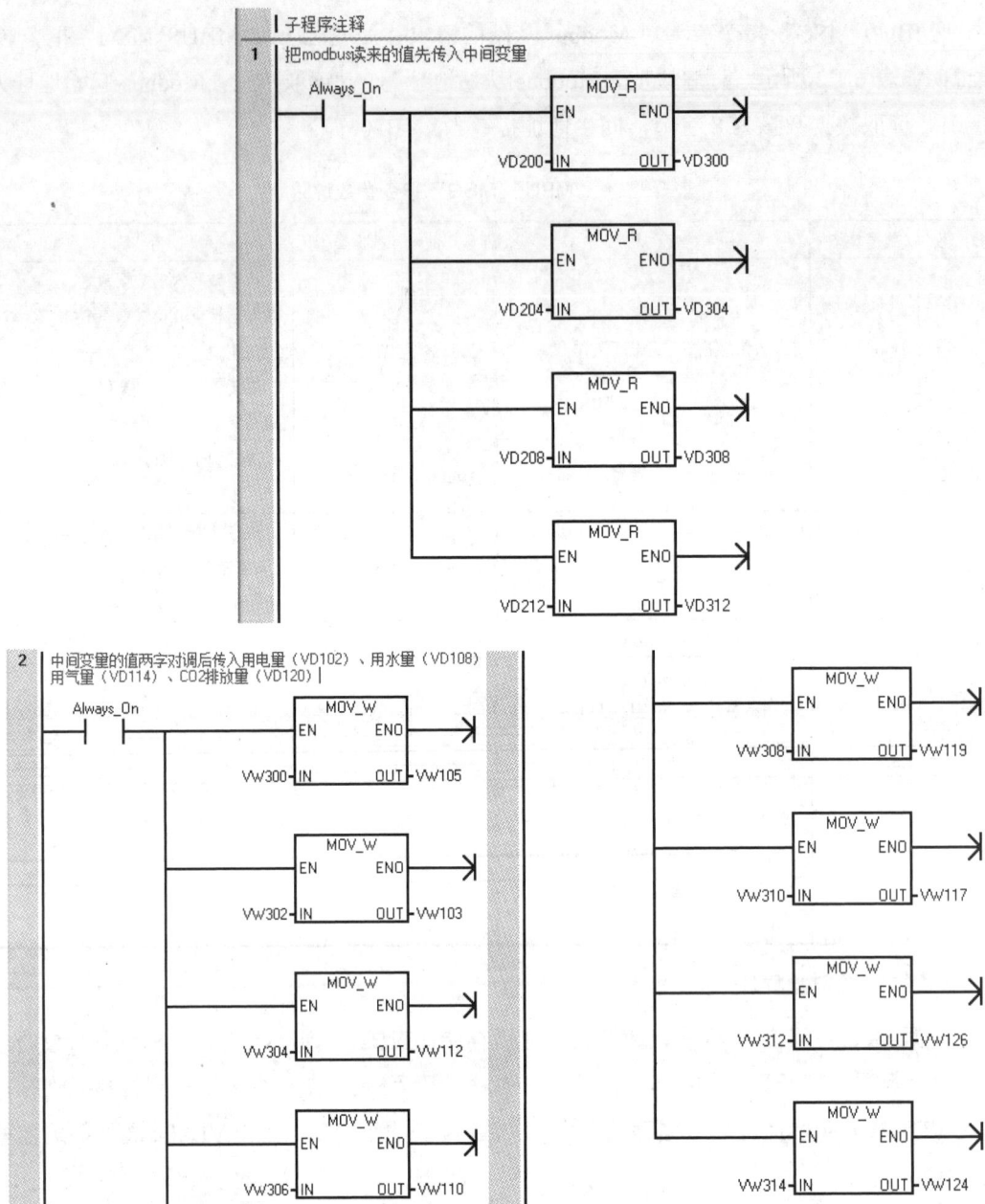

图 6.1.10　数据处理子程序

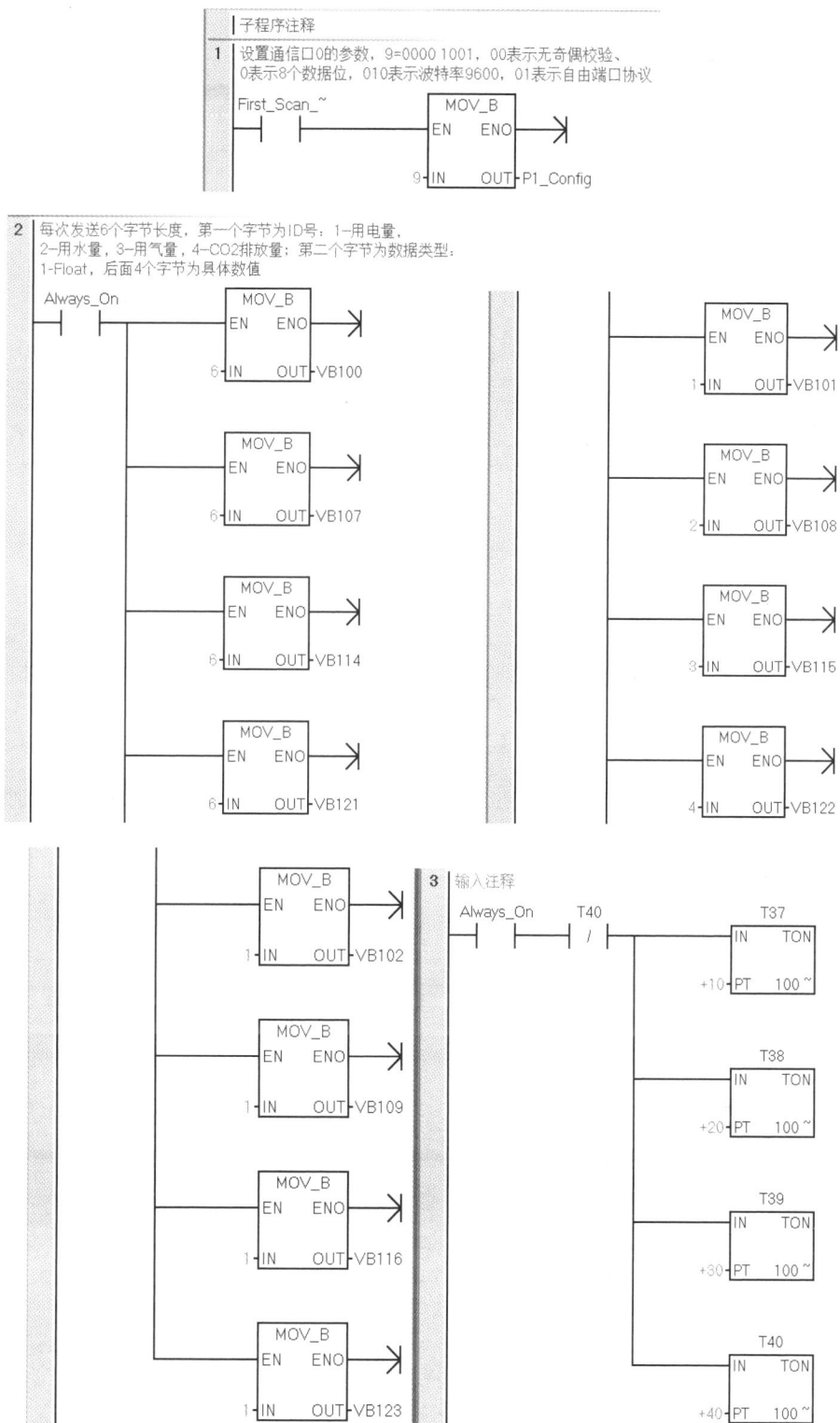

图 6.1.11　轮询发送子程序

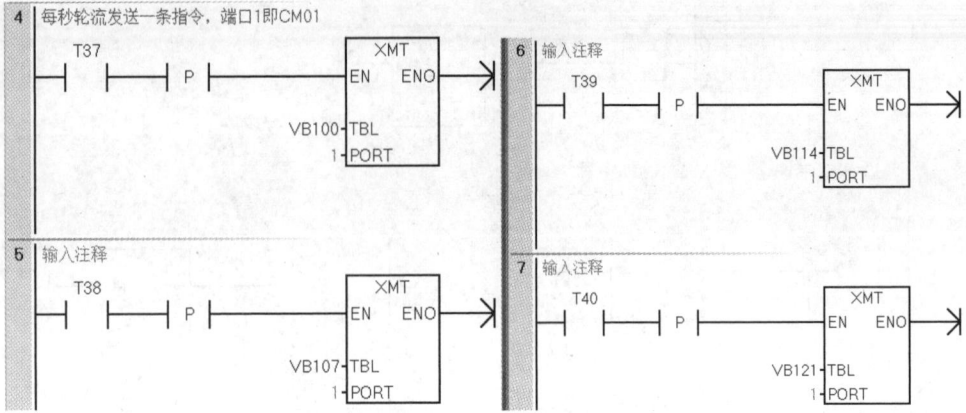

图 6.1.11　轮询发送子程序（续）

　　S7-200 Smart 的 SMB30 和 SMB130 的自由口端口定义如表 6.1.3 所示，在图 6.1.11 中的程序段 1 中 P1_Config=9，二进制为 0000 1001，00 表示无奇偶校验位，0 表示每个字符 8 个数据位，010 表示 9 600bps 波特率，01 表示自由口协议。

表 6.1.3　自由口端口定义

pp（奇偶校验）		d（每个字符的数据位数）		bbb（自由口波特率）		mm（协议）	
00	无奇偶校验	0	8 位	000	38400	00	PPI 从站模式
01	偶校验	1	7 位	001	19200	01	自由口模式
10	无奇偶校验	—	—	010	9600	10	保留（默认为 PPI 从站）
11	奇校验	—	—	011	4800	11	保留（默认为 PPI 从站）
—	—	—	—	100	2400	—	—
—	—	—	—	101	1200	—	—
—	—	—	—	110	115200	—	—
—	—	—	—	111	57600	—	—

　　西门子自由口协议规范如图 6.1.12 所示，分别为字节数、变量 ID、数据类型和传输数据。因此，程序段 2 中 VB100=6 表示 6 字节，VB101=1 表示用电量，VB102=1 表示浮点数，VB103～VB106 为传输的用电量数据，其余以此类推。

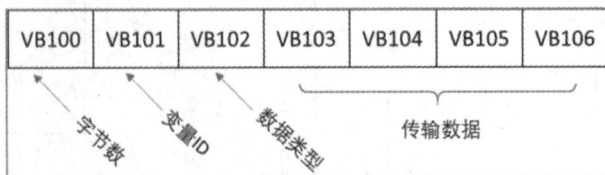

图 6.1.12　西门子自由口协议规范

定时器 T37-T40 的时基为 100ms，程序段 3 实现 1s、2s、3s、4s 的定时。

XMT（发送）指令用于在自由口通信模式下将发送缓冲区（TBL）的数据通过指定的通信端口（PORT）发送出去。在程序段 4 中，当 T37 上升沿脉冲时，将 VB100 的数据通过端口 1 发送，其余程序以此类推。

在状态图表中新建图表，以监控处理后的能耗数据，VD103 为用电量，VD110 为用水量，VD117 为用气量，VD124 为 CO_2 排放量。自由口协议规范轮询发送子程序如图 6.1.13 所示。

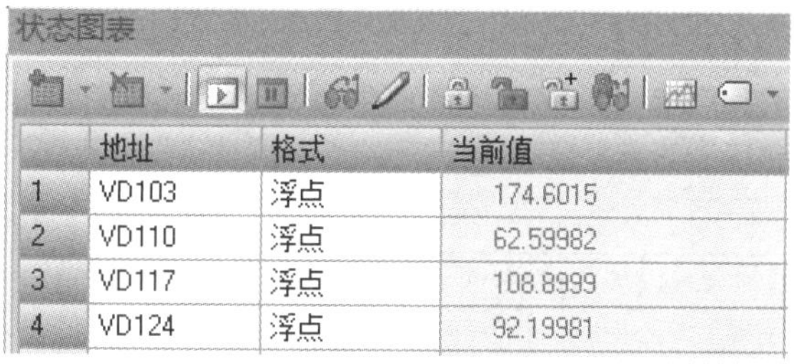

	地址	格式	当前值
1	VD103	浮点	174.6015
2	VD110	浮点	62.59982
3	VD117	浮点	108.8999
4	VD124	浮点	92.19981

图 6.1.13　自由口协议规范轮询发送子程序

拓展阅读

武汉华星打造全球领先的 5G 全连接工厂

2022 年 11 月，由工业和信息化部、湖北省人民政府共同主办的 2022 中国 5G+工业互联网大会在武汉举行。会上，“基于东智平台的武汉华星 5G 全连接工厂项目”案例被评选为“十大典型应用标杆案例”。

武汉华星是全球最大的 LTPS（Low Temperature Poly-Silicon，低温多晶硅）液晶面板单体工厂，月产能达 5.5 万片。半导体显示行业是高端精密制造的典型代表，具有生产连续、工艺复杂、流程众多、节拍紧凑等特征。如何将人员、机器、物料、工艺、环境、检测等要素进行全面连接，实现数据的汇聚、处理和高效利用，让数据发挥真正的业务价值，是武汉华星数字化升级的核心诉求。

格创东智携手湖北联通，综合运用 5G、物联网、人工智能、边缘计算和大数据等技术，围绕武汉华星在效率、质量、安全等领域的核心诉求，通过一张 5G 专网、一个工业互联网平台、三类网络切片（eMBB/mMTC/uRLLC）、六大生产要素（人、机、料、法、环、测）的全面互联，形成了包括 5G+开线点检、5G+XR 远程协作、5G+人员精准定位、5G+智能物流、5G+工业数采五大场景的应用，有效提升了武汉华星的数字化和智能化水平。

【任务计划】

根据任务资讯及收集整理的资料填写任务计划单。

任务计划单

项 目	工业数据采集达人挑战			
任 务	工业互联网技术应用平台数据采集		学 时	4
计划方式	分组讨论、资料收集、技能学习等			
序 号	任 务		时 间	负责人
1				
2				
3				
4				
5	绘制智能装配生产线组成及功能的思维导图			
6	任务成果展示、汇报			
小组分工				
计划评价				

【任务实施】

根据任务计划编制任务实施方案，并完成任务实施，填写任务实施工单。

任务实施工单

项 目	工业数据采集达人挑战	
任 务	工业互联网技术应用平台数据采集	学 时
计划方式	分组讨论、合作实操	
序 号	实施情况	
1		
2		
3		
4		
5		
6		
7		

【任务检查与评价】

完成任务实施后，进行任务检查与评价，可采用小组互评等方式，任务评价单如下。

任务评价单

项 目	工业数据采集达人挑战			
任 务	工业互联网技术应用平台数据采集			
考核方式	过程评价+结果考核			
说 明	主要评价学生在项目学习过程中的操作方式、理论知识、学习态度、课堂表现、学习能力、动手能力等			
评价内容与评价标准				
序 号	内 容	评价标准		成绩比例
		优	良	合 格	
1	基本理论掌握	掌握工业互联网技术应用平台系统架构和主要软件与硬件功能	熟悉工业互联网技术应用平台系统架构和主要软件与硬件功能	了解工业互联网技术应用平台系统架构和主要软件与硬件功能	30%
2	实践操作技能	熟练绘制工业互联网技术应用平台的组成及功能的思维导图,图中组成和功能齐全,阐述清楚	较熟练绘制工业互联网技术应用平台的组成及功能的思维导图,图中组成和功能较齐全,阐述较清楚	经协助绘制完成工业互联网技术应用平台组成及功能的思维导图,图中有主要组成和主要功能	30%
3	职业核心能力	具有良好的自主学习能力、分析和解决问题的能力	具有较好的自主学习能力、分析和解决问题的能力	能够主动学习并收集信息,具有分析和解决部分问题的能力	10%
4	工作作风与职业道德	具有严谨的科学态度和工匠精神,能够严格遵守"6S"管理制度	具有良好的科学态度和工匠精神,能够自觉遵守"6S"管理制度	具有较好的科学态度和工匠精神,能够遵守"6S"管理制度	10%
5	小组评价	具有良好的团队合作精神和沟通交流能力,热心帮助小组其他成员	具有较好的团队合作精神和沟通交流能力,能帮助小组其他成员	具有一定团队合作能力,能配合小组其他成员完成项目任务	10%
6	教师评价	包括以上所有内容	包括以上所有内容	包括以上所有内容	10%
合 计				100%

【任务练习】

1. Modbus 主站和从站的区别什么?

2. LoRa 无线通信技术的优点和缺点?

任务 6.2　基于工业数据采集技术的创新创业

【任务描述】

经过一学期的学习，相信大家已经对工业数据采集技术了如指掌了，大家是不是有种技术输出的冲动？让我们组建团队，尝试完成一个基于工业数据采集技术的创新创业项目吧。

基于工业数据采集
技术的创新创业

【任务单】

本任务是完成基于工业数据采集技术的创新创业项目，组建自己的团队，大家一起来头脑风暴一下吧。具体任务要求可参照任务单。

任务单

项　　目	工业数据采集达人挑战	
任　　务	基于工业数据采集技术的创新创业	
任务要求		任务准备
1. 明确任务要求，组建小组，3~5 人一组。 2. 完成创新创业资料收集与整理。 3. 完成一个基于工业数据采集的项目创意。 4. 实现该项目路演（拓展）		1. 自主学习。 (1) 项目计划书编制要点。 (2) 项目路演技巧。 2. 设备工具。 (1) 硬件：计算机。 (2) 软件：办公软件
自我总结		拓展提高
		通过工作过程和工作总结，提高团队协作、方案协作和交流沟通能力

【任务资讯】

6.2.1　创新创业项目计划书

创新创业项目计划书是一份全方位的商业计划，其主要目的是吸引投资者，以便他们对公司和项目做出判断，使公司获取融资。我们要认识到，创业始于创意，但未止于创意，创意本身再好也不能创造价值，而是要经历生产、销售、服务、收款等一系列过程才能实现价值。项目计划书的编制和创业类似,是一个复杂的系统工程,不但需要对行业和市场有充分的研究,还需要有较强的文字编写能力。对于公司和创业者,项目计划书不仅仅用于融资,还能帮助公司梳理产品逻辑,摸清业务走向,规划发展路径,明确资金计划,对公司发展具有重要意义。

1. 创新创业项目计划书的作用

(1)沟通工具:创新创业项目计划书必须着力体现企业(项目)的价值,有效吸引投资者、银行、员工、战略合作伙伴,以及包括政府在内的其他利益相关者。

(2)计划工具:创新创业项目计划书要包括公司(项目)发展的不同阶段,规划要具有战略性、全局性和长期性。

(3)行动指导工具:创新创业项目计划书内容涉及企业(项目)运作的方方面面,能够指导工作开展。

2. 创新创业项目计划书的要点

创新创业项目计划书有相对固定的格式,包括投资者感兴趣的主要内容。创新创业项目计划书涉及企业成长经历、产品服务、市场、营销、团队、股权结构、组织架构、财务、运营到融资的方案。表6.2.1所示为创新创业项目计划书结构样例。

表6.2.1　创新创业项目计划书结构样例

构　成	内　容	说　明
封面	封面	醒目、精致
目录	项目计划书提纲	章节题目
正文	摘要	计划精髓,非常简练的计划及商业模式,投资者首先关注的内容
	公司概述	公司名称、结构、宗旨、经营理念、策略、相对价值增值(产品为消费者提供了什么新的价值)、设施设备等
	产品与服务	产品的技术、功能、应用领域、市场前景等
	市场分析	行业、市场、目标群体
	竞争分析	根据产品、价格、市场份额、地区、营销方式、管理手段、特征及财务等划分的重要竞争者和相应的竞争策略
	营销策略	营销计划、销售战略、渠道和伙伴、定价战略、市场沟通
	财务分析	收入预估表、资产负债表、现金流和盈亏平衡分析
	创业团队	团队分工、背景、经验
	风险控制	财务风险、技术风险、市场风险和管理风险
	引领教育	育人本质、多学科交叉、学校学院支持等,学生创业需要
附录	知识产权	
	公司业绩	
	公司宣传品	
	市场调研数据	

波特的五种竞争力分析模型被广泛应用于很多行业的战略编制过程。这五种竞争力就是企业间的竞争、潜在新竞争者的进入、潜在替代品的开发、供应商的议价能力、购买者的议价能力。这五种竞争力量决定了企业的盈利能力和水平，公司可行战略的提出应确认并评价这五种力量，不同力量的特征和重要性因行业和公司的不同而变化。波特五力模型如图 6.2.1 所示。

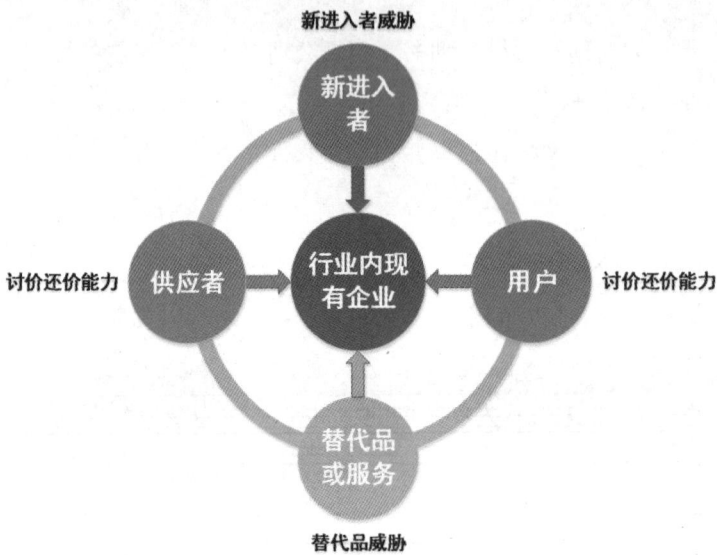

图 6.2.1　波特五力模型

6.2.2　创新创业项目路演技巧

路演就是项目代表在讲台上向台下众多的投资方讲解自己的企业产品、发展规划、融资计划的过程。路演分为线上路演和线下路演。线上路演主要是通过 QQ 群、微信群、在线视频等互联网方式对项目进行讲解；线下路演主要通过活动专场对投资人进行面对面的演讲及交流。作为一个创业者来说，路演是必修课。

1. 路演准备

（1）准备一份清晰简洁的路演材料，尽量用简单的图表代替文字。

（2）如果创始人是技术出身不擅长社交，可以让合伙人做项目的展示，自己则作为旁听者，在必要的时候进行补充。

（3）路演的项目代表对公司的各项指标要充分了解，无论是运营指标还是财务状况。

（4）列出项目大纲，分清重点和次重点。

（5）明确产品定位，介绍盈利模式，投资人总是对这个部分最感兴趣。

（6）融资计划要说明资金整体需求、用途，尽量详细。同时，要说明未来三年的市场规划，以及公司估值逻辑。

（7）提前演练，严格控制路演时间。

（8）要有备用计划，提前想好投资人可能会问的问题和答案，做最坏的打算，路演中一旦出现变化，随机应变。

2．路演 PPT

创新创业项目路演 PPT 可由市场分析、项目简介、商业模式、融资计划组成，下面按 8 分钟路演分配时间。

（1）市场分析：包括市场前景、市场痛点、竞品分析，建议制作 3 页 PPT，讲解 1 分钟。

（2）项目简介：包括项目概述（项目定位、目标市场、项目能解决的问题）、核心竞争力（资源优势、技术优势、其他优势），建议制作 3 页 PPT，讲解 2 分钟。

（3）商业模式：包括产品体系、运营模式、核心团队及分工、成功案例、发展目标、尚待增加的部分等，建议制作 7~8 页 PPT，讲解 4 分钟。

（4）融资计划：包括往年营收状况、融资总金额与出让股份比例、资金使用计划、预期收入表等，建议制作 3 页 PPT，讲解 1 分钟。

3．路演注意事项

（1）切忌好高骛远，不能只有情怀和想法，应该实事求是，要拿出有激情的想法和可实施的方案。

（2）不要过分强调技术和产品，应该突出核心优势，了解真实市场和细节，讲清楚产品如何盈利。

（3）无须堆砌大量枯燥的专业术语和数据，化繁为简，突出重点。

（4）不要什么都想做，认为可以占据所有市场，要有清晰的商业逻辑，明确的市场定位。

（5）不要面面俱到。尽管路演 PPT 基本包含了项目计划书的全部，但路演时间有限，要分清主次，非主要的内容一笔带过。

（6）如果现场演示不方便或耗费时间，可以考虑用视频等方式替代。

6.2.3 创新创业项目评审要点

中国国际"互联网+"全国大学生创新创业大赛、"挑战杯"中国大学生创业计划竞赛等双创比赛模拟了一个产品的整个生命流程，即从产品的创意提出、可行性分析，到产品的市场需求分析、产品的研发设计，最后到产品功能验证、产品应用推广和售后等一系列流程。双创比赛是学生创新创业的有效途径，不仅可以培养和提高学生的创新能力、团队合作能力、科研能力和社会实践能力，还为优秀项目提供融资渠道，直接对接投资人。下面我们以"青创北京"2022年"挑战杯"首都大学生创业竞赛计划评分细则为例说明专家和投资者从哪些方面评价创新创业项目。"青创北京"2022年"挑战杯"首都大学生创业竞赛计划评分细则（科技创新和未来产业组）如表6.2.2所示。

表6.2.2 "青创北京"2022年"挑战杯"首都大学生创业竞赛计划评分细则（科技创新和未来产业组）

评审要点	评审细则	分　值
创新意义	1. 具有原始创新或技术突破，取得一定数量和质量的创新成果（专利、创新奖励、行业认可等）。 2. 项目在科学技术、社会服务形式、商业模式、管理运营、应用场景等方面的创新程度。 3. 创新成果对于赋能传统产业、解决社会问题，助力形成新产业、新业态、新模式有积极意义	30
实践过程	项目通过深入社会、行业、实验场所、实训基地，开展调查研究、试点运营、试验论证，形成可靠的一手材料，强调实地调查和实践检验	25
社会价值	1. 项目结合社会实践、社会观察，履行社会责任的做法和成效，在科技创新方面具有社会贡献度。 2. 项目直接提供就业岗位的数量和质量。项目间接带动就业的能力和规模。未来在持续吸纳、带动就业方面的能力等	20
发展前景	1. 项目在商业模式、营销策略、财务管理、发展战略等方面设计完整、合理、可行。 2. 目标定位、市场分析清晰、有前瞻性。 3. 盈利能力推导过程合理，能够实现可持续发展、前景乐观	15
团队协作	1. 团队成员了解社会现状、关注社会民生，具备一定解决社会问题的能力和水平。 2. 团队成员的专业背景、创业意识、创业素质、价值观念与项目需求相匹配。 3. 团队组织架构与分工情况	10

【小思考】

"挑战杯"全国大学生课外学术科技作品竞赛能否跨校组队参赛？

拓展阅读

金华职业技术学院在2019年"挑战杯"全国大学生课外学术科技作品竞赛中首获一等奖

2019年11月，由共青团中央、中国科协、教育部、中国社科院、全国学联和北京市政府主办，北京航空航天大学承办的第十六届"挑战杯"全国大学生课外学术科技作品竞赛终审决赛落下帷幕。金华职业技术学院参赛作品《被遗忘的孩子：多中心协同救助模式新探索——基于浙江省317名"双服刑人员"子女成长困境的实证调研》荣获一等奖，创下了全国高职院校历史最佳成绩的纪录。

该获奖队伍作为全国首个致力于"双服刑人员"子女关爱的志愿服务调研队，采取"三阶梯"方式开展实地调研，建立浙江省首个"双服刑人员"子女数据库。项目综合阐述了该群体面临的五大困境，并剖析了困难成因；创新性提出"双三棱锥"多种中心协同救助模型及"五位一体"的救助体系，助力"双服刑人员"子女健康成长，维护社会稳定。

【任务计划】

根据任务咨询及收集整理的资料，请填写下列任务计划单。

任务计划单

项　目	工业数据采集达人挑战		
任　务	基于工业数据采集技术的创新创业	学　时	6
计划方式	分组讨论、市场调查、资料收集		
序　号	任　务	时　间	负责人
1			
2			
3			
4			
5			
6	任务成果展示、汇报		
小组分工			
计划评价			

【任务实施】

根据任务计划编制任务实施方案，并完成任务实施，填写任务实施工单。

任务实施工单

项　目	工业数据采集达人挑战	
任　务	基于工业数据采集技术的创新创业	学　时
计划方式	分组讨论、资料收集、计划书编制等	
序　号	实施情况	
1		
2		
3		
4		
5		
6		

![icon] **【任务检查与评价】**

完成任务实施后，进行任务检查与评价，可采用小组互评等方式，任务评价单如下。

任务评价单

项 目	工业数据采集达人挑战			
任 务	基于工业数据采集技术的创新创业			
考核方式	过程评价+结果考核			
说 明	主要评价学生在项目学习过程中的操作方式、理论知识、学习态度、课堂表现、学习能力等			
评价内容与评价标准				
序 号	内 容	评价标准		成绩比例
		优	良	合 格	
1	基本理论掌握	掌握创新创业项目策划书的编制方法，熟悉路演的相关技巧	熟悉创新创业项目策划书的编制方法，了解路演的相关技巧	了解创新创业项目策划书的编制方法，了解路演的相关技巧	30%
2	实践操作技能	创新创业项目策划书的编制规范，内容齐全、合理，项目路演准备材料齐全	创新创业项目策划书的编制较规范，内容较齐全、较合理，项目路演准备材料基本齐全	经协助能完成创新创业项目策划书的编制，项目策划书基本规范，内容较齐全、较合理	30%
3	职业核心能力	具有良好的自主学习能力、分析和解决问题的能力	具有较好的自主学习能力、分析和解决问题的能力	能够主动学习并收集信息，具有分析和解决部分问题的能力	10%
4	工作作风与职业道德	具有严谨的科学态度和工匠精神，能够严格遵守"6S"管理制度	具有良好的科学态度和工匠精神，能够自觉遵守"6S"管理制度	具有较好的科学态度和工匠精神，能够遵守"6S"管理制度	10%
5	小组评价	具有良好的团队合作精神，沟通交流能力，热心帮助小组其他成员	具有较好的团队合作精神和沟通交流能力，能帮助小组其他成员	具有一定团队合作能力，能配合小组其他成员完成项目任务	10%
6	教师评价	包括以上所有内容	包括以上所有内容	包括以上所有内容	10%
合 计					100%

![icon] **【任务练习】**

1. 创业项目可能会经历的融资轮次包括种子轮、天使轮、A轮、B轮、C轮、D轮等，那么不同的融资轮次分别表示什么意思？

2. 大学生参加"挑战杯"比赛的意义？

【思维导图】

请完成本项目思维导图。

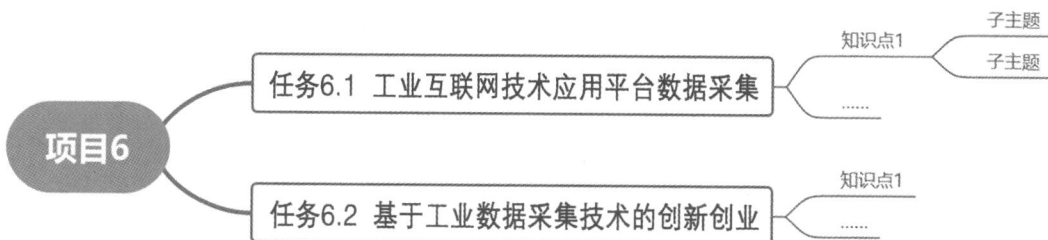

【创新思考】

前面已经完成了创新创业项目计划书编制，那么让我们进行路演，展示创新创业项目的核心技术、未来发展规划、研发团队、商业模式等，展示大学生的风采吧。

参考文献

[1] 福建百思奇智能科技有限公司. 2021 年全国行业职业技能竞赛全国电子实用技术职业技能竞赛信息通信信息化系统管理员（工业互联网技术）培训材料[Z]. 2021.

[2] "青创北京"2022 年"挑战杯"首都大学生创业计划竞赛组委会. "青创北京"2022 年"挑战杯"首都大学生创业竞赛计划评分细则[EB/OL].（2023-03-14）[2023-01-30] https://new.qq.com/omn/20220314/20220314A0A5RX00.html.

[3] 朱天宇. 基于电压电流图形分析的变压器绕组变形在线检测方法研究[D]. 重庆：重庆大学，2017.

[4] 刘素贞，饶诺歆，李华，等. 基于虚拟仪器技术的电工电子实验平台设计[J]. 实验技术与管理，2016，33（12）：121-124.

[5] 北京工联科技技术有限公司. 工业互联网预测性维护职业技能等级标准：2021 年版[S]. 2021.